개정판

AIRLINE SERVICE

관광상품 품질평가의 중요한 기준이 되는

항공실무

이종남 저

백산출판사

머리말

21세기 첨단기술로 구성되어 있는 항공산업이 발달함에 따라 전 세계가 일일생활권 시대로 도래되어 시간절약과 신속하고 편리하게 여행할 수 있는 시대가 다가왔다. 항공산업은 현대인에게 정신적 만족과 휴식을 통한 재충전의 기회를 가질 수 있는 우리들의 생활 가운데 질 높은 삶을 살아가는데 지대한 영향을 미치는 중요한 산업 중 한 분야이다. 또한 고부가가치산업으로 각광을 받고 있으며, 부가가치가 높은 관광산업분야에서 주도적인 역할을 하면서 국가의 전략산업으로 비약적인 발전을 하고 있다.

따라서 항공산업에 관심이 있는 사람이 많아짐에 따라 항공업 분야에 종사하거나 관심이 있는 사람은 교통수단인 항공기가 관광객의 욕구를 만족시키는 요소로 높은 비중을 차지하고 있음을 누구도 부정할 수 없을 것이다. 또한 관광상품 구성 시 항공부문이 차지하는 비중이 매우 높으며, 관광상품의 품질을 평가하는데 중요한 기준이 되고 있다. 즉, 관광상품을 구성할 때 항공 예약, 발권, 운송, 객실서비스, 기내식, 수하물서비스, 등 항공실무에 대한 지식이 풍부하여야만 고객에게 양질의 관광상품을 제공할 수 있을 것으로 사료된다.

따라서 향후 항공사 운송/영업 종사원, 여행업 종사원 등 항공분야에 대한 학문을 익히는 사람들에게 항공운송실무를 충분히 연구하여 일반 항공여행 소비자들에게 좋은 상품을 공급할 수 있도록 함으로써 항공 이용객들이 좋은 선택을 받을 수 있을 것으로 판단된다.

이러한 현실을 감안하여 필자는 20여 년 동안 항공사 운송과 영업에 종사하면서 체험한 지식들을 토대로 항공실무에 대해 알기 쉽게 구성하였다.

본 교재를 만드는 데에는 대한항공, 아시아나항공, 외항사 등 항공 관련 부서에서 발간한 직무향상 및 신입사원 교재를 비롯하여 국내 · 외 항공 관련 문헌을 참고로 활용하였다.

아직 여러 부문에 걸쳐 부족하리라 생각이 되지만, 전문대학 항공서비스 전공 학생, 여행업 종사자, 관광업 종사자, 기타 항공실무에 관심이 있는 분들에게 다소나마 도움이 되었으면 하는 바람이다.

끝으로, 이 교재가 출판될 수 있도록 물심양면으로 도움을 주신 영진전문대학 관계자 여러분 그리고 항공사 관계자 여러분에게 진심으로 감사드립니다.

저자

목 차

목 차

목 차

제 1 장

예약업무

1 예약업무의 개요

2 컴퓨예약시스템(CRS)

3 예약업무의 기본용어

4 예약관리(수익관리)

5 예약실무

1 예약업무의 개요

1) 예약의 의의

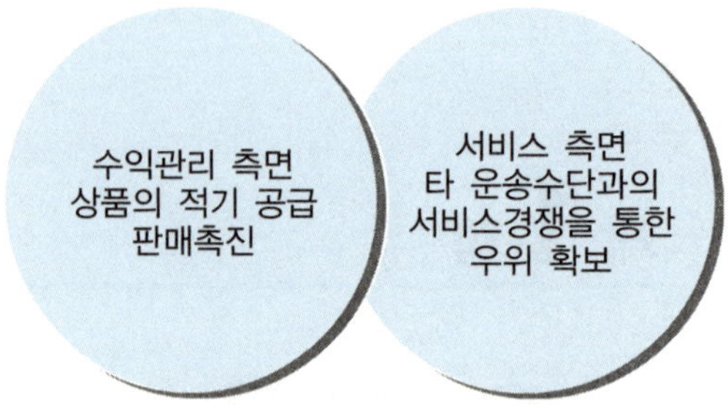

2) 예약의 기능 : 세 가지 기능

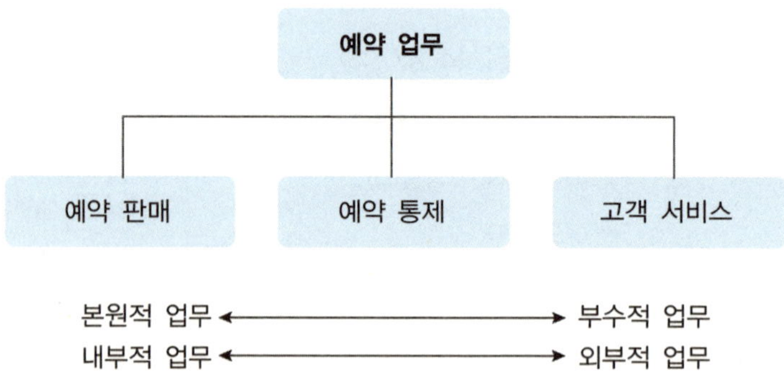

[그림 1-1] 예약의 기능

3) 예약의 절차

예약의 접수와 운항스케줄의 확인 : time table, OAG(Official Airline guide)

↓

필수 예약사항의 입력

↓

부대서비스 및 여행정보의 제공 : 특별 음식, 호텔 예약, 현지 교통정보 등

↓

유의사항의 확인 : 항공권 구입 시한, 예약 재확인 등

↓

예약기록의 저장

4) 예약의 경로

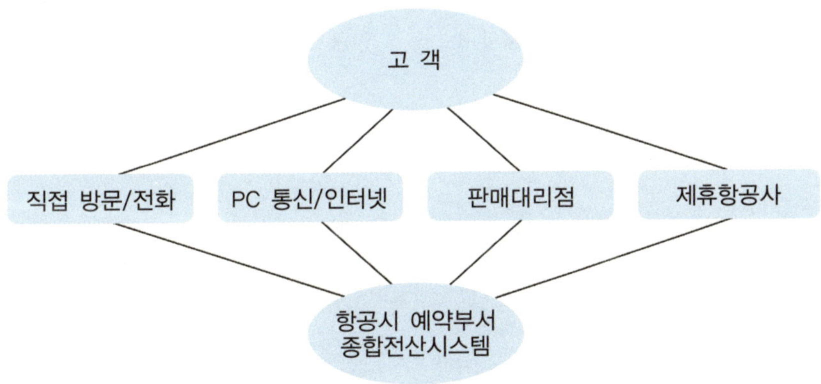

[그림 1-2] 예약의 경로

2 컴퓨터예약시스템(crs)

1) CRS란?

CRS(computer reservation system)는 항공사의 주 컴퓨터에 연결된 컴퓨터의 단말장치를 통해서 예약업무를 자동적으로 처리하는 시스템GDS(global distribution system)는 1980년대 말부터 항공사 예약업무 외에 호텔 및 렌터카 예약, 관광지 입장권 수입 등 각종 여행 관련 정보를 제공하도록 CRS와의 호환을 구축하여 GDS로 명칭을 변경하여 사용하고 있다.

2) 세계 CRS 현황

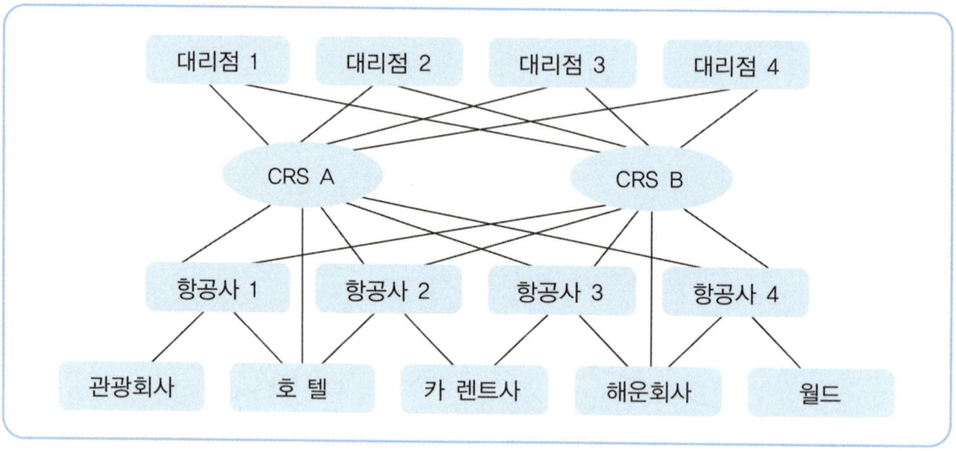

[그림 1-3] CRS의 예약체계

3) CRS의 발전과정

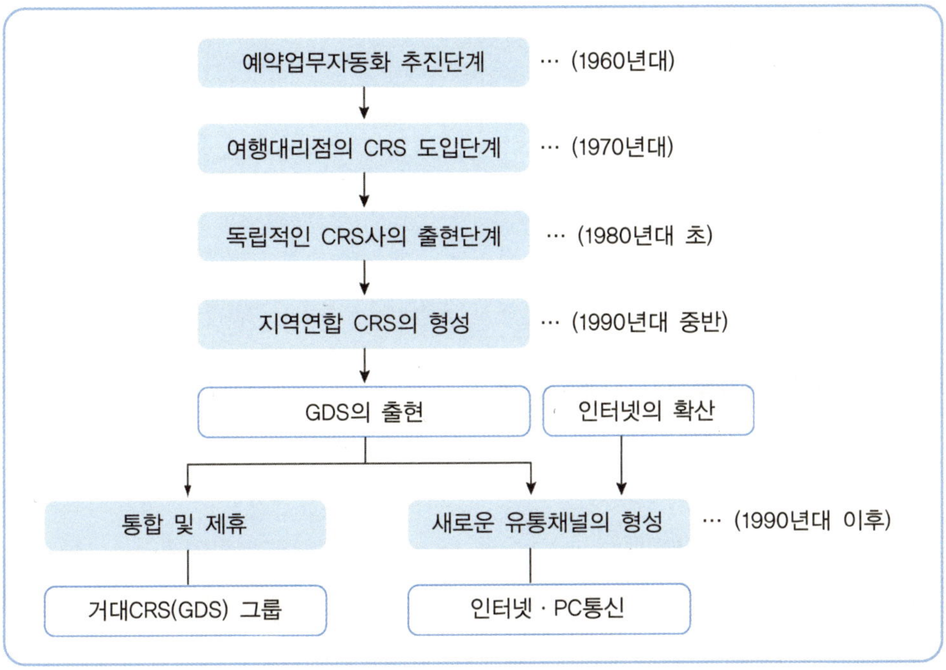

[그림 1-4] CRS 발전단계

4) 세계 CRS 현황

〈표 1-1〉 세계 4대 GDS 현황

GDS	SABRE	AMADEUS	GALILEO	WORLDSPAN
설립년도	1976	1987	1993	1990
주주회사	American Airlines 등	Lufthansa Air France, Iberia, Continental 등	United Airlines KLM, British Airways, Swissair 등	Northwest, Delta Airlines 등
주요시장	북미, 아시아	구주, 남미	북미, 구주	북미

대한항공(주) : topas sell connect, 아시아나항공(주) : 차세대 abacus(gui)

5) 항공사의 CRS 가입수준

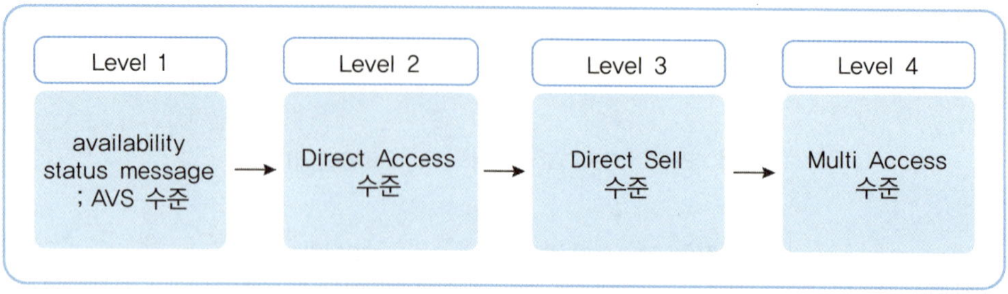

3 예약업무의 기본용어

1) 항공사 약어

〈표 1-2〉 주요 항공사의 약어

약어	항공사 명	약어	항공사 명
AA	AMERICAN AIRLINES (아메리칸항공)	AC	AIR CANADA (에어캐나다)
AE	MANDARIN AIRLINES (만다린항공)	AF	AIR FRANCE (에어프랑스)
AI	AIR INDIA LIMITED (인도항공)	AY	FIN AIR (핀에어)
AZ	ALITALIA AIRLINES (이탈리아항공)	BR	EVA AIRWAYS CORPORATION (에바항공)
CA	AIR CHINA (중국국제항공)	CI	CHINA AIRLINES (중화항공)
CO	CONTIENTAL AIRLINES (컨티넨탈항공)	CJ	CHINA NORTHERN AIRLINES (중국북방항공)
CX	CATHAY PACIFIC (캐세이패시픽 항공)	CZ	CHINA SOUTHERN AIRLINES (중국남방항공)
DL	DELTA AIRLINES (델타항공)	EK	EMIRATES AIRLINES (에미레이트항공)

FM	SHANGHAI AIRLINES (상해항공)	GA	GARUDA INDONESIA (가루다인도네시아항공)
GE	TRANSASIA AIRWAYS (부흥항공)	HA	HAWAIAN AIRLINES (하와이항공)
HY	UZBEKISTAN AIRWAYS (우즈백항공)	HZ	SAKHALINSKIE AVIATRASSY AIRLINES (사할린항공)
IR	IRAN AIR (이란에어)	JD	JAPAN AIR SYSTEM (제팬에어시스템)
JL	JAPAN AIRLINES (일본항공)	KA	DRAGONAIR (드레곤에어)
KC	AIR ASTANA (에어이스타나항공)	KE	KOREA AIRLINES (대한항공)
KL	KLM ROYAL DUTCH AIRLINES (네덜란드항공)	KQ	KENYA AIRWAYS (케냐항공)
LH	LUFTHANSA (루프트한자항공)	LJ	JIN AIR (진에어)
MF	WIAMEN AIRLINES (중국하문항공)	MH	MALAYSIA AIRLINES (말레이시아항공)
MS	OMS EGYPT AIR (이집트항공)	MU	CHINA EASTERN AIRLINES (중국동방항공)
NH	ALL NIPPON AIRWAYS (전일본항공)	NW	NORTHWEST AIRLINES (노스웨스트항공)
NX	AIR MACAU (에어마카오)	OM	MONGOLIAN AIRLINES (몽글리안항공)
OK	CZECH AIRLINES (체코항공)	OZ	ASIANA AIRLINES (아시아나항공)
PR	PHILIPPINE AIRLINES (필리핀항공)	QF	QANTAS AIRWAYS (콴타스항공)
QR	QATAR AIRWAYS (카타르항공)	SA	SOUTH AFRICAN AIRWAYS (남아프리카항공)
SB	AIRCALIN (에어칼린)	SC	SHADONG AIRLINES (산동항공)

SQ	SINGAPORE AIRLINES (싱가포르항공)	SU	AEROFLOT RUSSAN INT'L AIRLINES (에어로플로트 러시아항공)
TG	THAI AIRWAYS INT'L LTD (타이항공)	TK	TURKISH AIRLINES (터키항공)
UA	UNITED AIRLINES (유나이티드항공)	UL	SRILANKAN AIRLINES (스리랑칸항공)
US	US AIRWAYS (유에스항공)	VN	VIETNAM AIRLINES (베트남항공)
WH	CHINA NORTHWEST AIRLINES (중국서북항공)	XF	VLADIVOSTOK AIR (블라디보스톡항공)
ZH	노두코두 AIRLINES (심천항공)	3Q	CHINA YUNNAM AIRLINES (중국운남항공)
5J	CBU PACIFIC AIR (세부퍼시픽항공)	7B	KRASNOYARSK AIRLINES (크라스노야르스키항공
7C	JEJU AIR (제주에어)	9Y	AIR KAZAKSTAN (에어카자스탄)
BX	AIR BUSAN (에어부산)	FV	PILKOVO AIRLINES (플코브항공)
SZ	CHINA SOUTHWEST AIRLINES (중국서남항공)	S7	SIBERIA AIRLINES (시베리아항공)

2) 도시코드와 공항코드－캐나다 · 미주지역

〈표 1-3〉 도시 및 공항 코드(캐나다 · 미주지역)

도시명	도시 코드	국가명	비고(공항코드)
캘거리(CALGARY)	YYC	캐나다	
뉴욕(NEW YORK)	NYC	미국	JFK/LGA/EWR
댈러스(DALLAS)	DFW	미국	
로스엔젤리스(LOS ANGELES)	LAX	미국	
마이아미(MIAMI)	MIA	미국	
몬트리올(MONTREAL)	YMQ	캐나다	
밴쿠버(VANCOUVER)	YVR	캐나다	
보스턴(BOSTON)	BOS	미국	
상파울로(SAO PAOLO)	SAO	브라질	GRU
시카고(CHICAGO)	CHI	미국	ORD
샌프란시스코(SAN FRANCISCO)	SFO	미국	
오타와(OTTAWA)	YOW	캐나다	
워싱턴(WASHINGTON)	WAS	미국	
애틀랜타(ATLANTA)	ATL	미국	
앵커리지(ANCHORAGE)	ANC	미국	
포틀랜드(PORTLAND)	PDX	미국	
토론토(TORONTO)	YTO	캐나다	YYZ
호놀룰루(HONOLULU)	HNL	미국	

3) 유럽 · 중동지역

〈표 1-4〉 도시 및 공항 코드(유럽 · 중동지역)

도시명	도시코드	국가명	비고(공항코드)
나이로비(NAIROBI)	NBO	남아프리카공화국	
두바이(DUBAI)	DXB	아랍에미레이트	
로마(ROMA)	ROM	이탈리아	FCO
런던(LONDON)	LON	영국	LHR/LGW
마드리드(MADRID)	MAD	스페인	
모스크바(MOSCOW)	MOW	러시아	SVO
바레인(BAHRAIN)	BAH	바레인	
부다페스트(BUDAPEST)	BUD	헝가리	
부루셀(BRUSSEL)	BRU	벨기에	
스톡홀름(STOCKHOLM)	STO	스웨덴	
암스테르담(AMSTERDAM)	AMS	네덜란드	SPL
이스탄불(ISTANBUL)	IST	터키	
제다(JEDDAH)	JED	사우디아라비아	
취리히(JURICH)	ZRH	스위스	
카이로(CHIRO)	CAI	이집트	
텔아비브(TELAVIV)	TLV	이스라엘	
파리(PARIS)	PAR	프랑스	CDG/ORY
프랑크푸르트(FRANKFURT)	FRA	독일	
헬싱키(HELSINKI)	HEL	핀란드	

4) 아시아 · 남태평양지역

〈표 1-5〉 도시 및 공항 코드(아시아 · 남태평양지역)

도시명	도시코드	국가명	비고
괌(GUAM)	GUM	미국	
광저우(GUANGZHOU)	CAN	중국	
난디(NANDI)	NAN	피지	
마닐라(MANILA)	MNL	필리핀	
마카오(MACAO)	MFM	마카오	
모스크바(MOSCOW)	MOW	러시아	SVO
뭄바이(MUMBAI)	BOM	인도	
방콕(BANGKOK)	BKK	태국	
북경(BEIJING)	BJS	중국	PEK
브리스베인(BRISBANE)	BNE	호주	
블라디보스토크(VLADIVOSTOK)	VVO	러시아	
사이판(SAIPAN)	SPN	마이아나제도	
상해(SHANHAI)	SHA	중국	PVG
시드니(SYDNEY)	SYD	호주	
심양(SHENYANG)	SHE	중국	
싱가포르(SINGAPORE)	SIN	싱가포르	
오클랜드(AUCKLAND)	AKL	뉴질랜드	
울란바토르(ULAANBAATAR)	ULN	몽골리아	
자카르타(JAKARTA)	JKT	인도네시아	CGK
천진(TIANJIN)	TSN	중국	
청도(QINGDAO)	TAO	중국	
코타키나발루(KOTA KINABALU)	BKI	말레이시아	

쿠알라룸푸르(KUALA LUMPUR)	KUL	말레이시아	
크라이스트처치(CHRISTCHURCH)	CHC	뉴질랜드	
타슈켄트(TASHKENT)	TAS	우즈베키스탄	
타이베이(TAIPEI)	TPE	대만	
푸껫(PHUKET)	HKT	태국	
호치민(HO CHI MINH)	SGN	베트남	
홍콩(HONG KONG)	HKG	홍콩	

5) 일본지역

〈표 1-6〉 도시 및 공항 코드(일본지역)

도시명	도시코드	국가명	비고(공항코드)
가고시마(KAGOSHIMA)	KOJ	일본	
고마츠(KOMATSU)	KMQ	일본	
구마모토(KUMAMOTO)	KMJ	일본	
나가사키(NAGASAKI)	NGS	일본	
니가타(NIIGATA)	KIJ	일본	
나고야(NAGOYA)	NGO	일본	
도쿄(TOKYO)	TYO	일본	NRT/HND
마쯔야마(MATSUYAMA)	MYJ	일본	
삿포로(SAPPORO)	SPK	일본	CTS
센다이(SENDAI)	SDJ	일본	
아오모리(AOMORI)	AOJ	일본	
오이타(OITA)	OIT	일본	
오카야마(OKAYAMA)	OKJ	일본	
오사카(OSAKA)	OSA	일본	KIX
후쿠오카(FUKUOKA)	FUK	일본	
히로시마(HIROSHHIMA)	HIJ	일본	

6) 한국지역

〈표 1-7〉 도시 및 공항 코드(한국지역)

도시명	도시코드	비고(공항코드)
강릉	KAG	
광주	KWJ	
군산	KUV	
대구	TAE	
목포	MPK	
부산	PUS	
김포	GMP	
속초	SHO	
여수	RSU	순천
예천	YEC	
울산	USN	
제주	CJU	
진주	HIN	사천
포항	KPO	
인천	ICN	
김포	GMP	
청주	CJJ	

7) 전문용어

〈표 1-8〉 예약의 전문용어

약 어	원 어	의 미
ACK	Acknowledge	접수하였음을 의미함
ARNK	Arrival unknown	해당구간 스케줄에 관한 정보 없음

ASAP	As soon as possible	가능한 한 빠르게
BBML	Infant/baby meal	유아 음식
BLND	Blind passenger	시각장애 여행자
BSCT	Bassinet/baby basket	아기 요람
CHD	Child	만2~12세 사이의 아동
CTCH	Home phone	집 전화번호
DAPO	Do all possible	할 수 있는 모든 조치를 취함
DBLB	Double room with bath	침대가 딸린 2인용 객실
ETA	Estimated time of arrival	도착 예상 시간
FHTL	First class hotel	최고급 호텔
FRAV	First available	첫 번째 항공편
GPST	Group seat request	단체 좌석 요청
HNML	Hindu meal	힌두교 음식
INF	Infant	영아(3~24개월)
MOML	Moslem meal	이슬람 음식
NOSH	No show	예약 부도
NRC	No record passenger	예약 기록이 없는 승객
NSML	No salt added meal	소금이 포함되지 않은 음식
NSST	No smoking seat	금연석
PSGR	Passenger	승객
SGLB	Single room with bath	침대가 딸린 1인용 객실
STPC	Layover at carrier's cost	항공사가 제공하는 무료 숙박
TWOV	Transit without visa	무비자 통과
VGML	Vegetarian meal	야채식
WCHR	Wheelchair	휠체어

4 예약관리(수익관리)

1) 수익관리의 일반적 개념

(1) 수익(yield)의 정의

① $\text{여객수입(yield)} = \dfrac{\text{여객수입 또는 여객매출액(revenue)}}{\text{유상승객거리(RPK)}}$

② 이 때 유상여객마일(RPMs)은 운송여객의 수와 운송한 거리를 곱한 것으로 여객 마일을 단위로 나타냄.

(2) Example

200석급의 항공기가 500마일 구간에서 취항하고 있다. 정상적인 편도운임으로 80,000원이 적용되고 있으며, 할인요금은 40,000원이라고 하자. 그리고 다음과 같은 두 가지 경우를 생각해보자.

① 정상요금의 경우

- 탑승률(load factor) : 80%
- 출액(revenue) : 160 × 80,000 = ₩12,8000,000
- RPMs : 160 × 500 = 80,000(miles)
- 수익(yield) : 매출액/RPMs = ₩160

② 할인요금의 경우

- 탑승률(load factor) : 100%
- 매출액(revenue) : 200 × 40,000 = ₩8,000,000
- RPMs : 200 × 500 = 100,000(miles)
- 수익(yield) : 매출액/RPMs = ₩80

수요가 비탄력적인 시장에서는 상대적으로 탑승률이 낮더라도 정상요금을 적용함으로써 오히려 수익은 높아짐을 알 수 있다.

(3) 수익관리의 개념

운임수준과 판매좌석에 대한 예약관리기법

(4) 총수입 극대화의 예

400석 규모의 객실이 두 가지 가격으로 판매한다. 한 종류는 정상요금이며, 다른 한 종류는 사전구매요금(APEX)이다. 동일한 조건에서 A, B, C 세 항공사의 판매결과이다.

〈표 1-9〉 좌석 판매결과(A, B, C사)

	A 항공사	B 항공사	C 항공사
정상요금(100만원)	80석	248석	192석
할인요금(75만원)	280석	40석	132석
합계	360석	288석	324석
객실판매율(탑승률)	90%	72%	81%
총수익	2억 9,000만원	2억 7,800만원	2억 9,100만원
단위수익	80.5만원	96.5만원	89.8만원

(5) 수익관리의 기본요소

① 과거자료에 의한 데이터베이스의 구축

② 예약수요에 대한 예측능력

③ 의사결정의 지원프로그램 및 전문인력

④ 재고좌석의 분배시스템

5 예약실무

1) SINE IN/OUT

(1) SIGN 입력

JI 0007JN / GS
① ② ③

JI*0007JN / GS ➔ 모든 작업장에 SIGN IN

① JI : SIGN 입력시 코드
② 0007 JN : AGENT SIGN, 개개의 직원에 주어지는 고유의 비밀번호이다.
③ /GS : SLASH, DUTY CODE, SLASH는 분류기능이며, 각 직원이 수행하는 업무의 성격에 따라 부여되며 GS는 GENERAL SALES AGENT를 나타낸다.

(2) 작업장 이동

JXC ➔ SIGN IN과 동시에 작업장을 이동하고자 하는 경우 (C 작업장 SIGN IN, WORK AREA C)

JMC ➔ 이미 SIGN IN 되어 있는 작업장 C로 이동(작업장 이동)

(3) SIGN OUT

- CRS에서 작업한 내용을 보호 관리하기 위해 예약직원은, 자리를 비울 경우 SIGN을 OUT시키는 것이 좋다. SIGN이 OUT되면 SIGN 번호를 모르는 타 직원들은 CRS를 사용할 수 없게 되므로 기 작업내용에 대한 문제 발생 소지가 사라지게 된다.
- SIGN OUT은 컴퓨터 전원을 끄거나 일정시간(약 90분) 사용하지 않으면 AUTO OUT 된다. 따라서 어떤 ENTRY를 입력했을 때 SIGN IN이라는 응답이 나오면 SIGN이 빠져있다는 뜻이므로 SIGN을 다시 입력해야 한다.

가. 전체 작업장의 SIGN OUT

```
JO*
```

- A – F 작업장 모두 SIGN OUT 되었다.

나. 특정 작업장의 SIGN OUT

```
JOC
```

- 작업장 C는 SIGN OUT되고 그 다음 작업장으로 자동 SIGN IN됨

다. 현재 작업장의 SIGN OUT

```
JO
```

- 현재 사용 중인 작업장 C가 SIGN OUT 되었다.

2) DECODE / ENCODE

전 세계 항공사와 CRS는 업무의 정확성과 신속성을 IATA의 주관 하에 도시, 공항, 항공사, 주, 국가, BOOKING CLASS, 기종 등을 CODE로 같이 사용하고 있다. 이때 CODE 의미를 풀어보는 작업을 DECODE라 하며, 반대로 각각의 명칭을 CODE로 만드는 작업을 ENCODE라 한다.

(1) DECODE

가. CITY(도시)CODE

```
DACPAR
```

[응답화면]

```
DACPAR
A:APT B:BUS C:CITY P:PRT H:HELI O:OFF-PT R:RAIL S:ASSOC TOWN
CITY :
  PAR C  PARIS                    /FR:FRANCE
  LATITUDE: 48°52'00"N            LONGITUDE: 02°20'00"E
  TIME DIFF: GMT +1H              LOCAL TIME IS 0557 ON MON06JAN14
  DAYLIGHT SAVING: 30MAR14 AT 0100 TO 26OCT14 AT 0100: +2H
                   29MAR15 AT 0100 TO 25OCT15 AT 0100: +2H
AIRPORT-HELIPORT :
  BVA A  BEAUVAIS TILLE           /FR         - 68K
  XCR A  CHALONS VATRY            /FR         -138K
  CDG A  CHARLES DE GAULLE        /FR         - 23K
  LBG A  LE BOURGET               /FR         - 14K
  ORY A  ORLY                     /FR         - 16K
  POX A  PONTOISE CORMEILLES      /FR         - 34K
  TNF A  TOUSSUS LE NOBLE         /FR         - 21K
  VIY A  VILLACOUBLAY VELIZY      /FR         - 14K
  JDP H  ISSY LES MOULINEAUX HP   /FR         -  6K
  JPU H  LA DEFENSE HELIPORT      /F          -  0K
RAIL-BUS-PORT STATION :
  XEX B  AEROGARE DES INV BUS     /FR         -  0K
  XTT B  ARC DE TRIOMPHE BUS ST   /FR         -  0K
  XGB B  MONTPARNASSE BUS STN     /F          -  0K
```

[응답화면 설명]

- D : DO
- A : A
- LON : DECODE 할 도시 코드
  (CITY, AIRPORT, HELIPORT, RAIL 등 화면에 모든 DATA가 보여진다.)

나. STATE(주) CODE

```
DNSUSCA
```

[응답화면]

```
DNSUSCA
US CA CALIFORNIA/UNITED STATES OF AMERICA
```

[응답화면 설명]

- D : DON'T
- N : KNOW
- S : STATE
- US : UNITED STATES OF AMERICA
- CA : CALIFORNIA

다. NATION(국가) CODE

```
DCFR
```

[응답화면]

```
DCFR
FR    FRANCE/W EUROPE                    TC2
      CORSICA

EUR   EURO                               LOCAL/INTL PUBLISHED

FRA   FRANCE CITIZEN
FXX   FRANCE METROPOLITAN CITIZEN
ATF   FRENCH SOUTHERN TERRITORIES CITIZEN
```

[응답화면 설명]

- D : DO
- C : CODE
- FR : 국가코드
- FRANCE : FR의 FULL NAME
- EUROPE : 유럽지역
- TC2 : AREA2 지역 표시

라. AIRLINE(항공사)CODE

```
DNAKE
```

[응답화면]

```
DNAKE
KE/KAL 180 KOREAN AIR
```

[응답화면 설명]

- D : DON'T
- N : KNOW(발음나는 대로)
- A : AIRLINE
- KE : 항공사 코드
- KAL : KE의 3LETTER CODE
- 180 : KE의 NUMERIC CODE
- KOREAN AIR : KE의 FULL NAME

```
DNA180
```

[응답화면]

```
DNA180
KE/KAL 180 KOREAN AIR
```

[응답화면 설명]

- DNAKE와 180 KOREAN AIR

마. AIR CRAFT(기종) CODE

```
DNE744
```

[응답화면]

```
DNE744
744 W BOEING 747-400                    JET  362-569
```

[응답화면 설명]

- D : DON'T
- N : KNOW(발음나는 대로)
- E : EQUIPMENT
- 744 : 기종

(2) ENCODE

가. CITY(도시)

```
DANCHICAGO
```

[응답화면]

```
DANCHICAGO
A:APT B:BUS C:CITY P:PRT H:HELI O:OFF-PT R:RAIL S:ASSOC TOWN
CHI C  CHICAGO                                     /USIL
    A  NOH - CHICAGO NAS              - 37K        /USIL
    A  RFD - CHICAGO ROCKFORD         -121K        /USIL
    A  DPA - DUPAGE COUNTY            - 43K        /USIL
    A  GYY - GARY INTERNATIONAL       -  0K        /USIN
    A  CGX - MERRILL C MEIGS          - 14K        /USIL
    A  MDW - MIDWAY                   -  0K        /USIL
    A  ORD - O HARE INTERNATIONAL     - 26K        /USIL
    A  PWK - PAL WAUKEE               - 40K        /USIL
    R  ZUN - UNION RAILWAY STATION    - 14K        /USIL
```

[응답화면 설명]

- D : DO
- A : A
- N : NAME
- CHICAGO : 도시 FULL NAME

나. NATION(국가)

```
DCFRANCE
```

[응답화면]

```
DCFRANCE
FR    FRANCE/W EUROPE                TC2
      CORSICA

EUR   EURO                           LOCAL/INTL PUBLISHED

FRA   FRANCE CITIZEN
FXX   FRANCE METROPOLITAN CITIZEN
ATF   FRENCH SOUTHERN TERRITORIES CITIZEN
```

[응답화면 설명]

- 국가코드는 DECODE와 ENDOCE 지시어가 동일하다.

다. AIRLINE(항공사)

```
DNAASIANA AIRLINEE
```

[응답화면]

```
DNAASIANA AIRLINE
OZ/AAR 988 ASIANA AIRLINES
```

[응답화면 설명]

- 항공사 코드는 DECORD와 ENCORD 지시어가 동일하다.

라. STATE(주)

```
DNSFLORIDA
```

[응답화면]

```
DNSFLOLIDA
US FL FLORIDA  /UNITED STATES OF AMERICA
```

[응답화면 설명]

- 주 코드는 DECODE와 ENCORD 지시어가 동일하다.

3) 예약 가능편(AVAILABILITY) 조회

(1) 기본 ENTRY(NEUTRAL AVAILABILLITY) – 직항편이 있는 경우

```
AN03JANICNLAX
```

[응답화면]

```
AN03JANICNLAX
** AMADEUS AVAILABILITY - AN ** LAX LOS ANGELES.USCA        32 FR 03JAN 0000
1  KE 017      R9 A9 J9 C9 D9 I9 Z9 /ICN    LAX B  1500    0900  E0/388 11:00
               Y9 B9 M9 H9 E9 K9 Q9 T9 GR
2  OZ 202      F9 A9 O9 C9 D9 Z9 U9 /ICN    LAX B  1630    1010  E0/744 10:40
               I9 R9 Y9 B9 M9 H9 E9 Q9 K9 S9 V9 L9 W9 T9 G9 X9 N9
3  OZ:UA7975   F0 A0 Y0 B0 M0 E0 U0 /ICN    LAX B  1630    1010  E0/744 10:40
               H0 Q0 V0 W0 S0 T0 L0 K0 G0
4  KE 011      R9 A9 J9 C9 D9 I9 Z9 /ICN    LAX B  1950    1340  E0/388 10:50
               Y9 B9 M9 H9 E9 K9 Q9 T9 GR
5  OZ 204      J9 C9 D9 Z9 U9 I9 R9 /ICN    LAX B  2000    1340  E0/77L 10:40
               Y9 B9 M9 H9 E9 Q9 K9 S9 V9 L9 W9 T9 G9 X9 N9
6  OZ:UA7977   J0 C0 D0 Z0 Y0 B0 M0 /ICN    LAX B  2000    1340  E0/77L 10:40
               E0 U0 H0 Q0 V0 W0 S0 T0 L0 K0 G0
7  KE 061      R8 AR J9 C9 D9 I9 ZR /ICN    LAX B  2135    1525  E0/77W 10:50
               Y9 B9 M9 H9 E9 K9 Q9 T9 GR
```

① 예약 가능편 지시어 AN, 출발일, 출발지, 도착지

② 날짜와 기준 시간

③ CODE SHARE FLIGHT 표시

④ 항공사 코드

⑤ BOOKING CODE와 가능 좌석 수

- 9 : 9 또는 그 이상의 좌석 수 존재
- 1-8 : 실제 남은 좌석 수
- L, O : 대기 WAITING

- R : REQUEST하라는 의미, 좌석은 있을 수도 있고 없을 수도 있음.
  (항공사에서 CONTROL)
- C, S : CLOSE(SN 항목)

⑥ LAST SEAT AVAILABILITY INDICATOR, 출발지/도착지 공항코드와 터미널 번호

⑦ 출발시간/도착시간

⑧ E-TICKET 발권 가능 표시, 동중체류 횟수, ACCESS INDICATOR, 기종코드

⑨ 비행시간

(2) 예약 가능 스케줄 확인(AVAILABILITY) – 직항편이 없는 경우

```
AN20SEPSELBOS
```

[응답화면]

```
AN20SEPSELBOS
** AMADEUS AVAILABILITY - AN ** BOS BOSTON.USMA        292 SA 20SEP 0000
1 JL:AA8425  J7 R7 D7 I7 Y7 B7 H7 /ICN    NRT 2  0800   1020   E0.763  TR
             K7 M7 L7 V7 S7 N7 Q7 O7
  JL:AA8476  J7 R7 D7 I7 Y7 B7 H7 /NRT 2 BOS E  1120  1105    E0.787  16:05
             K7 M7 L7 V7 S7 N7 Q7 O7
2 JL 950     C9 D9 I9 J9 Y9 B9 G9 /ICN    NRT 2  0800    1020  E0.767
             S9 L9 K9 M9 O9 N9
  JL 008     C9 J9 D9 X9 I9 Y9 B9 /NRT 2 BOS E  1120    1105  E0.788  16:05
             K9 M9 L9 V9 S9 N9 O9 G9
3 AC 062     J9 C9 Z9 D9 R9 Y9 B9 /ICN    YYZ 1  1830    1810  E0/77W
             L9 S9 W9 V9 Q9 H9 U9 M9 E9 P9 G9 N9 K9 T9 A9
  AC7390     J9 C9 Z9 D9 R9 Y9 B9 /YYZ 1 BOS B  2025    2157  E0/E75  16:27
             L9 S9 W9 V9 Q9 H9 U9 M9 E9 P9 G9 N9 K9 T9 A9
4 DL 158     J9 C6 D6 I5 Z2 Y9 B9 /ICN    DTWEM  1225    1225  E0/744
             M9 S9 H9 Q9 K9 L9 U9 T9 X9 V0 E0
                                  /DTWEM BOS A  1350   1553  E0/M90 7 16:28
5 OZ:US5098  F7 C7 D7 Z7 Y7 B7 M7 /ICN    ORD 5  1100    0935  E0/772
             H7 Q7 N7 V7 W7 L7 S7 T7 G7 K7 U7 E7
  AA:HU8926  F9 C9 A9 D9 I9 Y9 B9  ORD 3 BOS B  1150    1500  E0.738  17:00
             H9 K9 L9 M9 X9 W9 U9 T9 S9
```

(3) 운항스케줄 확인

SN30OCTSELBKK

[응답화면]

```
SN30OCTSELBKK
** AMADEUS SCHEDULES - SN ** BKK BANGKOK.TH                        332 TH 30OCT 0000
1 LJ 001       W9 Y9 E9 H9 K9 N9 S9 /ICN    BKK     1725     2135  E0/738   6:10
               L9 Q9 V9 GR T9 B9 M9 X9 I9 P9 O9 U9
2 OZ:AC6996    J9 C9 Z9 D9 Y9 B9 L9 /ICN    BKK     1820     2210  E0/333   5:50
               S9 W9 V9 Q9 H9 U9 M9 T9
3 MU:FM5052    C8 J8 Z8 O8 D8 Y8 K8  ICN    PVG 1  0855     0950  E0.332
               B8 E8 H8 L8 M8 N8 R8 S8 V8 T8 G8 X8 Q8 I8
  MU 541       J9 C9 D9 I9 O9 Y9 B9  PVG 1 BKK     1225     1555  E0.320   9:00
               M9 E9 H9 K9 L9 N9 R9 S9 V9 T9 G9 Z9 Q9 U9 X9
4 MU5052       J9 C9 D9 I9 O9 Y9 B9  ICN    PVG 1  0855     0950  E0.333
               M9 E9 H9 K9 L9 N9 R9 S9 V9 T9 G9 Z9 Q9 U9 X9
  MU 541  J9 C9 D9 I9 O9 Y9 B9  PVG 1 BKK     1225     1555  E0.320        9:00
               M9 E9 H9 K9 L9 N9 R9 S9 V9 T9 G9 Z9 Q9 U9 X9
5 FM 828       J8 C8 D8 I8 O8 Y8 B8  ICN    PVG 1  1810     1910  E0.738
               M8 E8 H8 K8 L8 N8 R8 S8 V8 T8 G8 Z8 Q8 U8 X8
  MU 547  J9 C9 D9 I9 O9 Y9 B9  PVG 1 BKK     2220     0120+1E0.333        9:10
               M9 E9 H9 K9 L9 N9 R9 S9 V9 T9 G9 Z9 Q9 U9 X9
6 CZ 370       J9 C9 D9 I9 O9 W9 S9 /ICN    PVG 2  1845     2000  E0/73G
               Y9 B9 M9 H9 K9 U9 L9 Q9 E9 V9 Z9 T9 N9 R9 G9 X9
  FM 841  J8 C8 D8 I8 O8 Y8 B8  PVG 1 BKK     2240     0155+1E0.738        9:10
               M8 E8 H8 K8 L8 N8 R8 S8 V8 T8 G8 Z8 Q8 U8 X8
```

[응답화면 설명]

- SN : SCHEDULE 확인 기본 키
- 30OCT : 출발일자
- SELBKK : 출/도착

(AN 화면과 거의 유사하나, AN 화면은 실제 BOOKING이 가능한 좌석이 보여진다.)

(4) TIME TABLE 조회

```
TN30OCTSELBKK
```

[응답화면]

```
TN30OCTSELBKK
** AMADEUS TIMETABLE - TN ** BKK BANGKOK.TH                     30OCT14 06NOV14
1 KE 651     X6  ICN    BKK    1715  2105    0  30OCT14  06NOV14  773  5:50
2 LJ 001     D   ICN    BKK    1725  2135    0  30MAR14           738  6:10
3 OZ:AC6996  D   ICN    BKK    1820  2210    0  05SEP14           333  5:50
4 OZ 741     D   ICN    BKK    1820  2210    0  25OCT14  07NOV14  333  5:50
5 KE 653     X6  ICN    BKK    1905  2255    0  07SEP14           773  5:50
6 OZ 369     D   ICN    CAN    0840  1110    0  CONNECT  CAN      333
  CZ3081     D   CAN    BKK 1  1240  1430    0  30MAR14           738  7:50
7 KE 895     X6  ICN    PVG 1  1915  2010    0  CONNECT  PVG      73H
  MU 547     X6  PVG 1  BKK    2220  0120+1  0  07SEP14  20MAR15  333  8:05
8 KE1125     X6  GMP D  PUS D  1900  1955    0  CONNECT  PUS      73H
  KE 661     X6  PUS I  BKK    2125  0115+1  0  31AUG14           333  8:15
```

[응답화면 설명]

- N : TIMETABLE 확인 기본 키
- 30OCT : 출발일
- SELBKK : 출/도착지
- ① : TN 기본 입력 지시어
- ② : 요청일로부터 7일간의 DATE RANGE
- ③ : 운항요일, D → DAILY 운항, 1357 → 월/수/금/일 운항, X6 → 토요일 제외 운항

(5) 선택사항(OPTION) 지정 ENTRY

ENTRY	기 능
AN20OCTSELTYO0900	AVAILABILITY 기준시 지정
AN20OCTSELLON/XBKK	서울에서 런던까지 방콕으로 연결편 조회
AN20OCTSELLAX/CF(BKG CLS)	특정 BOOKING CLASS 지정
AA20OCTMADNYC	도착시간(ARRIVAL TIME)별 AVBLTY 조회
AD20OCTMADNYC	출발시간(DEPARTURE TIME)별 AVBLTY 조회
AE20OCTMADNYC	비행시간(ELAPSED TIME)별 AVBLTY 조회

3) PNR 작성

(1) PNR의 의미

PASSENGER NAME RECORD의 줄임말로 예약기록을 정해진 영역에 따라 예약 전산시스템에 기록해 놓은 것을 나타내는 용어.

(2) PNR의 구성 요소

PNR은 성명, 여정, 전화번호 등 여러 부분들로 이루어져 있다. 이러한 각 부분을 ELEMENT라고 부르는데, 각각의 ELLEMENTS 별로 정해진 형식에 따라 작성해야 한다.

TOPAS SELLCONNECT에서 PNR의 기본요소는 PRINT(PHONE, RECEIVED FROM, ITINERARY, NAME, TICKET ARRANGEMENT)로 5가지 항목을 입력한 후 기본 PNR을 성한다.

ELEMENT	용 도	입력 ENTRY
PHONE	전화번호	AP 940-5380, APM-010-5092-7042
RECEIVED FROM	예약 작성자, 변경 의뢰자	RF PAX
ITINERARY	항공/비 항공 여정	SSKE651Y20JULICNBKK1
NAME	승객의 성명 및 TITLE	NM1LEE/SOONSINMR
TICKET LIMIT	TKT 발권 시한	TKTL10JUL, TKOK, TKXL10JUL
OS	항공사 전송 INFO	OS KE VIP CEO OF 2A
SR	여정관련 서비스 요청사항(MEAL 등)	SRVGML

① 필수요소

- 성명
- 여정
- 전화번호
- 의뢰자
- 발권 시한

② 부수적 요소

- 부가서비스 요청 사항들

- 예약 변경 요청자
- 단체예약 기록인 경우 : 명단 입력시점 등

③ 성명 입력 시 주의사항

- 타인 또는 대리인의 성명을 잠정적으로 대신 입력하는 것은 불가
- FULL NAME을 기재하며, 여권상의 영문 SPELLING을 기준으로 입력
- 외국인/내국인 상관없이 성을 먼저 입력
- 각 SEG별 요청 좌석 수와 승객 수가 반드시 일치하여야 한다.
- 유아의 성명은 첫 번째 승객으로 입력될 수 없다.
- 1개의 PNR에는 성인 99명까지 입력이 가능하다.
- 성명 뒤에는 성별 또는 신분에 맞는 TITLE을 기입한다.
- INFANT/CHILD 성명 입력 시 나이도 함께 입력한다.

4) PNR 작성의 예

(1) 승객의 성명입력 시 성별에 따른 TITLE

성별에 따른 TITLE		신분에 따른 TITLE	
성인남자	MR	교수	PROF
성인여자	MS(기/미혼)	기장, 선장	CAPT
기혼여자	MRS	의사	DR
유/소아 남자	MSTR	성직자	REV
유/소아 여자	MISS		

주 : INFANT 기준 : 만 2세 미만, CHILD 기준 : 만 2세 이상 ~ 만 12세 미만
ADULT 기준 : 만 12세 이상

(2) 승객의 성명입력

- 성인승객 : NM1KIM/MINJUNGMS
- 같은 성을 가진 성인 2명의 이름을 동시에 입력 : NM2KIM/TAEHEEM/TAEMINMR
- 성 다른 2명의 이름을 동시에 : NM1KIM/MINJUNGMSNM1JUNG/ HYESOOMS

- INFANT 이름 입력 : NM1KIM/MINJUNGMS(INF/AGI/22NOV13)
- CHILD 이름 입력 : NM1KANG/MINJUNGMISS(CHD/20OCT10)

(3) AVAILABILITY를 이용한 여정 작성 – 직항편(DIRECT FLIGHT)

```
AN10OCTICNBKK
```

[응답화면]

```
AN10OCTICNBKK
** AMADEUS AVAILABILITY - AN ** BKK BANGKOK.TH          312 FR 10OCT 0000
1 KE 651     P4 A9 J9 C9 D9 I9 Z9 /ICN    BKK   1715  2105  E0/773  5:50
             Y9 B9 M9 H9 E9 K9 Q9 T9 GR
2 LJ 001     W9 Y9 E9 H9 K9 N9 S9 /ICN    BKK   1725  2135  E0/738  6:10
             L9 Q9 V9 GR T9 B9 M9 X9 I9 P9 O9 U9
3 OZ:AC6996 J9 C9 Z9 D9 Y9 B9 L9 /ICN     BKK   1820  2210  E0/333  5:50
             S9 W9 V9 Q9 H9 U9 M9 T9
4 KE 653     P6 A9 J9 C9 D9 I9 Z9 /ICN    BKK   1905  2255  E0/773  5:50
             Y9 B9 M9 H9 E9 K9 Q9 T9 GR
```

① KE651편 Y 클래스로 5좌석을 예약하고자 할 경우

```
SS5Y1
```

[응답화면]

```
RP/SELK13903/
  1  KE 651 Y 10OCT 5 ICNBKK HK5          1715 2105    773 E 0 D
     SEE RTSVC
```

② KE653편 Q CLASS 5좌석을 예약하고자 할 경우

```
SS5Q4
```

```
RP/SELK13903/
  1  KE 653 Q 10OCT 5 ICNBKK HK5          1905 2255    773 E 0 D
     SEE RTSVC
```

(4) AVAILABILITY를 이용한 여정 작성 - 연결편(CONNECTING FLIGHT)

```
AN20JULICNBOS
```

[응답화면]

```
AN20JULICNBOS
** AMADEUS AVAILABILITY - AN ** BOS BOSTON.USMA        230 SU 20JUL 0000
1 JL:AA8425 J7 R7 D7 I7 Y7 B7 H7 /ICN   NRT 2  0800    1020  E0.763  TR
            K7 M7 L7 V0 S0 N0 Q0 O0
  JL:AA8476 J7 R7 D7 I7 Y7 B7 H7 /NRT 2 BOS E  1120    1105  E0.787  16:05
            K7 M7 L7 V0 S0 N0 Q0 O0
2 DL 158    J9 C6 D6 I5 Z3 Y9 B9 /ICN   DTWEM  1225    1225  E0/744
            M9 S9 H9 Q9 K9 L9 U0 T0 X0 V0 E0
                               /DTWEM BOS A  1350    1553  E0/M90 7  16:28
3 KE 073    R8 A9 J9 C9 D9 I9 Z9 /ICN   YYZ 3  1000    1015  E0/772
            Y9 B9 M9 H9 E9 K9 Q9 T9 GR
  AC 360    J8 C8 D8 Z7 Y9 B9 M9 /YYZ 1 BOS B  1255    1427  E0/E75  17:27
            U9 H9 Q9 V9 N9 W9 G9 S9 P9 T1 E1 L1 A1 K1 R6
4 UA:OZ6614 F9 A9 C9 D9 Y9 B9 M9 /ICN   SFO I  1700    1120  E0/744
            H9 E9 Q9 K9 S9 V9 L9 W9
  UA 242    F9 A9 Z9 P9 Y9 B9 M9 /SFO 3 BOS C  1300    2146  E0/752  N17:46
            E9 U9 H9 Q9 V9 W9 S0 T0 L0 K0 G0 N0
5 UA 892    F9 A9 J9 C9 D9 Z9 P9 /ICN   SFO I  1700    1120  E0/744
            Y9 B9 M9 E9 U9 H9 Q9 V9 W0 S0 T0 L0 K0 G0 N0
  UA 242    F9 A9 Z9 P9 Y9 B9 M9 /SFO 3 BOS C  1300    2146  E0/752  N17:46
            E9 U9 H9 Q9 V9 W0 S0 T0 L0 K0 G0 N0
```

① OZ6614편 Y클래스- UA242편 Y 클래스 연결편 2좌석 예약할 경우

```
SS2Y4
```

[응답화면]

```
--- SFP ---
RP/SELK13903/
  1  OZ6614 Y 20JUL 7 ICNSFO HK2          1700 1120   744 E 0
     OPERATED BY UNITED AIRLINES
     SEE RTSVC
  2  UA 242 Y 20JUL 7 SFOBOS HK2       3  1300 2146   752 E 0 F
     ADV PAX FLT ARRIVES TERMINAL-C ADV PAX FLT DEPARTS TERMINAL-
     SEE RTSVC
*TRN*
```

(5) DIRECT SEGMENT ENTRY를 이용한 여정 작성

① 7월 26일 ICN-NYC 구간 KE081편 Y 클래스 3좌석 예약할 경우

(좌석이 가능한 경우)

SSKE081Y26JULICNNYCNN3

(좌석이 불가능한 경우)

SSKE081Y26JULICNNYCLL3

(6) 전화번호 입력

```
AP053-940-5380 KIM/MINJUNG
```

- AP : 기본 지시어
- APH : 자택
- APM : MOBILE PHONE
- APB : 사무실 번호 입력
- APE : E-MAIL 번호 입력
- APF : FAX 번호 입력
- AB : BILLING 주소 입력
- AM : MAILING 주소 입력

(7) 부가서비스 및 기타 자료사항 입력

① 야채식 신청

```
SR VGML
```

[응답화면]

```
10 SSR VGML KE HK1/S5/P1
11 SSR VGML KE HK1/S7/P1
```

② 특별식 신청

```
SR SPML FRUIT
```

③ GROUP FARE 입력

```
SR GRPF KE-YGV10N ICNBKK KRW50000
```

④ 예약 의뢰자 입력

```
RFPAX
```

⑤ 항공권 구입시기 입력

```
TKTL12SEP
```

(8) PNR 작성의 완료

```
ER
```

[응답화면]

```
--- RLR ---
RP/SELK13UA3/SELK13UA3          AA/SU    14FEB        6TJEKQ
7417-8200
  1.KIM/MINJUNGMS        2.JUNG/HYESOOMS    3.KIM/EUNBYEOLMS
  4.KANG/MISOMS
  5 KE 621 M 10OCT       2  ICNMNL  HK4     0755 1055     *1A/E*
  6 ARNK
  7 KE642 M 14OCT        6 SINICN   HK4     0130 0835     *1A/E*
  8 AP 053-940-5380
  9 TKTL14FEB/SELK13UA3
 10 SSR VGML KE HK1/S5/P1
 11 SSR VGML KE HK1/S7/P1
```

5) PNR 조회

(1) PNR ADDRESS로 확인하는 경우

```
RT6UYHAT        OR        RT4385-3038
```

[응답화면]

```
>RT6UYHAT
----- AXR RLR -----
RP/SELK13UA3/SELK13UA3           AA/SU      22FEB13/0217Z       6UYHAT
4385-3038
  1.HONG/GILDONGMR     2.HONG/GILJAMS
  3 KE 651 M 30SEP 1 ICNBKK HK2          1740 2110          *1A/E*
  4 KE 652 M 05OCT 2 BKKICN HK2          2240 0600*1         *1A/E*
  5 AP 053-940-5380
  6 TKOK20MAR/SELK113UA3
```

(2) 승객성명 이용

```
RT/HONG/KILDONG  →  RT3 : 해당 LINE 번호 선택
```

[응답화면]

```
>RT/HONGGILDONGMR
1 HONG/GILDONGMR      KE 1111     Y 10MAY     GMP PUS      1 6PX6YP
2 HONG/GILDONGMR      KE 1111     Y 10MAY     GMP PUS      1 6TIW7O
3 HONG/GILDONGMR      KE 651      G 15SEP     ICN BKK      3 6TI7D4
4 HONG/GILDONGMR      KE 651      M 20OCT     ICN BKK      1 6T8TIE
5 HONG/GILDONGMR      6X9806      M 20OCT     CDGLHR       2 6T8JQU
6 HONG/GILDONGMR      6X9806      Y 20OCT     CDGLHR       2 6T8KBR
7 HONG/GILDONGMR      BA 303      Y 30OCT     CDGLHR       2 6T8054
```

(3) 출발일 및 승객성명 이용

RT/10OCT-KANG → RT2

[응답화면]

```
RT/10OCT-KANG
   1 KANG/HYANGSOONMS   KE 651  M  10OCT   ICNBKK    3 6TOMR4
   2 KANG/MISOMS        KE 621  M  10OCT   ICNBKK    4 6TJEKQ
>RT2
--- RLR ---
RP/SELK13UA3/SELK13UA3            AA/SU   14FEB        6TJEKQ
7417-8200
  1.KIM/MINJUNGMS       2.JUNG/HYESOOMS   3.KIM/EUNBYEOLMS
  4.KANG/MISOMS
  5 KE 621 M 10OCT      2  ICNMNL  HK4     0755 1055     *1A/E*
  6 ARNK
  7 KE642 M 14OCT       6 SINICN   HK4     0130 0835     *1A/E*
  8 AP 053-940-5380
  9 TKTL14FEB/SELK13UA3
 10 SSR VGML KE HK1/S5/P1
 11 SSR VGML KE HK1/S7/P1
```

(4) 편명, 출발일 및 승객성명 이용

```
RTKE 621/10OCT-KANG
```

[응답화면]

```
RTKE621/10OCT-KANG
--- RLR ---
RP/SELK13UA3           AA/SU       14FEB13/0731Z     6TJEKQ
7414-8200
   1.KIM/MINJUNGMS     2.JUNG/HYESOOMS    3.KIM/EUNBYEOLMS
   4.KANG/MISOMS
   5 KE 621 M 10OCT    2 ICNMNL  HK4     0755 1055     *1A/E*
   6 ARNK
   7 KE642 M 14OCT     6 SINICN  HK4     0130 0835     *1A/E*
   8 AP 053-940-5380
   9 TKTL14FEB/SELK13UA3
  10 SSR VGML KE HK1/S5/P1
  11 SSR VGML KE HK1/S7/P1
```

(5) PNR 판독

```
> ER
--- RLR --- ①           AA/SU       07JAN14/0359Z        6UFUFG ②
0264-4385
  1.HONG/KILDONGMR ③
  2. KE 651 M 30SEP 1 ICNBKK HK2        1740 2110         *1A/E*  ④
  3 KE 652 M  15OCT 2 BKKICN HK2        2240 0600*1       *1A/E*
  4 AP 053-940-5380 ⑤
  5 TKTL14FEB/SELK13UA3 ⑥
  6 SSR VGML KE HK1/S5/P1 ⑦
  7 SSR VGML KE HK1/S7/P1
  8 OPW SELK13UA3-04APR:1300/1C7/KE REQUIRES TICKET ON OR BEFORE 05APR:
         1300/S2-3  ⑧
  9 OPC SELK13UA3-05APR:1300/1C8/KE CANCELLATION DUE TO NO TICKET/S2-3
```

① PNR HEADER (RLR : RECORD LOCATOR RETURN)

② 순서대로 OFFICE IDS FOR THE RESPONSIBLE OFFICE AND QUEUING OFFICE, GENT SIGN/DUTY CODE, 예약을 작성한 또는 최종 업데이트한 날짜 및 시간, 예약 번호

③ NAME ELEMENT

④ ITINERARY ELEMENT

⑤ CONTACT ELEMENT

⑥ TICKETING TIME LIMIT FIELD

- TKTL07JAN/1800 : TL 시간 지정
- TKTL : TL 날짜가 지나면 SEG는 유지되며 Q8번으로 보내진다.
- TKXL : TL이 지나면 SEG는 취소됨. 발권 이후는 TKTOK로 변경된다.
- TKOK : 즉시 발권할 PNR인 경우에 표시된다.

⑦ SR ELEMENT: OPTIONAL ELEMENT 중 SSR 항목

⑧ QUEUE OPTION INDICATORS

- KE 항공의 경우 QUEUE OPTION INDICATORS를 사용하는 항공사이므로 예약완료 후 OPW(OPTION WARNING ELEMENT), OPC(OPTION CANCELLATION ELEMENT) 조회 여부를 확인한다.

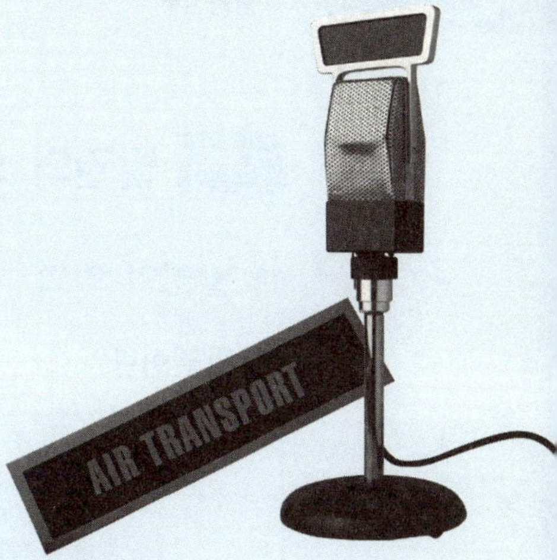

제 2 장

발권업무

1 발권의 의의와 기능

1) 발권의 의의

(1) 발권이란?

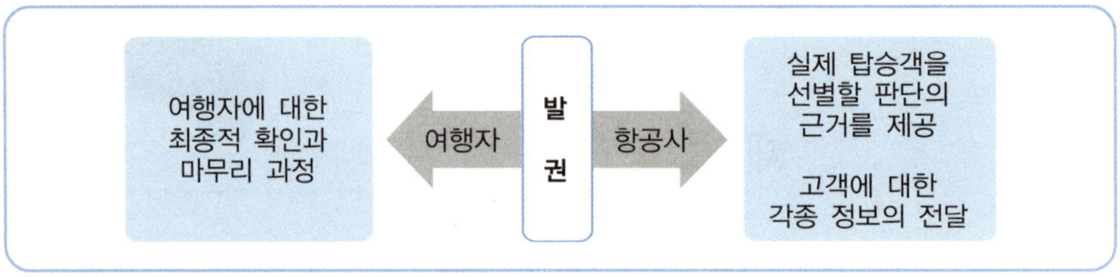

2) 발권업무의 기능

(1) 본원적 업무와 부수적 업무

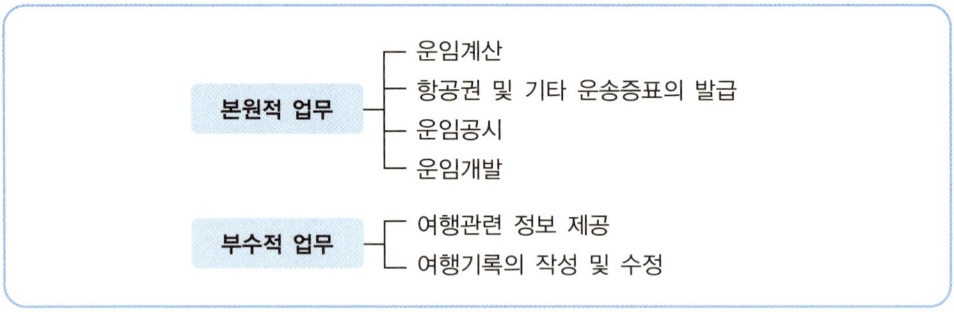

(2) 후방 업무와 카운터 업무

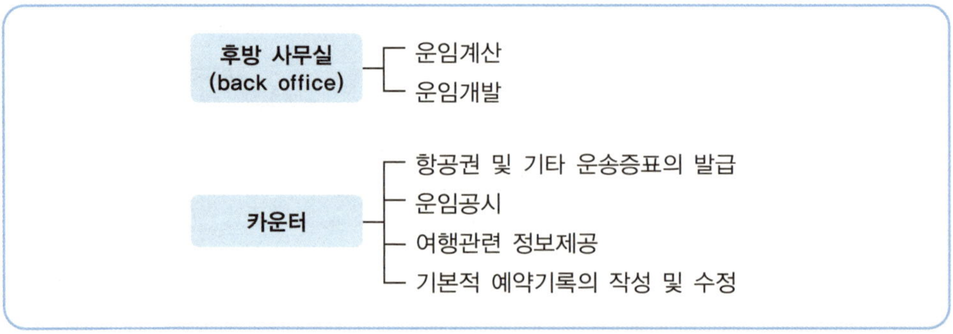

3) 항공권의 정의 및 유형

(1) 항공권이란?

여행자 및 항공사 간에 성립된 계약의 내용을 표시하는 증서

(2) 항공권 유형

- 수기항공권
- ATB항공권
- 전산항공권
- E-TKT

(3) 수기(手記) 항공권(manually issued ticket ; MIT)

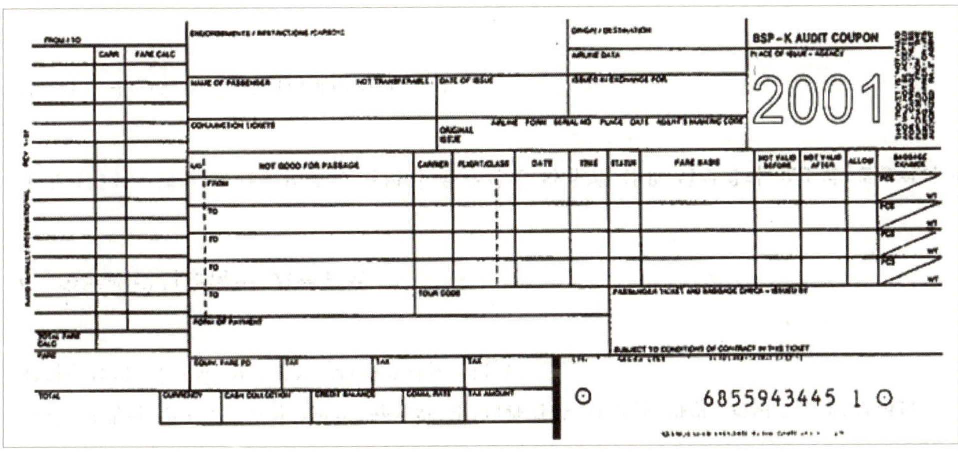

[MANUALLAY ISSUED TICKET–BSP(5COUPON)]

(4) 전산 항공권(TAT AND OP TAT TICKET)

① BSP 전산 항공권

[OFF PREMISE TRANSITIONAL AUTOMATED TICKET(OPTAT)]

② 항공사 전산 항공권

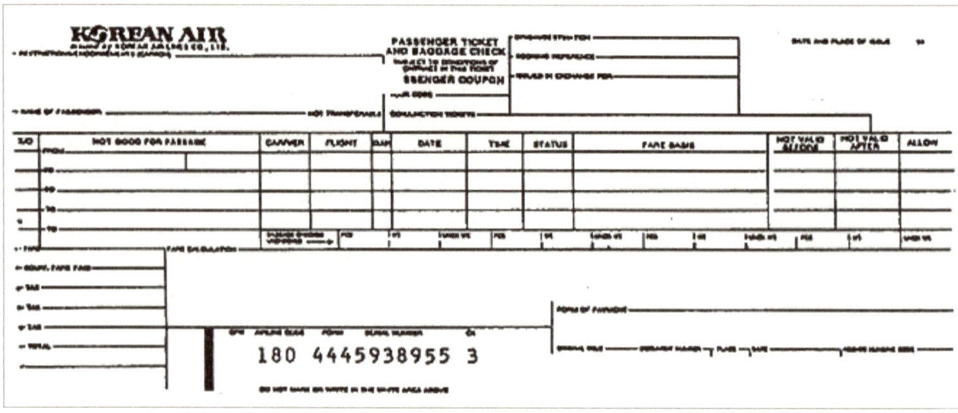

[TRANSITIONAL AUTOMATED(TAT)]

(5) ATB(automated ticket and boarding pass)

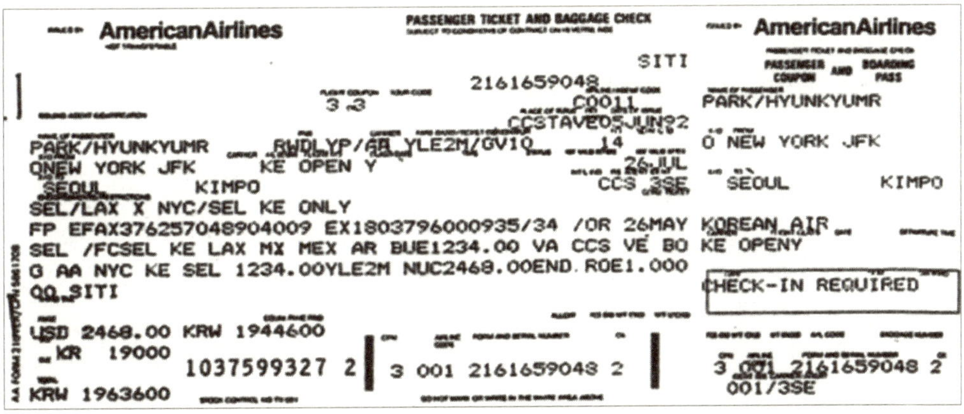
AmericanAirlines PASSENGER TICKET AND BAGGAGE CHECK AmericanAirlines
SITI
2161659048
3 3 C0011
CCSTAVE05JUN92
PARK/HYUNKYUMR
PARK/HYUNKYUMR RWDLYP/4R YLE2M/GV10 14
O NEW YORK JFK
O NEW YORK JFK KE OPEN Y 26JUL
SEOUL KIMPO CCS 3SE SEOUL KIMPO
SEL/LAX X NYC/SEL KE ONLY
FP EFAX376257048904009 EX1803796000935/34 /OR 26MAY KOREAN AIR
SEL /FCSEL KE LAX MX MEX AR BUE1234.00 VA CCS VE BO KE OPENY
G AA NYC KE SEL 1234.00YLE2M NUC2468.00END ROE1.000
CHECK-IN REQUIRED
QQ SITI
USD 2468.00 KRW 1944600
KR 19000 1037599327 2 3 001 2161659048 2 3 001 2161659048 2
KRW 1963600 001/3SE

(6) 전자 항공권 발행확인서(e-Ticket Passenger Itinerary Receipt)

승객정보 (Passenger Information)

- 승객명(Passenger Name) : LEE/JIHYUN MS
- 전자항공권번호(Ticket Number) : 988 2570229618
- 예약번호(Booking Reference) : EKHBTY/1B (OZ-CBJFL7)

여정 (Itinerary)

Departure(출발) / Arrival(도착)	Departure Time / Arrival Time	Terminal (터미널정보)	Class	Status	Fare Basis	Not Valid Before	Not Valid After	B.A
OZ 213 ASIANA AIRLINES								
SAN FRANCISCO	16DEC08 12:00	INTERNATIONAL TERMINAL	ECONOMY /Q	OK	QHOW	16DEC	16DEC	PC
SEOUL INCHEON INT	17DEC08 17:45							

항공권정보 (Ticket Information For Airline Staff)

- **ISSUING** : 19NOV08 ASIANA AIRLINES WOORI TRAVEL CLUB TAEJON KR 1732157
- **Restriction & T/C** : NON END/NO MILEAGE UPGRADE · **TOUR CODE:**
- **Fare Calculation** : SFO OZ SEL Q90.00 879.00NUC969.00END ROE1.00 XT3600YQ6400XFSF 04.5
- **Fare & TAX** : USD 969.00 EQUIV AMT PD: KRW1373800 TAX: 21900US 3600AY 10000XT
- **Total Amount/FOP** : KRW 1,409,300 · **FORM OF PAYMENT:** CA

4) 항공권의 구성

(1) 표지

항공사의 로고(logo)가 찍혀있는 부분

(2) 안내사항 및 운송약관

① 공지사항, 계약조건, 여객 및 수하물에 대한 책임 제한

② 여객운송에 대한 책임 한도액

③ 운임에 대한 특별고지, 예약 재확인, 적용운임, 환불신청, 항공권 제한사항, 탑승용 쿠폰의 사용절차 등의 안내사항

(3) 쿠폰

① 심사용 쿠폰(audit coupon)

② 보관용 쿠폰(agent coupon)

③ 탑승용 쿠폰(flight coupon)

④ 승객용 쿠폰(passenger coupon)

5) 항공권의 일반적 사항

유효기간	• 정산운임 : 발행일로부터 1년간 유효 • 특별운임, 할인운임 : 해당운임이 적용되는 조건에 따름
항공권의 양도	• 타인으로의 양도는 불가 • 항공사의 변경은 운임의 종류 및 항공권 발행지점의 승인 여부에 따라 가능
적용 통화	• 첫 번째 국제선 출발 국가의 통화로 징수된다. • 항공권 판매시 적용되는 운임은 여행의 최초 출발시점에서 유효한 운임을 적용
탑승용 쿠폰 (flight coupon)의 사용 순서	• 항공권에 기재된 여정 순서에 따라 사용되어야 함
운임 적용의 원칙	• 국제선 첫 구간의 출발일에 유효한 운임을 적용 • 항공권 발행 후 운임에 변동이 발생한 경우에는 다음의 원칙을 따름 – 여행 출발 전 : 운임 인상분은 추진하고 인하분은 환급 – 여행 출발 후 : 운임변동에 영향을 받지 않음

6) 항공권 기재사항

(1) 승객의 성명(name of passenger)

ENDORSEMENTS/RESTRICTIONS(CARBON)	
NON-ENDS	
NAME OF PASSENGER	NOT TRANSFERABLE
CHI/HYOJUNGMS	

(2) 승객의 여정(passenger's itinerary)

- 도시 명을 대문자로 기재

X/O	NOT GOOD FOR PASSAGE	CARRIER
	FROM SEOUL	
	TO PARIS	
	TO FRANK FURT	NO
	TO ROME	
	TO MADRID	TOUR CODE

NOT GOOD FOR PASSAGE	
FROM SEOUL	SEL
TO FRANKFURT	FRA
TO ZURICH	ZRH
TO ROME	FCO
TO SEOUL	SEL

(3) 예약기록

항공사(carrier)	항공사 약어(two letter carrier code)를 기재
등급(flight/class)	비행편명 및 예약등급(booking class)을 기재
날짜/시간(date/time)	출발일자 및 출발시간을 출발지 시간(local time)으로 기재
예약 상황(status)	예약상황을 OK, RQ, NS, SA 등으로 표시

(4) 운임(fare basis)

항공권에 적용된 운임의 종류를 표시하는 난

STATUS	FARE BASIS
OK	YPX 3M
OK	YPX 3M
OK	YPX 3M
OK	YPX 3M

STATUS	FARE BASIS
OK	YHEE 1M
OK	YHEE 1M
OK	YHEE 1M
WT	UNCK WT / PCS / WT / UNCK

① PRIME CODE(필수 기재사항) : 탑승 가능한 기내의 좌석 클래스 또는 해당 항공편에 예약된 좌석 클래스를 기재

- FIRST CLASS CATEGORY : R, P, F
- BUSINESS CLASS CATEGORY : J, C
- ECONOMY/COACH CATEGORY : Y, K, M , G, W, E, N, H 등

② SEASONAL CODE(계절별 적용기준) : 계절별 혹은 일정 기간별로 수요수준을 구분하여 그에 따라 차등적으로 적용되는 요금수준을 기재

- H : HIGHEST LEVEL
- K : 2ND LEVEL
- J : 3RD LEVEL
- T : 4TH LEVEL
- Q : 5TH LEVEL
- L : LOWEST LEVEL

③ WEEK CODE(주중 · 주말 구분) : 주중 운임과 주말 운임으로 구분하여 기재

- X : 주중(weekday)
- W : 주말(weekend)

④ DAY CODE(주 · 야 구분) : 주간 운임과 야간 운임을 구분하여 기재

⑤ FARE TYPE CODE(운임 종류) : 적용 운임의 종류를 구분하기 위해 기재하는 사항

- EE(excursion Fare) : 회유 요금
- AP(advanced purchase fare) : 사전에 발권할 것을 요하는 요금

CODE 뒤에 오는 숫자와 문자는 해당 운임이 적용되는 유효기한을 의미

일반석의 예를 들면 다음과 같다.

〈표 2-1〉 운임의 종류

Y	일반석 정상요금(Economy Class Normal Fare)
MHAPB6M	Economy Class High Advanced Purchase Budget Fare : 유효기간 6개월
YEE3M	Economy Class Excursion Fare : 유효기간 3개월

⑥ PASSENGER TYPE CODE(승객 유형)

- 단체임을 나타내는 약어(GROUP CODE) : 단체할인이 적용되는 요금을 표시하는 약어
  약어 뒤에는 단체로 인정되는 최소 구성원수를 기재
  - GV10 : GROUP INCLUSIVE TOUR
  - GS10 : GROUP SHIP'S CREW
  - 연령이나 신분을 나타내는 약어 : 특정 연령 이하의 승객이나 특수신분의 승객에게 적용되는 할인운임인 경우에 이를 역시 약어로 기재
    - CH25 : 소아운임(child fare) 할인율 25%
    - SD25 : 학생(student) 할인율 25%

⑦ Fare basis 기재 순서

- Y SD25 : Economy Class Student Discounted Fare
  (유효기간 1년, 할인율 25%)
- YHEE1M : Economy Class High Season Excursion Fare
  (유효기간 1개월)
- YPX3M CH25 : Economy Class PEX Fare for Child Passenger
  (유효기간 3개월, 할인율 25%)

(5) 무료수하물 허용량

무료로 운반할 수 있는 수하물의 최대 허용량

FARE BASIS	NOT VALID BEFORE	NOT VALID AFTER	ALLOW
F			40KG
Y			20K
Y			PC
F			

FARE BASIS	NOT VALID BEFORE	NOT VALID AFTER	ALLOW
F			40K
Y			20K
Y			NIL
F			

- 수량시스템(piece system) : 미주관련 구간에 적용
- 중량시스템(weight system) : 기타 구간에 적용(F-40KG/C-30KG/Y-20KG)

(6) TOUR CODE

- 포괄단체여행(group inclusive tour) 운임이 적용될 때 부여되는 승인번호
- 판매가 승인번호 기재

TOUR CODE 9SCKINS	TOUR CODE IT9KE3S125
[판매가 승인번호]	[TOUR CODE]

IT 9 KE 3 S 125

① ② ③ ④ ⑤

① INCLUSIVE TOUR ② TOUR CODE 부여한 해의 마지막 숫자

③ TOUR CODE 부여한 항공사 ④ TOUR CODE 부여한 AREA

⑤ 일련번호

(7) 유효기간(not valid before/not valid after)

유효기간을 날짜로서 표시

- not valid after : 최대체류 허용기간(maximum stay)을 규정
- not valid before : 최소체류 의무기간(minimum stay)을 규정

예 SEL/BKK EXCURSION FARE 적용 항공권

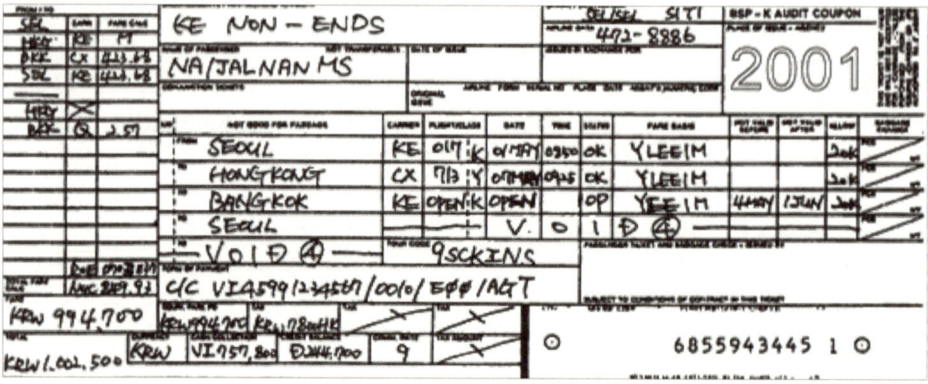

- 최소체류 의무기간 : 3일
- 최대체류 허용기간 : 1개월

(8) 운임기록

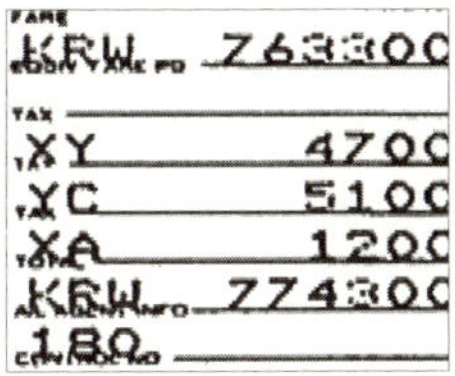
FARE
KRW 763300
EQUIV FARE PD
TAX
XY 4700
XC 5100
XA 1200
KRW 774300
180

FARE(운임)	최초여행 출발국가의 통화로 된 운임을 통화 CODE와 함께 기재
EQUIV. FARE PD (환산 통화)	승객으로부터 항공권 발권시 징수한 각국의 TAX금액을 지불통화로 기재
TAX(세금)	운임을 지불통화 금액으로 환산하여 통화 CODE와 함께 기재
TOTAL(운임 합계)	FARE와 TAX(또는 EQUIV. FARE와 TAX) 합계금액을 기재

(9) 지불방식(form of payment)

운임의 지불수단을 표시하는 난

① 현금 : CASH/AGT

② CREDIT CARD : C/C MC45881234567/0403/E 03/AGT

③ 후불(INVOICE) : INV

④ PTA : PT/CASH/AGT

⑤ 환불에 대한 제한사항 : NON REF

(10) RESTRICTIONS/ENDORSEMENTS(제한사항/배서)

해당 항공권을 사용하는데 있어 제한사항이나 알아두어야 할 주의사항을 표시

① 환불 및 이서(ENDORSEMENT)에 대한 제한 : NON REF/NON ENDS

② 유효기간 제한 : ALL TRVL MUST BE COMPLETED BY 10AUG01

③ 여정변경에 대한 제한 : NON REF/NON ENDS

④ 예약변경에 대한 제한 : RSVN CHNG NOTPERMITTED

⑤ 운임 적용에 대한 제한사항 : FARE SUBJ TO GOV'T APPROVAL

⑥ 소아/유아 운임 적용시 생년월일 : DOB 24MAR94

⑾ ORIGIN/DESTINATION(출발지/목적지)

① 최초 출발도시 및 최종 목적지 도시를 약어로 기재

② 항공권 판매지표(int'l sales indicator)도 기재함.

③ 4가지 판매지표 : SITI/SOTI/SITO/SOTO

⑿ AIRLINE DATA(BOKKING REFERENCE)

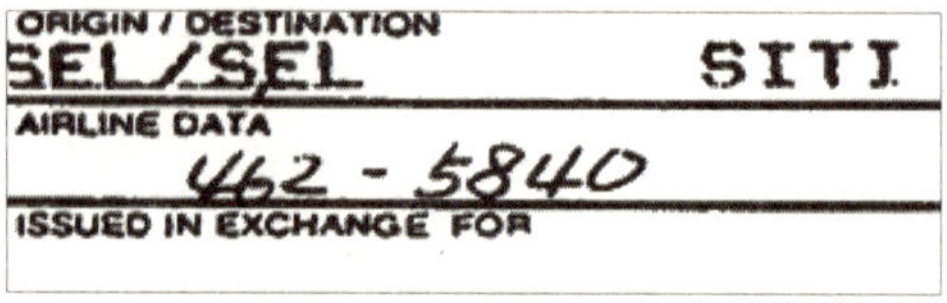

⒀ CONJUNCTION TICKET(연결항공권)

① 1매 이상의 항공권이 연결되어 발행되는 경우

② 소아(child) 또는 유아(infant) 항공권에 동반 보호자의 항공권 번호를 기재

⒁ ISSUED IN EXCHANGE FOR ORIGINAL ISSUE(재발행 조건)

교환항공권 번호나 최초발행 항공권 번호, 최초 발행일자, 최초 발행장소를 기재하는데 사용됨.

⒂ DATE AND PLACE OF ISSUE

항공권의 발행일자 및 발행장소(항공사/여행사의 IATA 번호, 이름)를 기재

(16) FARE CALCULATION

운임계산 내역을 기재

```
G23JUN95SEL KE HKG CX BKK Q2.57M350.77KE SEL350.77
NUC704.12ROE795.90000
```

2 운 임

1) 운임의 종류

① 정상운임(normal fare) : 예약내용, 여정, 이용항공사 등을 변경하는데 있어 어떠한 제한도 없는 운임

② 특별운임(special fare) : 판촉운임 또는 촉진 운임(promotional fare)

③ 할인운임(discounted fare)

- 고객의 연령이나 신분에 따라 일정한 할인율이 적용되는 운임
- 유아운임(infant fare : IN), 소아운임(child fare : CH), 단체인솔자운임(tour conductor : CG)
- 학생운임(student fare : SD), 선원운임(ship's crew discount fare : SC25, SC 40), 대리점직원 운임(agent discount : AD), 항공사직원 할인운임(industry discount : ID)

2) 여정의 종류

구분	내용
편도 여정 (one way)	왕복여정과 일주여정(세계일주 여정 포함)을 제외한 모든 여정을 포괄
왕복 여정 (round trip)	출발지로 다시 돌아오는 여정 중 출국하는(out-bound) 여정과 귀국하는(in-bound) 여정의 운임이 동일하게 적용되는 여정
일주 여정 (circle trip)	최초의 출발도시로 되돌아오는 여정 중에서 out-bound 여정과 in-bound 여정의 운임이 다르게 적용되는 여정

세계일주 여정 (round the world trip : RTW)	일주 여정의 한 종류로서 일정한 한 방향, 즉, 동쪽 혹은 서쪽으로 여행을 계속해 나가면서 대서양과 태평양을 모두 횡단하여 최초의 출발도시로 다시 돌아오는 여정
가위 벌린 여정 (open jaw trip : OJT)	여정 중간에 공백이 있는 경우

(1) 가위 벌린 여정(open jaw trip : OJT)

- Origin Single Open Jaw Trip(OJT)
- out-bound 여정의 출발지와 in-bound 여정의 도착지가 같지 않은 경우

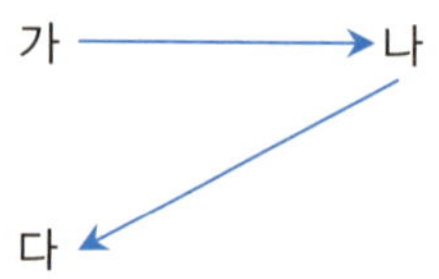

예 서울/로스엔젤리스/부산

(2) Turn Around Single Open Jaw(TSOJT)

- Turn Around Single Open Jaw
- out-bound 여정의 도착지가 in-bound 여정의 출발지와 서로 다른 경우

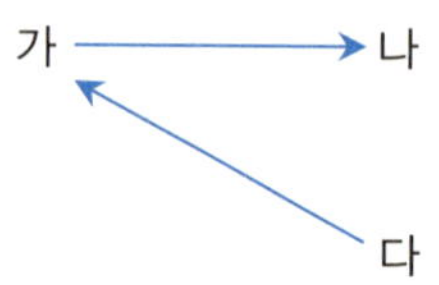

예 서울/로스엔젤리스-샌프란시스코/서울

(3) Double Open Jaw Trip (DOJT)

- Double Open Jaw Trip(DOJT)
- out–bound 출발지와 목적지 및 in–bound의 출발지와 목적지가 모두 상이한 경우

가 ——→ 나

라 ←—— 다

예 서울/로스엔젤리스–샌프란시스코/부산

3) 운임계산의 기초

(1) 항공지리

국제항공운송협회(IATA)는 세계를 3개의 지역으로 구분하여 각 지역 간 혹은 지역 내에서 어떠한 방향으로 여행하며, 어떠한 여정의 형태로서 여행하느냐에 따라 상이한 요금을 적용

〈표 2–2〉 운임 적용지역의 구분

	지역(Area)	하위지역(Sub Area)
서반구	Area 1	북미 중미 남미 카리브반도
동반구	Area 2	유럽 아프리카 중동
	Area 3	한국, 일본 동남아시아 남아시아대륙 남서태평양

(2) 여행의 방향성

① 항공운임은 동일한 도시간의 여정이라도 여행자가 어떠한 방향으로 여행하느냐에 따라 적용되는 운임수준이 다르게 됨.

② IATA는 여객의 여행경로를 유형화하여 제시하고 있음(여행지표 : global indicator).

〈표 2-3〉 여행지표의 예(例)

GI	정의	여행경로의 예제
AP	TC2와 TC3 사이의 여정 중 TC1지역을 경유하는 경로	서울/워싱턴/파리
AT	TC1과 TC2/3 간의 여정으로서 대서양을 경유하는 경로	서울/런던/보스턴
EH	동반구 내의 여정 중 TS, FE, RU를 제외한 경로	서울/호치민/런던 서울/방콕/마닐라
FH	Area3과 우랄산맥 서쪽에 위치한 러시아 간의 경로	서울/홍콩/모스크바
PA	TC1과 TC3 간의 여정으로 태평양을 횡단한 경로	서울/로스엔젤리스/토론토
PN	South West Pacific과 남미 간의 여정 중 북미지역을 경유하는 경로	시드니/샌프란시스코/뉴욕/상파울로
TS	유럽과 한국/일본 간의 여정으로서 시베리아를 경유하는 경로	서울/모스크바/파리
RU	한국/일본과 러시아 간의 직행여정	서울/모스크바
WH	서반구 내의 여정	멕시코시티/리우데자네이루/상파울로

(3) 운임의 적용과 선택

① 운임은 이상 열거한 사항들을 종합적으로 고려하여 산출됨.

② 출발국가와 여정의 종류에 따라 동일 구간이라도 적용되는 운임 수준이 다름.

(4) 통화규정

① NUC제도를 도입하여 활용

- NUC는 가상의 중립적 통화단위
- 항공운임을 결합하거나 비교할 경우 매우 유용하게 쓰임.
- NUC를 출발지국 통화로 환산하거나 출발지국 통화운임을 NUC로 환산하는 경우 IATA ROE(rate of exchange)를 사용

4) 운임계산의 기본원리

(1) 마일리지 시스템(mileage system)

① 마일리지 시스템은 여행하는 거리에 비례하여 운임이 결정되는 방식

② 승객이 실제로 여행한 거리(ticketed point mileage : TPM)와 특정구간의 요금을 그대로 적용할 수 있는 최대허용거리(maximum permitted mileage : MPM)를 비교하여 구간요금을 그대로 적용하거나 혹은 할증하여 적용하는 방식으로 운임을 산출

■ 운임계산의 기본요소

- TPM(발권구간 거리 : ticketed point mileage)
- MPM(최대허용 거리 : maximum permitted mileage)
- EMS(초과거리 할증 : excess mileage surcharge)

■ 운임계산의 절차

첫째, 출발지와 목적지 간에 적용되는 공시운임(NUC)과 MPM을 확인

둘째, 여정을 구성하는 각 구간별 TPM을 확인하여 이의 합계(total TPM)를 구함.

셋째, MPM과 total TPM을 비교

넷째, MPM이 total TPM 보다 크거나 같을 경우 출발지/목적지의 공시운임을 적용

다섯째, MPM이 total TPM보다 작은 경우 TPM이 초과한 비율을 계산하여 이에 해당하는 할증 운임을 적용

(2) 경로시스템(Routing System)

승객이 미리 지정된 여정을 따라 여행하는 경우에만 출발지와 목적지 간의 운임이 적용되는 방식

(3) 단위운임 합산(pricing unit)시스템

① 운임을 계산할 때 전체 여정을 하나의 단위(unit) 혹은 분리가 가능한 여러 개 단위의 조합으로 가정

② 각 단위 여정의 운임을 합산하는 방식으로 전체운임을 계산

③ 최종운임의 산출은 기존의 단일 여정(journey concept)으로 계산한 방식과 비교해서 저렴한 요금을 적용

3 발권실무

1) 운임조회

(1) FARE DISPLAY

```
FQDSELBKK/D10DEC/AKE
```

- 조건과 조건 사이에 (/)로 구분
- FQD : 기본 지시어(FARE QUOTATION DISPLAY)
- SELBKK : 출발지/도착지
- D10DEC : 출발일자 (D : DEPARTURE)
- AKE : 운임 항공사 (A : AIRLINE, KE : KOREAN AIR)

```
FQDSELBKK/D10DEC/AKE
BA  BI  BR  CA  CI  CX  CZ  GA  GS      TAX MAY APPLY
HU  IT  KA  KL  LH  LJ  MH  MI  MU      SURCHG MAY APPLY-CK RULE
NX  NZ  OZ  PR  QF  SQ  TG  VA  VN
WY  XF  3U  /YY*AC  AF  AK  BG  CA
CG  CO  C6  D2  D7  EK  FD  FP  FR
FY  F5  GI  GX  G5  HC  JD  KC  KE
LH  LL  M8  NW  OZ  QH  QZ  RY  R3
R8  SB  TB  TO  UK  VJ  VK  VY  WW
W5  W7  X4  X5  YC  ZH  ZL  3Q  6Q
7A  9B  9G  9H  9R  9X
ROE 1120.972 UP TO 100.00 KRW
10DEC13**10DEC13/KE SELBKK/NSP;EH/TPM  2286/MPM  2743
LN FARE BASIS     OW     KRW   RT    B PEN   DATES/DAYS    AP MIN MAX R
01 ROW          1651700              R  -      -      -     -   -   -  M
02 RRT                       3003000 R  -      -      -     -   -   -  M
03 POW          1453600              P  -      -      -     -   -   -  M
04 FOW          1321400              F  -      -      -     -   -   -  M
05 PRT                       2642800 P  -      -      -     -   -   -  M
06 JOW          1211100              J  -      -      -     -   -   -  M
                                                    PAGE  1/ 2
*TRN*
```

(2) 자동 운임 계산

접 속	이 름	ENTRY	설 명
ENTRY 화면	ITINERARY PRICER	FXP	PNR에 있는 대로 산출(PRICING)
	BEST PRICER	FXB	이미 예약되어 있는 BOOKING CLASS 보다 더 저렴한 BOOKING CLASS가 존재하는 경우, 더 저렴한 운임으로 계산 및 REBOOKING 하는 기능

① FXP(ITINERARY PRICING)

PNR이 있는 경우 사용 할 수 있는 자동 운임 계산 방법으로 예약 여정에 대한 운임 계산 및 TST 저장

PNR 조회 → FXP → ER

- FXP : PNR PRICING 기본 지시어
- ER : 운임정보 저장하고 다시 조회하기

```
--- RLR ---
RP/SELK13903/SELK13903            DS/SU   3DEC13/0539Z   4FIABD
0990-6884
  1.KIM/MINJUNGMS
  2  KE 651 Y 10SEP 3 ICNBKK HK1          1715 2105     *1A/E*
  3  KE 652 Y 30SEP 2 BKKICN HK1          2245 0550+1 *1A/E*
  4 AP 053-940-5380
  5 TK OK03DEC/SELK13903
  6 OPW SELK13903-16JAN:1800/1C7/KE REQUIRES TICKET ON OR BEFORE
        17JAN:1800/S2-3
  7 OPC SELK13903-17JAN:1800/1C8/KE CANCELLATION DUE TO NO
        TICKET/S2-3
*TRN*

FXP

FXP
 * FARE BASIS *  DISC     *  PSGR       * FARE KRW    * MSG   *T
01 YRT+YLRTKE *           * P1          *   1420700   *       *Y
02 YLRTKE     *           * P1          *   1281900   *       *Y
                                                 PAGE   1/ 1
*TRN*
```

② FXB(BEST PRICER)

이미 예약되어 있는 여정에 대하여, 더 저렴한 운임으로 계산 및 REBOOKING이 가능

```
--- TST RLR ---
RP/SELK13903/SELK13903          DS/SU   3DEC13/0543Z   4FIABD
0990-6884
  1.KIM/MINJUNGMS
  2  KE 651 E 10SEP 3 ICNBKK HK1          1715 2105    773 E 0
     SEE RTSVC
  3  KE 652 E 30SEP 2 BKKICN HK1          2245 0550+1 773 E 0
     BKK APO KE CHKIN COUNTER NBR.
     6J K L M OF 6TH ROW 3RD FL OF TERM1.
     SEE RTSVC
  4 AP 053-940-5380
  5 TK OK03DEC/SELK13903
  6 FE PAX NONENDS. RISS CHRG APPLY-KRW40000. RFND PNTY
       APPLY-KRW50000. NO MILE UG./S2-3
  7 FV PAX KE/S2-3

FXB

FXB
01 KIM/MINJU*
NO REBOOKING REQUIRED FOR LOWEST AVAILABLE FARE
------------------------------------------------------------
     AL FLGT  BK   DATE  TIME  FARE BASIS      NVB  NVA   BG
 SEL
 BKK KE  0651 E    10SEP 1715  ELEKS                10MAR 1P
 SEL KE  0652 E    30SEP 2245  ELEKS                10MAR 1P
KRW   630100      10SEP14SEL KE BKK Q58.00 223.02KE SEL Q
                  58.00 223.02NUC562.04END ROE1120.972000
KRW    28000BP
KRW    23800TS
KRW   681900
TICKET STOCK RESTRICTION
BG CXR: KE/KE
PRICED WITH VALIDATING CARRIER KE - REPRICE IF DIFFERENT VC
50000 KRW PENALTY APPLIES
ENDOS NONENDS. RISS CHRG APPLY-KRW40000. RFND PNTY APPLY-KRW
      50000. NO MILE UG.
```

2) E-TICKET 발행

자동 발권을 위한 PNR은 예약 PNR상에 발권을 위한 필수 항목 및 선택 항목을 추가로 입력함으로써 비로소 이루어진다.

(1) 발권 PNR 구성 요소

필수항목	선택항목
TST:TRANSITIONAL STORED TICKET, PRICING AND TICKETING INFORMATION으로 운임 저장 후 발권을 위해 필요한 모든 정보가 담겨 있는 FIELD	FE ELEMENT : ENDORSEMENT 입력 부문
FM ELEMENT: COMMISSION 입력 부문	
FV ELEMENT: VALIDATING CARRIER 입력 부문	
FP ELEMSNT: FORM OF PAYMENT 입력 부문	

(2) TST

TST란 운임 저장 후 발권을 위해 필요한 모든 정보가 담겨 있는 FIELD로서 항공권 발권 시 입력해야 할 첫 번째 필수 요소이다. SEG별로 승객당 최대 10개의 TST 생성이 가능하나 여정 중복은 불가하다. 또한 동일 여정, 동일 운임, 동일 지불수단의 경우 하나의 TST로 복수 승객 적용이 가능하다. TST는 TST 생성일 당일 자정까지 유효하므로, 익일 발권할 경우는 REPRICING이 필요하다.

```
FXP → FXT2/P2 → ER
```

① FXP : FARE PRICING

② FXT2/P2 : PRICING된 운임이 2개 이상인 경우 운임 선택 및 운임 TST 생성, 운임이 1개인 경우 /P2(승객번호) 생략 가능

③ ER : TST 저장 및 PNR 조회(TST 확인 : TQT)

(3) FM ELEMENT 입력

```
FM5G
```

- FM : COMMISSION
- 5 : PERCENTAGE
- G : GROSS COMM, N : NET COMM(COM이 없을 경우 입력 불필요)
- DISC 금액 입력방법 (NET COM인 경우 반드시 입력)

```
TTN/D50000
```

- TTN : 할인금액 입력 기본 지시어
- /D : SLASH, DISCOUNT 약어
- 50000 : 할인금액

(4) FV ELEMENT 입력

```
FVKE
```

- FV : VALIDATING CARRIER 입력 기본 지시어
- (자동입력) KE : VALIDATING CARRIER

(5) FP ELEMENT 입력

```
FPCASH
```

- 현금 지불

```
FPCCAX371690024301003/0119/N12345678
```

- 신용카드 지불(승인번호 포함)

(6) 발권 지시

```
TTP/RT
```

- TTP : 발권 지시어(TIME TO PRINT)
- /RT : SLASH, PNR RETRIEVE

(7) 발권 후 PNR UPDATE

```
>

--- TST RLR---
RP/SELK13UA3/SELK13UA3          AA/SU     07JAN14/0850Z      6UL7UA  ①
1234-5678 ②
  1.HONG/GILDONGMR  ③
  2 KE 651 M 20SEP 1 ICNBKK HK1        1740 2110     *1A/E*  ④
  3 KE 652 M 10OCT 2 BKKICN HK1        2240 0600+1   *1A/E*
  4 AP 053-940-5380  ⑤
  5 TK OK10FEB/SELK13UA3//ETKE  ⑥
  6 FA PAX 180-5950100092/ETKE/KRW1046800/07JAN14/SELK13UA3/1732  ⑦
       0004/S2-3
  7 FB PAX 2000007245 TTP/RT OK ETICKET/S2-3  ⑧
  8 FP CASH  ⑨
  9 FE NON-ENDS/REFUND  ⑩
 10 FV PAX KE/S2-3
```

① 예약 작성일자, 최종 UP-DATE한 날짜 및 시간, 예약번호

② 예약번호

③ NAME FIELD

④ ITINERARY FIELD

⑤ PHONE FIELD

⑥ TL FIELD(발권 후 TKOK로 변경된다)

⑦ TICKET NUMBER FIELD(승객별로 생성)

⑧ 발권일자 및 TICKET 번호

⑨ 지불수단(FOP)

⑩ ENDORSEMENT RESTRICTION FIELD

(8) TICKET 조회

항공권 발행 후 E-TICKET을 조회하기 위해서는 PNR을 이용하거나 항공권 번호를

이용하는 등 다양하게 조회할 수 있다.

```
TWD
```

- 항공권 번호가 1개인 경우

```
TWD/L6
```

- 항공권 번호가 여러 개인 경우(6 : FA 라인 번호)

3) PTA와 환불

(1) Prepaid Ticket Advise(PTA)

① PTA의 개요

- PTA란 승객의 운임을 승객의 실제 출발지가 아닌 다른 지역에서 지불하고 항공권은 출발지에서 발급받도록 하는 제도
- 요금 선납자(pre-payer), 발권지점(issuing office), 판매지점(selling office), 승객(passenger) 등으로 PTA 발권업무가 구성

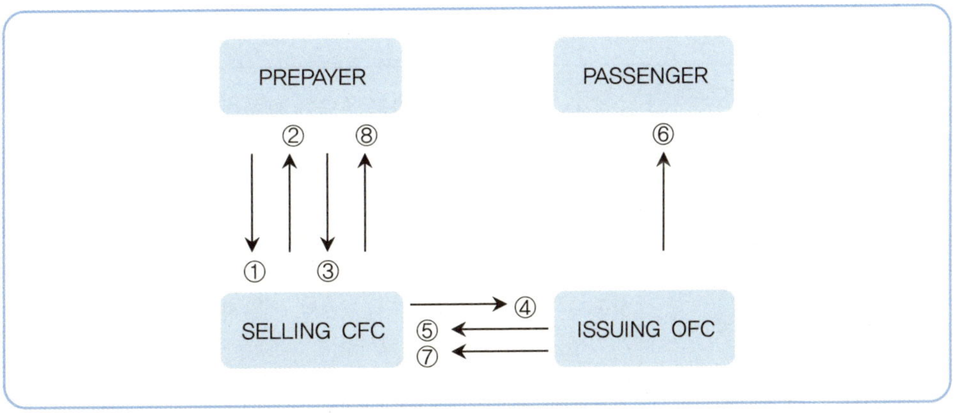

[그림 2-1] PTA 경로

(2) 환불(refund)

① 항공사에서 자체적으로 발급한 항공권만 환불 대상

② 정상운임 적용된 항공권인 경우 유효기간 만료일 이후 30일까지 신청이 가능하나 항공사별 · 운임별 유효기간이 다르다.

③ 환불금의 수취인은 다음과 같다.

- 항공권 상에 기재된 승객 또는 승객이 지정한 피 위임인
- PTA 항공권은 요금의 선납자
- GTR(government transportation request)로 발권된 항공권은 해당 정부기관
- 신용카드 항공권인 경우는 해당구좌로 입금

(3) 분실항공권 처리

① 분실된 항공권에 대하여는 여행자에게 환불해주거나 혹은 재발행해 주어야 함.

② 항공사는 분실 신고를 받는 즉시 항공권에 표기된 여정과 관련된 모든 사무소, 공항 및 본사에 제반사항을 통보하여야 함.

③ 분실신고를 받은 지점에서는 분실항공권 내역을 컴퓨터시스템 블랙리스트(black list)에 기록

4) 기타 운송증표의 발행

Excess Baggage Ticket (초과 수하물표)	승객이 징수한 초과 수하물 요금에 대하여 발행하는 영수증표
Miscellaneous Charge Order (MCO)	추후 발행될 항공권의 운임 또는 해당 승객의 항공 여행 중 부대서비스 요금(service charge)을 선 징수한 경우에 발행하는 지불증표
Manual Neutral Carbonized Multiple Purpose Document (MPD)	항공사 및 여행사에서 공통적으로 사용하던 MCO를 대신하여 2001년 1월부터 BSP 여행사들이 MPD를 사용
MASTER TICKET	전세기의 운송계약에 대해 발행되는 운송증표

5) 기타 업무

(1) 항공운임의 정산

여행자가 전체 여정에 대해 지불한 운임을 일정한 방법에 의하여 운송에 참여한 모든 항공사가 나누는 것

(2) 특별승객의 운임 계산

특별승객	내 용	운 임	예 약	기 타
Stretcher Passenger (간이침대 승객 : STCR)	환자인 경우가 대부분이고 여행자가 항공기로 이동하는 동안 누워서 여행해야 하는 경우	• 일반 성인 정상 운임의 6배 • 동반자는 일반 승객과 동일한 판매가 적용 • 무료수하물은 일반석의 6배 허용 (120Kg 혹은 12pc) • 복수의 항공사를 이용할 경우 관련 항공사에 문의한 후 운임을 적용	승객과 5STCR/BLK (블럭)로 예약 예 • KIM/HOMINMR. • 5STCR/BLK	구비서류 : 건강진단서 및 TJDIRD 서 3부 STCR에게는 세금이 징수되지 않음
Cabin Baggage (객실수하물)	여행자가 기내에 반입하는 물건이 좌석을 차지해야 하는 경우	• 여행자에게 적용된 운임을 좌석을 점유한 물건에 대해서도 똑같이 적용	승객과 Cabin Baggage 좌석을 예약함 예 • KIM/HOMIN MR.CBB/BLK	CABIN BAGGAGE의 중량은 75kg 이내
Extra Seat (별도좌석 : EXST)	여행자 한 명이 두 개의 좌석을 점유하여 여행을 하는 경우. 이는 주로 승객의 신체조건상의 특징 때문	• 좌석 하나를 차지하였을 경우 적용되는 운임의 두배 징수	승객과 EXST 좌석 예약 예 • KIM/HOMIN MR.EXST/BLK	추가 좌석에 대해서는 세금을 징수하지 않음.
UM (비동반소아)	성인이 동행하지 않은 어린이 여행자	• 만 5~8세 : 성인운임의 100% 징수 • 만 8~12세 : 아동운임의 100% 징수	예약과를 통해 사전에 운송허가를 획득하여야 함.	관련항공 및 사무소로 사전에 UM에 관한 정보를 전달해야 함.

(3) 항공권 양도(endorsement)

다른 항공사로 항공권의 이용권한을 위임하는 것

(4) 항공권 재발행(reissue)

여행자의 항공권상에 표시된 여정, 운임, 항공사, 등급(class), 유효기간 등을 변경하기 위하여 항공권을 자체적으로 재발행하거나 혹은 기존 항공권에 스티커로 처리하는 것을 의미

제 3 장

항공 여객 서비스

1 항공사의 고객접점서비스

2 예약서비스

3 발권서비스

4 탑승수속서비스

5 출국장(출발장)서비스

6 기내서비스

7 입국장(도착장)서비스

8 MAAS(Meet & Assist)

1 항공사의 고객접점서비스

현대사회의 새로운 패러다임의 특성을 미국의 경영학자 마이클 해머는 3C로 요약하여 산업의 급속한 발전에 따라 경쟁이 심화되어 고객을 위한 마케팅이 발전하게 되고 새로운 상품개발과 서비스를 차별화시키기 위한 변화가 시시각각 이루어지고 있다고 말하고 있다. 여기에서 서비스는 기업의 유지와 성장을 위하여 가장 중요한 마케팅 도구로 발전되어 현대사회에 다양하게 활용되어 기업이든 관공서이든 모든 조직체에서는 서비스교육을 하고 그 품질을 측정하고 관리하고 있다. 항공사의 고객접점서비스는 크게 예약발권과 공항, 기내에서 이루어지고 있다. 즉 대부분 영업운송에서 고객접점순간을 갖고 있음을 볼 때 영업운송이 해당 항공사의 발전에 가장 큰 직접적인 영향을 끼치고 있음을 알 수 있다. 일반적으로 서비스교육은 용모와 복장, 인사연습, 자세연습, 스마일연습, 전화예절, 고객응대, 에티켓 등에 주력하고 있으나 고객의 불만은 직원의 업무미숙 및 처리지연, 장시간대기, 불공평, 형식적인 응대태도, 안내미흡, 혼잡, 불친절, 규정 미준수, 불만사항 조치미흡, 업무시스템 오류 등이 많아 기본예절뿐만 아니라 업무에 관련된 고객접점서비스를 깊이 있게 교육하고 관리하여야 한다.

2 예약서비스

첫 번째 고객접점인 예약은 전화나 인터넷으로 하거나 항공사 또는 여행사를 방문하여야 하는데 예약전산시스템의 입력절차를 따라야 한다. 예약 접수를 잘못하는 경우 고객에게 피해를 끼칠 수 있기 때문에 예약상태를 확인하는 과정을 거쳐야 하며 특히 대기예약자에 대한 통보나 예약변경, 예약 재확인 시에는 근거를 정확하게 기록하여야 한다. 단체예약은 관련팀의 승인이 필요하므로 관련규정의 준수가 필요하고 V/CIP의 예약은 근무처와 직책 등을 PNR에 기록하여야 하며 RPA 승객은 Special Pax로 관리되므로 관련규정에 의한 업무처리에 만전을 기하여야 한다. 또한 결항이나 지연운항이 되는 경우에는 승객의 여정에 지장이 없도록 사전에 통보를 하여야 하고 고객의 문의사항은 나중에라도 Call Back SVC를 하여야 한다. 예약서비스에 관련된 전화예절과 고객응대요령은 상기와 같이 확인과정이 필요하고 업무지식이 미흡한 경우에는 고객 불만의 초래를 예상할 수 있으므로 정확한 지침과 지속적인 교육 및 관리감독이 중요하다.

3 발권서비스

예약과 같이 발권도 인터넷이나 전화, 항공사나 여행사에서 모두 가능하기 때문에 예약과 동시에 이루어지기도 하지만 발권카운터는 특히 티켓과 현금을 관리하는 곳으로서 그 중요성이 있으므로 카운터오픈 준비 시와 마감 시 티켓보유량과 매출액, 입금액, 잔액 등을 정확하게 확인하여야 한다. 항공운임의 종류가 다양하므로 운임규정 및 제한사항, 금액, 적용환율 등의 안내를 정확하게 하여야 하며 PTA나 Endorsement, 환불, 항공권 분실처리 등 관련규정의 숙지가 필요하다. 발권카운터직원의 고객응대 시 중요한 점은 우선 계산이 정확하여야 하며 두 손으로 정중하게 티켓이나 현금, 카드를 주고받으며 금액을 구두로 확인하여야 한다는 것이다.

4 탑승수속서비스

공항에서 고객이 가장 먼저 접하는 곳이 탑승수속카운터로 좌석배정과 수하물처리가 주된 업무이나 공항발권 및 수입관리, 운항관리 등의 업무를 겸하고 있다. 많은 고객이 한꺼번에 몰리거나 수하물수속으로 긴 줄을 이루는 가장 혼잡한 곳이므로 신속한 탑승수속이 필요하고 직원의 업무숙련도가 높아야 한다. 업무개시 전에 조회를 하여 당일의 운항 및 예약상황, VIP예약, 사전좌석배정, RPA 등의 사항을 미리 체크하고 직무교육, 서비스교육, 근무자세 점검 등을 실시한다. 탑승수속 시에는 신분확인과 티켓절취, 탑승권 발급, 수하물 계량 및 Tagging을 하게 되는데 수하물과 관련한 클레임이 상당하므로 관련 규정을 충분히 숙지하여야 한다. 예를 들면 E/B Charge 징수 시 고객과 마찰이 일어나기 쉽고 각종 Tag 부착이 경우에 맞게 되어야 하며 내용물에 파손되기 쉬운 물건이나 위험품, 귀중품 등은 포장되지 않았는지 등의 확인이 필요하다. 또한 항공기의 지연운항이나 결항 시에는 적절한 안내방송 및 Floor SVC가 필요하다. 탑승수속카운터는 모든 탑승객의 집합장소로 혼잡하여 신속하고도 정중한 대면서비스가 요구될 뿐 아니라 공항상주기관의 입과 귀가 열려있는 공간으로 고객에 대한 서비스뿐만 아니라 상주기관에 대한 예의범절도 회사의 이미지에 직접적인 영향을 미치기 때문에 상당히 중요하다.

5 출국장(출발장)서비스

출국장은 CIQ Clear 후 항공기 탑승을 위한 대기공간으로 Transit Lounge 및 Duty Free Shop이 있고 Boarding Gate가 많아 상당히 넓은 공간으로 움직이는 거리가 긴 편이다. 따라서 항공기 Gate는 고객동선을 고려하여 지정되어야 하며 통과여객을 위하여 T/S Counter와 T/S Lounge를 운영하고 있다. 업무개시 전에 항공기 운항상황과 T/S승객현황 등을 파악하여 사전 준비하여야 하고 보안검색대에서 휴대수하물로서 적합하지 않는 항목이 체크된 경우에는 R/I 또는 위탁수하물로 처리하여야 한다. 탑승은 그 절차에 따라 원활하게 하여야 하며 휠체어 등은 회수하여 위탁수하물로 처리하고 최종 탑승인원의 정확성 여부를 체크하여야 한다. 탑승 시 RPA승객 등 절차를 지키지 않아 불만이 제기되기도 하고 기내에서 좌석변경을 요구하는 경우가 있으므로 신속한 조치를 하여야 한다. 담당운송직원은 항공기의 안전운항과 정시운항을 위하여 Pouch 인계 및 Door Close 순간까지 승무원과 원활한 의사소통을 하여야 하고 A/C Ramp Out시 Farewell SVC를 하는 것이 바람직하다.

6 기내서비스

항공사의 꽃이라는 객실승무원의 기내서비스는 항공사의 서비스품질을 평가하는 주요 기준 중의 하나이다. 승객의 항공기 탑승에서부터 기내식 품질과 엔터테인먼트, 안락한 기내여행, 그리고 도착지 공항에서의 하기까지 기내에서 이루어지는 모든 인적 및 물적 서비스가 타 항공사와 차별화를 만들어 내고 비교대상이 되고 있다. 그러므로 항공사는 객실승무원에 대한 안전과 서비스 실무교육을 가장 많이 실시하고 있다.

7 입국장(도착장)서비스

탑승객이 입국장에 들어서는 시점은 대부분 피곤함을 느끼기 쉽고 서두르게 되는데 수하물P/U도 착각을 일으키는 경우가 있다. 수하물IRR는 분실 및 파손, 지연도착 등으로 구분되는데 수하물IRR처리규정에 따라 신고를 받은 후 Tracing과정을 거쳐 최종적으로 배상을 하게 된다. 이러한 수하물IRR는 항공사의 불만사항 중에서도 다수를 차지하고 있으며 승객에게 많은 불편을 초래하고 불만을 야기하기 때문에 친절하게 안내하여야 하며 Tracing과정도 매일 전화로 설명을 해 주는 등 최선을 다하고 있다는 인식을 심어줄 수 있어야 한다.

8 MAAS(Meet & Assist)

보통 의전이라고 불리는데 V/CIP을 모시는 절차를 말한다. 항공사 의전은 예약 시부터 입국하여 차량탑승 시까지 모든 부분에서 이루어진다. 즉 예약 후 사전좌석배정, 출발공항 도착 시 대기, 항공사라운지서비스, CIQ Clear Escort, 기내좌석안내, 승무원의 기내서비스, 도착공항 항공기도착 시 안내, 수하물P/U 협조, 마중나온 차량탑승 협조 등 모든 고객동선에서 빈틈이 없도록 이루어진다.

> **Moments of Truth**
>
> Moments of Truth(MOT)라는 용어는 스페인의 투우경기에서 투우사가 마지막에 소의 정곡을 찌르는 결정적 순간으로 피할 수 없는 순간 또는 실패하여서는 안 되는 매우 중요한 순간을 뜻하는데(실패 시 어떻게 될까?) 리차드 노만이라는 스웨덴 마케팅학자가 서비스품질관리에 처음 사용하였으나 SAS 얀 칼슨 회장이 1987년 MOT라는 책을 내면서 널리 쓰이고 있다.

(1) MOT Cycle

얀 칼슨 회장은 고객이 직원과 만나는 시간인 예약 시, 공항 체크인 시, 탑승 시, 기내서비스 시, 하기 시 등 각각 약 15초의 짧은 고객접점순간이 회사에 대한 이미지 및 회사의 흥망을 좌우한다고 강조하고 있다. 그 당시 연 일천만 명의 탑승실적을 가진 SAS로서는 연 5천만번의 고객접점순간을 가진 것이다. 종업원 각자가 하루에 몇 번의 고객접점순간을 갖는지 생각한다면 현장 직원의 고객서비스 중요성을 쉽게 인지할 수 있을 것이다. 책 첫머리에 인용된 사례이다. 한 미국인 비즈니스맨이 스웨덴 출장을 마치고 덴마크 코펜하겐으로 회의참석차 공항에 나와 탑승수속을 하려고 하니 티켓을 그만 호텔에 두고 온 것을 알게 되었다. 티켓이 없으면 비행기를 탈 수 없다는 것을 알고 있기에 아주 난감한 상황이었다. 그런데 뜻밖에도 이 사실을 안 체크인매니저가 탑승권을 주었다. 그리고 호텔에 전화를 걸어 티켓을 공항으로 가져와 탑승대기중인 이 미국인 비즈니스맨에게 전달해 주었다. 이에 상기 비즈니스맨이 감동을 받은 이야기로 종업원의 순발력있고 센스있는 서비스가 고객감동을 불러일으킨다는 내용이다.

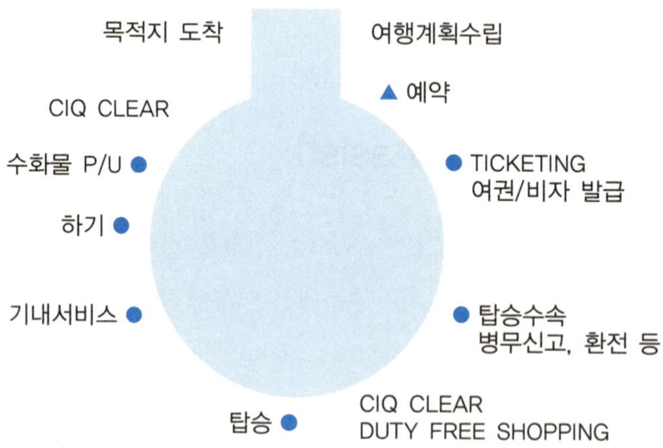

[그림 3-1] 탑승수속카운터 고객응대

탑승수속카운터는 Level CNTR, Information CNTR, F/C/Y CNTR, GRP CNTR, Ticketing CNTR. Mileage CNTR 등으로 구분되고 Check-In Counter 마감은 항공사마다 상이하나 일반적으로 국내선은 항공기출발 20분전에 마감하고 국제선은 40~60분전에 마감한다.

※ Check Point

① 고객을 언제나 긍정적이고 능동적인 자세로 리드한다.

(고객은 항공사 Staff이 알아서 처리해줄 것을 기대한다)

② 고객과 대화할 때 Eye CTC을 유지하며 밝고 상냥한 목소리로 말한다. 그리고

고객에게 단답형으로 대답하지 않는다. "예, 창가좌석으로 드리겠습니다."

③ 카운터에서 옆 직원과 잡담을 금하며, 무슨 일이 있어도 손님을 주시한다.

④ 고객을 장시간 기다리게 하지 않는다.

- Counter Open 전이라도 줄이 길 때는 수속을 시작한다.
- 서류 확인에 장시간이 소요되는 경우, 반드시 고객의 양해를 먼저 구한다.

⑤ 지연 또는 결항 시 안내방송을 정기적으로 하고 카운터에서도 직접 안내한다.

(1) 첫인사

고객과 친밀감을 형성하고 고객의 특성에 따라 적절한 응대준비를 하며 고객의 표정 및 신체상태, 유아의 동반여부, 수하물의 소지여부 등을 살핀다.

- "안녕하십니까. 어서 오십시오."
- "기다리게 해서 죄송합니다."

※ Check Point

- 뒷손님이 오래 기다려야 하는 경우 뒷손님을 배려할 수 있도록 한다.
- RPA승객은 즉시 담당직원을 호출하고 서약서 등 서류를 확인한다.
- V/CIP는 M/A가 될 수 있도록 즉시 보고한다.
- 탑승이 불가한 승객은 CNTR MGR를 호출하여 도움을 받는다.
- 짐이 많거나 포장이 불량한 경우 담당직원을 호출하여 돕도록 한다.
- Overbooking인 경우 대기승객은 대기자명단에 기재하도록 권유한다.

(2) 항공권 접수, 절취 및 확인

항공권의 본인일치여부 및 고객수와 목적지, 시간을 확인하고 항공권을 절취한 후 서랍에 보관한다. 대리수속은 불가하고 단체인 경우는 별도로 분리하여 확인한다. 일행이 있을 경우 일반적으로 수속을 한꺼번에 하는 것을 권한다.

- "항공권을 보여주시겠습니까?"
- "감사합니다."
- "두 분이서 9시 30분 출발비행기로 제주도에 가십니까?"
- "손님, 일행이 다 오셨습니까?"

※ Check Point

- 항공권의 유효기간과 요금을 확인하여 유효한 항공권임을 확인한다.
- 보안검색을 위하여 실제탑승자임을 확인한다.

(3) 좌석 배정(Seat Assign)

고객에게 선호좌석을 문의한 뒤에 좌석을 배정하고 인원 및 배정 좌석을 구두로 재확인한다. 비상구좌석 배정 시는 반드시 관련 규정을 안내하여 고객의사를 확인한 후 배정하여야 한다. 또한 시스템에 기록된 고객의 요청사항(SPML, WHCR SVC 등)을 승객에게 재확인하고 필요한 조치를 취한다.

- "선호하는 좌석이 있으십니까?"
- "죄송합니다만, 그 좌석은 이미 팔렸는데 통로쪽 좌석은 어떠세요?"

※ Check Point

- Seat Block된 좌석을 사용할 경우 카운터매니저의 허락을 받아 사용한다.
- 비상구좌석과 맨 앞 열의 좌석배정은 신중을 기한다.
- 고객의 선호좌석을 최대한 반영하되 너무 한쪽으로 쏠리지 않도록 한다.
- 고객이 좌석배정에 불만이 있는 경우 친절하게 설명하여 무마시키고, 나중에 고객 선호좌석이 생기는 경우 탑승구에서 좌석을 변경한다.
- 대기자처리는 탑승하지 못하게 되는 고객의 불만이 제기될 가능성이 많으므로 항상 명쾌하게 대기순서를 지켜야 한다.

(4) 수하물 수속

위탁수하물은 수하물 개수 및 Name Tag 부착여부를 확인하고 계량한다. 이때 포장상태가 불량하거나 부피가 너무 큰 경우 재포장하도록 권유하고 무료수하물 허용량을 초과할 경우 E/B Charge규정을 설명하고 징수하며 항공 보안 및 안전절차를 준수하여야 한다.

현금이나 고가품, 귀중한 계약서류, 깨지기 쉬운 도자기 등은 Hand Carry하도록 권유하고 파손되기 쉬운 위탁수하물은 승객의 서명을 받아 L/R Tag을 부착한다. 또한 각종 Sub-Tag은 용도에 맞게 사용한다.

시스템에 입력하여 Bag Tag을 출력, 성명과 목적지를 재확인한 후 Tag을 부착하여 컨베이어벨트에 올린다. 이때 수하물을 조심스럽고 정성스럽게 다루어 승객의 불만이 없도록 한다.

휴대수하물은 허용된 부피와 무게를 벗어나면 위탁하도록 권유하고 칼 등 휴대할 수 없는 물건(SRI)이 있는지 확인하여 조치하고 보안검색에 허용되는 항목만 휴대하도록 한다.

- "손님, 부치실 짐이 있으십니까?" ▶"짐을 저울 위에 올려주시겠어요?"
- "부치실 짐은 2개에 30kg입니다."
- (Baggage Tagging 시) "짐은 제주까지 2개 부쳤습니다."

※ Check Point

- Boarding Pass와 Baggage Tag이 승객이름과 일치하지 않는 경우가 발생할 수 있으므로 필히 대조하여야 한다. (잘못된 B/P와 Tag은 바로 찢거나 표시를 한다.)
- 승객이 남의 짐을 위탁받은 경우 승객이 피해를 입을 수 있으므로 유의하여야 한다. 특히 카운터에 직접 부탁받는 경우 우편법 등의 규정을 들어 불가함을 설명하고 직접 항공기에 탑승하거나 택배 등의 수단을 이용하도록 권유한다.
- 현금이나 계약서류, 고가품, 깨지기 쉬운 물품은 휴대하도록 하여야 한다. 만약 분실이나 파손 시에는 상당한 클레임을 제기하는 경우가 많다.
- E/B Charge에 대한 불만은 친절하게 규정을 설명하고 이해를 구하여야 한다.
- Heavy Bag은 조업직원의 건강이상을 야기하고 컨베이어벨트의 고장 원인이 되므로 관련규정을 준수하여야 한다.
- Golf채 및 휠체어 바퀴 등은 파손되기 쉬우므로 주의하여야 한다.
- 종이박스는 우천 시 파손되기 쉬우므로 비닐로 씌우는 등의 조치를 취하여야 한다.
- Name Tag은 모두 부착하여 Irr발생 시에 쉽게 찾을 수 있도록 하여야 한다.

(5) 탑승권/Baggage Claim Tag 교부

자리에서 일어나 탑승권과 수하물표를 교부하면서 목적지/출발시간/탑승시간 및 탑승구/Bag Tag 등을 Circling하면서 안내하고 수하물의 보안 검색을 위해 2~3분 정도 대기하도록 안내한다.

- "손님의 항공편은 9시 출발 제주행 101편입니다. 탑승은 2층 12번 탑승구에서 출발 20분전부터 시작하니 그 안에 올라가시기 바랍니다."
- "손님, 맡기신 수하물 X-RAY검사가 있으니 2~3분만 대기하시다가 2층 출발(국)장으로 입장하시기 바랍니다."

※ Check Point

- Circling은 고객안내에 대한 물증으로 고객이 용이하게 확인할 수 있다. 또한 탑승시간을 안내하여 정시운항에 차질이 없도록 하여야 한다.
- 수하물검색을 위한 대기는 꼭 필요하므로 안내를 하여야 한다. 그렇지 않을 경우 나중에 Paging하여야 하므로 고객에게도 불편을 초래할 수 있다.

(6) 끝인사

Eye CTC을 하고 미소를 띠며 탑승수속이 잘 끝났다는 인사를 하면서 즐거운 여행을 하시고 이용해 주셔서 감사하다는 표현을 한다. 만일 수하물이 많거나 아기를 안고 있는 경우, 또는 몸이 불편한 승객이나 노약자 등 도움이 필요할 거라 예상되는 경우 적극적으로 도움을 주어야 한다.

- "손님, 제가 도와드릴까요?" (RPA담당직원에게 의뢰)
- "수속 잘 끝났습니다. 감사합니다. 즐거운 여행 되십시오."
- "즐거운 여행 되십시오."

※ Check Point

- 수속이 끝나면 혹시 승객이 휴대수하물이나 지갑 등을 놓고 가는지, B/P와 수하물표를 놓고 가지는 않는지, 잘못 체크인 되지는 않았는지 등을 확인하여야 한다.

항공사 예약접수를 받는 경우 (사례)

AGT : 감사합니다. OO으로 모시는 OO항공 OO지점 OOO입니다.
PAX : 예약하고 싶은데요.
AGT : 고객님! 언제 어디로 가십니까?
PAX : 12월 24일 제주도를 가려고 합니다.
AGT : 몇 시에 가시기를 원하십니까?
PAX : 아침으로 해주세요.
AGT : 오전 06시 40분과 07시 30분에 좌석이 있습니다. 어느 시간으로 예약하시겠습니까?
PAX : 7시 30분으로 해주세요.
AGT : 몇 분이십니까?
PAX : 2명입니다.
AGT : 보너스클럽 회원이십니까?
PAX : 아니오.
AGT : 성함과 전화번호를 알려 주시겠습니까?
PAX : OOO, OOO, 전화번호는 010-OOO OOOO입니다.
AGT : OOO 손님, OOO 손님, 전화번호는 010-OOO OOOO 맞으십니까?
PAX : 예, 맞습니다.
AGT : 돌아오시는 편도 예약하시겠습니까?
PAX : 예, 26일 오후 6시경으로 해 주세요.
AGT : 알겠습니다. 손님, 마침 6시 30분 출발편이 있는데 괜찮으십니까?
PAX : 좋습니다. 그렇게 해주세요.
AGT : 손님, 예약 확인해드리겠습니다. OOO, OOO 손님 12월 24일 대구에서 제주가시는 편과 12월 26일 오후 6시 30분 제주에서 대구로 돌아오시는 편에 예약되셨습니다. 항공권은 3일 안에 구입하셔야 예약이 취소되지 않습니다.
PAX : 오늘부터 3일안으로 티켓을 사야 합니까?
AGT : 예, 그렇습니다. 아니면 전화상 신용카드로 구입이 가능하십니다.
PAX : 그래요, 알았습니다. 가까운 여행사에서 끊겠습니다.
AGT : 예, 저희 OO항공을 이용해 주셔서 감사합니다. 저는 OOO입니다. 그럼 즐거운 하루되시기 바랍니다.

제 **4** 장

운송업무

1 공 항

2 공항업무

3 여객운송업무

4 수하물업무

5 해외여행서류와 출입국 관련 규정

1 공 항

1) 공항의 개념과 시설

(1) 공항의 개념

① 공항(airport) : 항공사가 여객과 화물을 운송하는데 필요한 각종 시설과 장비를 갖추고 비행을 위한 공역이 확보되어 있는 상태의 비행장

② 비행장(aerodrome) : 항공기의 이륙과 착륙을 위하여 사용되는 육지 또는 수면으로서 공항을 포함하는 포괄적인 개념

(2) 공항의 시설

① 기본시설

공항은 활주로와 유도로, 계류장 및 여객청사, 화물청사, 격납고, 기내식공장, 급유시설, 관제시설, 주차시설 등으로 구성되어 있다.

[그림 4-1]

■ 공항 활주로 제원 및 능력

공항(R/W)		길이(m)	폭(m)	ILS CAT	비 고
인천국제공항	15, 33	3,750	60	3	
김포국제공항	14R	3,200	60	2	
	32L			1	
	14L	3,600	45	1	
	32R			1	
김해국제공항	18R	3,200	60	–	
	36L			1	
	18L	2,743	45	–	
	36R			1	
제주국제공항	06	3,000	45	1	
	24			1	
	13	1,910	45	–	
	31			–	
대구국제공항	13R	2,755	45		군공항
	31L			1	
	13L	2,743	45		
	31R				
포항공항	10	2,133	45		군공항
	28				
울산공항	18	2,000	45		
	36			1	

■ 항행안전시설

항행안전시설(NAVAID, Navigation Aids)이란 유무선통신, 등화, 색채, 기호 및 형상에 의하여 항공기의 항행을 보조하고 원조하기 위하여 설치된 시설을 총칭하는 것으로 조종사가 안전하게 비행하고 공항에서 이착륙이 가능하도록 지원해주는 시설을 말한다.

- 항행안전무선시설 : 항행원조시설, 관제시설, 항공통신시설
- 항행원조시설 : 정밀진입용시설(ILS(Instrument Landing System))
- 비정밀진입용시설(NDB(Non-Dirextional Radio Beacon) : VOR, DME, TACAN 등
- 관제(레이더)시설 : ASR, SSR, PAR, ARSR, ASDE, Control Tower(관제탑) 등

- 항공통신시설 : 항공이동통신시설(VHF/UHF Radio, HF Radio), 공항정보방송시설, 항공고정통신시설
- 등화시설
- 공항등화시설 : 진입등, 선회등, 비행장등화, 활주로등, 유도로등, 정지로등 등
- 항공로등화시설 : 항공등대, 항공로등대, 위험항공등대, 지표항공등대 등
- 항공장애물등화시설 : 항공장애등
- 항공기등화시설 : 항공등, 충돌방지등, 우/좌현등, 미등, 착륙등, 날개점검등
- 주간장애표식시설 : 철탑, 연통, 기둥 등

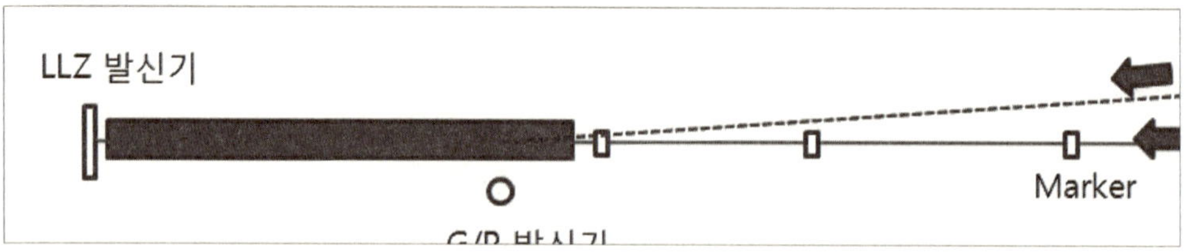

[그림 4-2]

[그림 4-3] LLZ

[그림 4-4] G/P

[그림 4-5] Marker

[그림 4-6] VOR

[그림 4-7] DME

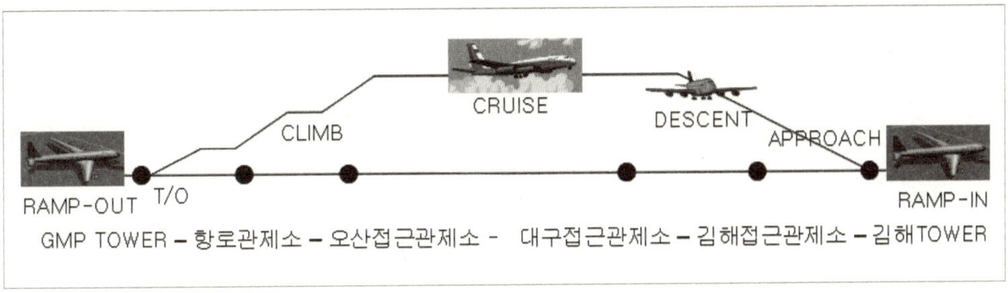

[그림 4-8]

② 항공교통관제(ATC)

항공교통관제는 공중과 지상에서 모든 항공기의 원활한 소통과 항공기의 안전하고 효율적인 이착륙과 항공교통의 흐름을 유지하기 위한 관제업무로 비행단계별로 관할 범위 및 특성을 달리하여 비행장 관제업무, 접근관제업무, 항로관제업무로 구분된다.

(가) 비행장 관제

- 공항 내 이·착륙 항공기 관제
- 공항이동지역 내의 항공기 및 차량이동 통제

(나) 접근관제

- 접근관제 구역 내 출발 및 도착 항공기 관제
- 지역관제소 및 관제탑 항공기 관제권 인수 · 인계

(다) 항로관제

인천 지역관제소(Incheon Area Control Center)가 항로관제업무를 담당하고 있으며 국내 관제기관, 군 중앙방공통제소, 인접지역관제소와 긴밀한 협조체제를 유지하고 인천 비행정보구역 내에서 비행하는 항공기에 대한 항공교통관제업무를 수행하고 있다.

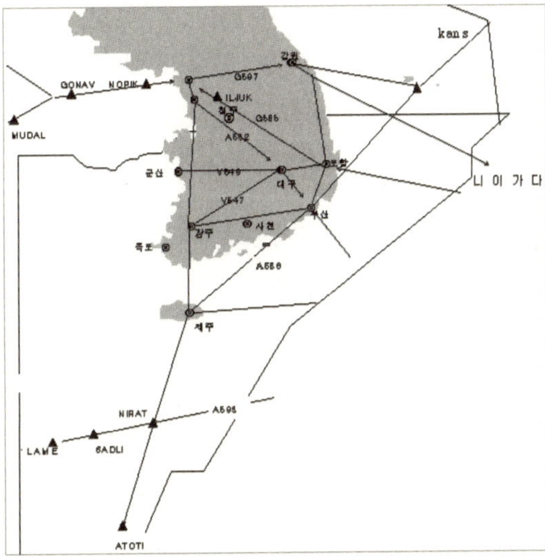

[그림 4-9]

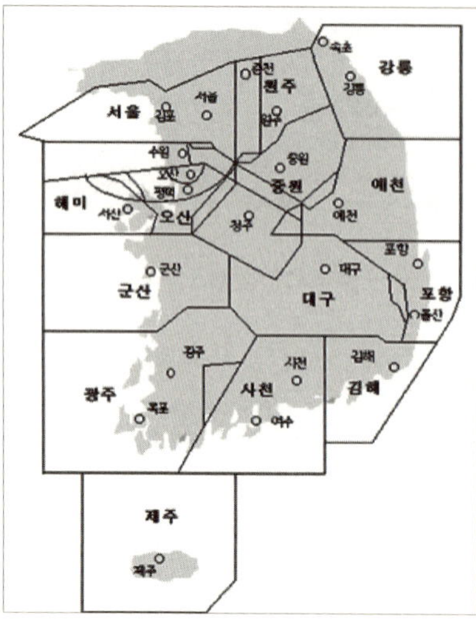

[그림 4-10]

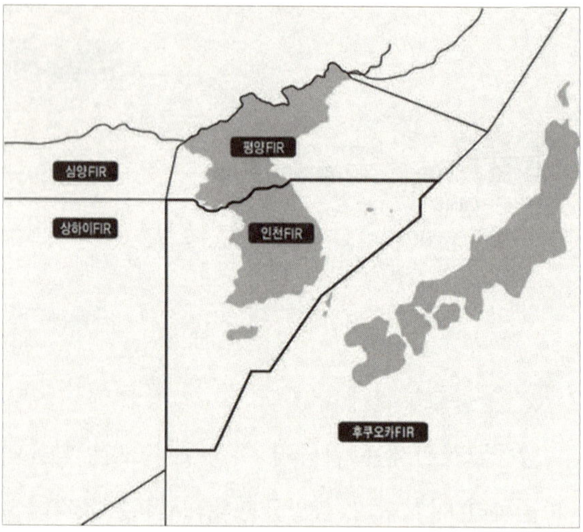

[그림 4-11]

2) 공항터미널

(1) 여객터미널(passenger terminal)

① 항공사 시설

- 예약 · 발권시설
- 탑승수속(check-in)시설
- 수하물 처리(baggage handling)시설
- 화물 처리(cargo handling)시설
- 라운지(lounge)시설

② 정부 관련기관의 시설(C.I.Q시설)

- 출 · 입국(immigration) 관리시설
- 세관(customs)시설
- 검역(quarantine)시설
- 화물터미널(airport terminal)

(2) 화물터미널(cargo terminal)

① 정부 관련기관의 세관시설

② 동·식물의 검역시설

③ 항공사의 수출·입 화물

④ 통과화물(transit cargo)의 취급을 위한 시설

⑤ 항공화물회사 및 화물운송대리점의 화물취급시설

3) 지상조업시설

(1) 램프서비스(Ramp service)

① 항공기의 유도 및 견인(marshalling and towing)

② 수하물 및 화물의 탑재와 하역(baggage & cargo loading/unloading)

③ 항공기 객실 및 외부청소(cabin & exterior cleaning)

④ 시동점화 및 전원공급(GPU & APU)

⑤ 제설 및 방빙(de-icing & anti-icing)

⑥ 식수공급(water supply)

⑦ 조업장비 정비(GSE maintenance)

⑧ 화장실 청소(lavatory service)

⑨ 항공화물 취급업(cargo handling)

(2) 여객서비스

① 승객의 하기 및 이동서비스(arrival & transfer)

② 체크-인 카운터(check-in counter)

③ 장애인 특별지원(restricted passenger assistance)

④ 수하물서비스(baggage handling)

(3) 기내식 사업(catering)

① 기내식 물품의 탑재 및 하기(loading unloading & transport)

② 기내식 세팅(meal setting)

③ 기내식 물품수리(repairing cabin and catering materials)

④ 기내식의 제조 및 판매

⑤ 기내용품의 수거, 세척, 보관 및 공급

⑥ 기내용품의 보관업 등

(4) 항공기 급유

항공기에 급유하는 연료를 저장탱크로부터 파이프라인을 통해 각 주기장(ramp)으로 공급하기 위한 시설로 구성

(5) GSE 정비 및 격납고(hangar)

GSE(ground service equipment)란 항공기에 대한 지상조업 지원을 위해 사용되는 정비장비 일체, GSE에 대한 일일점검과 예방정비를 통해 항공기를 항상 최적의 운항 상태로 유지하기 위한 정비업무로 구성

2 공항업무

1) 항공기 운항

(1) 항공기

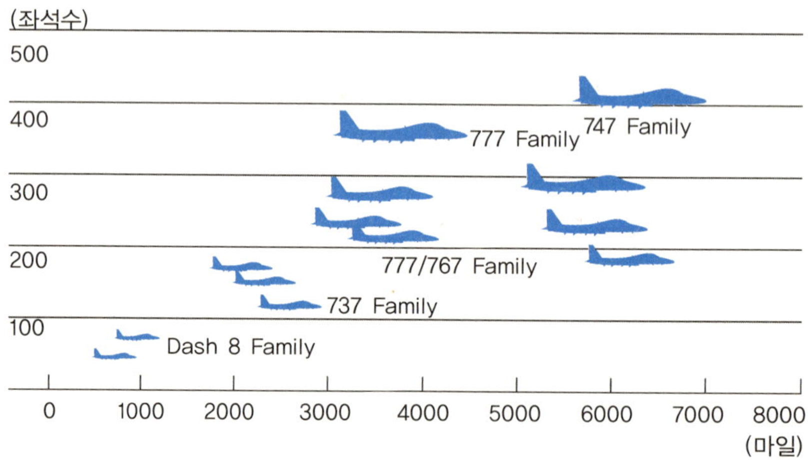

[그림 4-12] 보잉사의 B7X7 시리즈

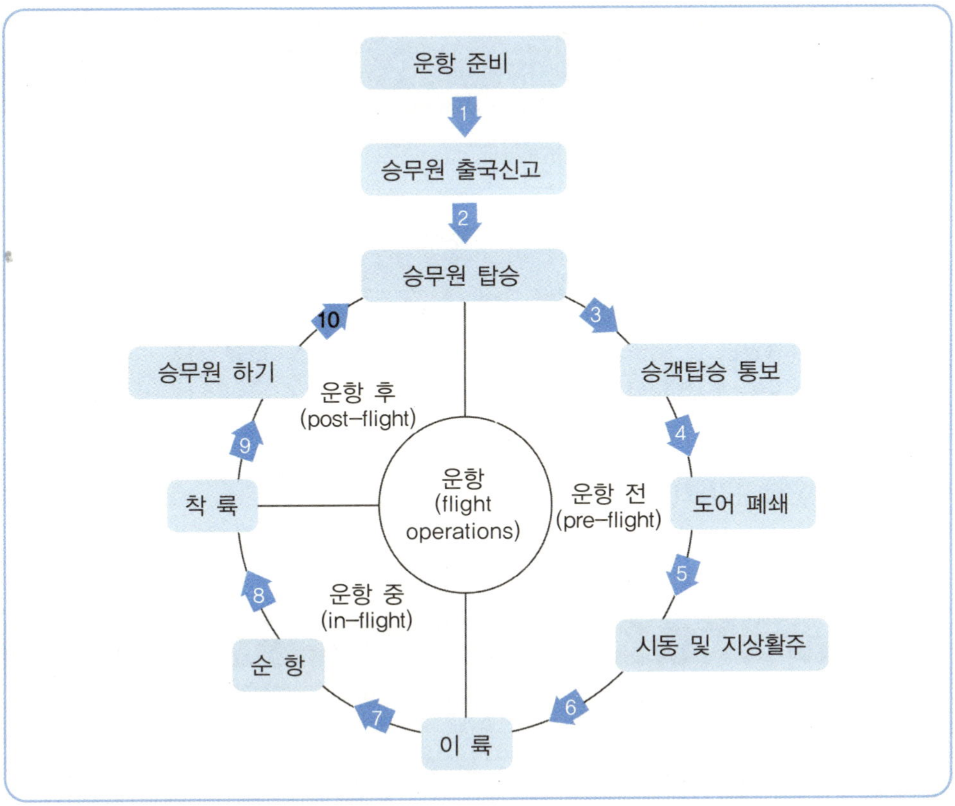

[그림 4-13] 항공기 운항절차

(2) 국내선 운항시간표(timetable)

〈표 3-1〉 국내선 시간표((例)

제주 → 대구 (Jeju → Daegu)									할인(월~목)/₩ 60,900 기본(금~일)/₩ 65,400 성수기(9 Page 참조)/₩ 68,900 비즈니스석 = 일반운임 + ₩11,000		
출발시간	도착시간	요일							기종	편명	비고
		MO	TU	WE	TH	FR	SA	SU			
09:00	10:00		●	●		●	●	●	B737	KE1802	
13:10	14:10	●			●	●	●		B737	KE1804	
15:30	16:30							●			
16:10	17:10	●	●	●	●	●	●		B737	KE1806	
18:30	19:30							●			
19:30	20:30	●	●	●	●	●	●	●	B737	KE1808	

제주 → 진주/사천 (Jeju → Jinju/Sacheon)											할인(월~목)/₩ 54,400 기본(금~일)/₩ 58,000 성수기(9 Page 참조)/₩ 60,900
출발시간	도착시간	요일							기종	편명	비고
		MO	TU	WE	TH	FR	SA	SU			
18:00	18:50	●	●	●	●	●	●	●	F100	KE1832	

제주 → 울산 (Jeju → Ulsan)											할인(월~목)/₩ 59,900 기본(금~일)/₩ 63,900 성수기(9 Page 참조)/₩ 67,400 비즈니스석 = 일반운임 + ₩11,000
출발시간	도착시간	요일							기종	편명	비고
		MO	TU	WE	TH	FR	SA	SU			
14:50	15:50	●	●	●	●	●	●	●	B737	KE1824	

(3) 국제선 운항시간표(timetable)

〈표 3-2〉 국제선 시간표((例)

美洲 · The Americas → 韓國 · Korea

Flight 편명	Departure 출발	Arrival 도착	Aircraft 기종	Class 클래스	Day 요일	VIA 경유지	Arr./Dep. 도착/출발	Validity 유효기간
Las Vegas 라스베이거스 (−7) — Seoul 서울 (Incheon 인천공항) (+9)								
KE7012 */012	18:00	05:20+2	757/747	Y/PCY	1234567	LAX	19:09/00:30+1	~9.30
KE7012 */012	18:00	05:45+2	757/747	Y/PCY	1234567	LAX	19:09/00:30+1	10.1 ~
* 표시된 편명은 델타항공의 항공기로 운항합니다: *indicates flight operated by Delta								
Los Angeles 로스앤젤레스 (−7) — Seoul 서울 (Incheon 인천공항) (+9)								
KE002	11:30	19:25+1	747	CY	1234567	NRT	15:05+1/17:00+1	~10.25
KE002	11:30	19:25+1	747	CY	1234567	NRT	14:55+1/17:00+1	10.26
KE018	12:30	17:20+1	747	PCY	1234567			~9.30
KE018	12:30	17:45+1	747	PCY	1234567			10.1~
KE012	00:30	05:20+1	747	PCY	1234567			~9.30
KE012	00:30	05:45+1	747	PCY	1234567			10.1~
New York 뉴욕 (−4) — Seoul 서울 (Incheon 인천공항) (+9)								
KE082	13:30	17:00+1	747	PCY	1234567			
KE086	23:55	06:05+2	747	PCY	1-3-56-	ANC	03:05+1/04:25+1	~9.30
KE086	23:55	06:05+2	747	PCY	--3-56-	ANC	03:05+1/04:25+1	~10.25
KE086	23:55	06:05+2	747	PCY	-----6-	ANC	02:05+1/03:25+1	10.26

(4) 국제선 운항시간표의 구성체계

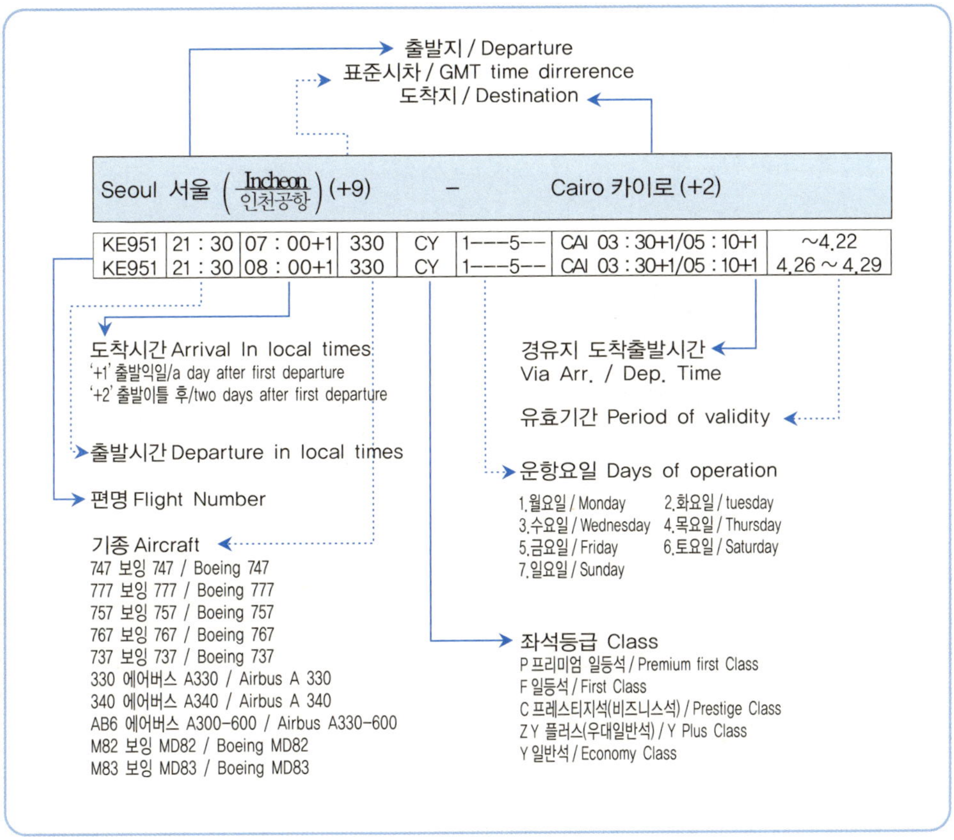

(5) OAG(Official Airline Guide)

현재 세계판과 북미판 두 종류로 구분되어 발간

■ 주요정보

- 항공사 코드와 기종별 코드
- 각국의 환율
- 항공운임의 적용기준
- 항공여행 관련 세금 및 공항세
- 무료수하물 허용량과 초과수하물 요금

- 세계표준시와 현지시간
- 공항별 체크-인 시간과 면세점 안내
- 연계항공편의 연결시간
- 항공사별 인정하는 신용카드의 종류
- 각국의 금융제도 등

3 여객운송업무

1) 여객운송업무의 개요

(1) 여객운송업무(passenger traffic service)의 흐름

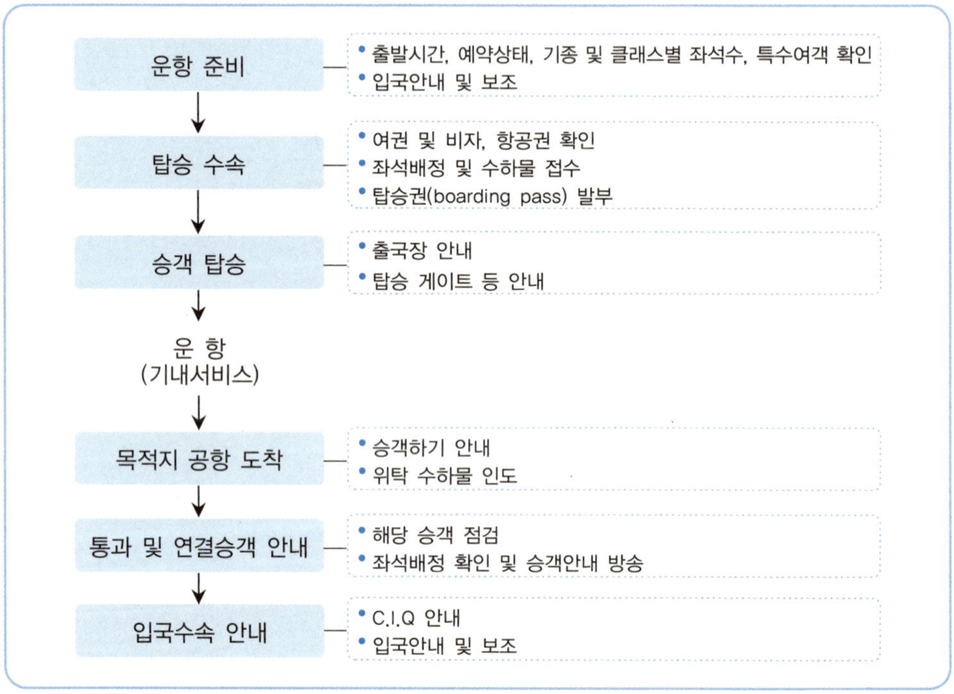

(2) 여객운송업무의 구성

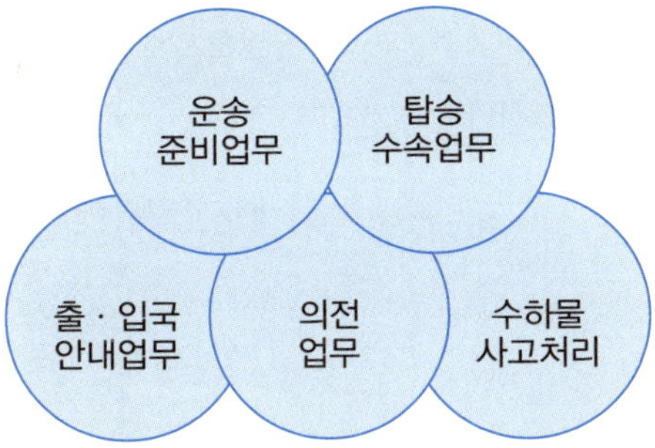

(3) 출국 승객의 흐름

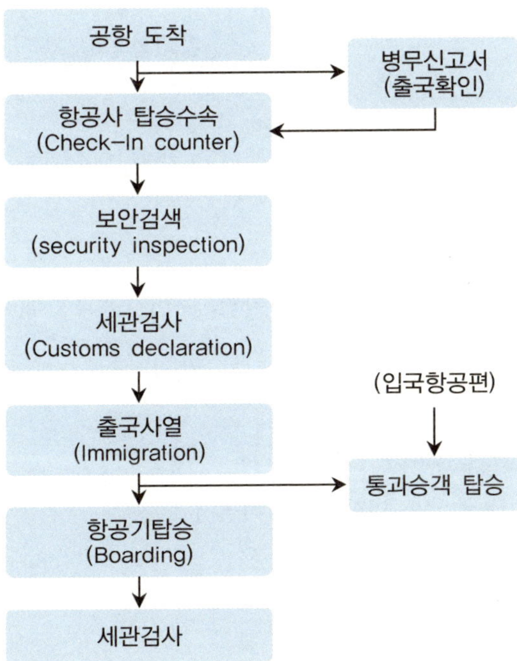

(4) 입국 승객의 흐름

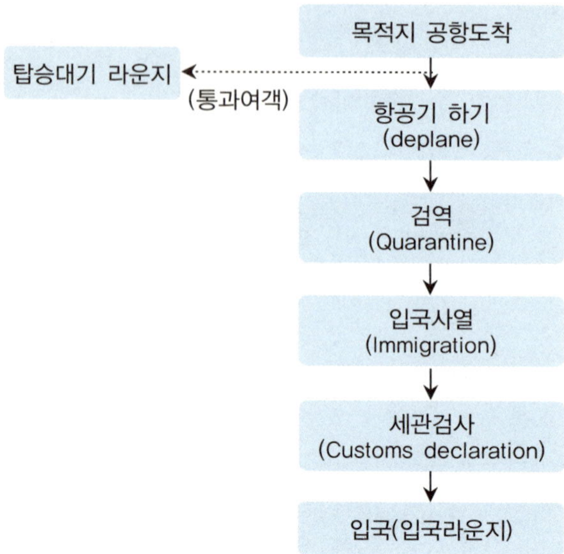

2) 탑승수속(Check-in)

(1) 여행 구비서류의 확인

① 여권의 유효기간 및 목적지 비자의 확인, 무비자통과승객(TWOV) 조건 등

② 체류허용기간

③ 반출 및 반입물품 신고서

④ 출입국신고카드(E/D card)

⑤ 병무신고 : 만 18세~만 35세 병역 미필자

(2) 항공권 접수

① 여권과 성명의 확인

② 타 항공편 이용에 대한 보증(endorsement), 중간기착지 등의 확인

③ 특별요금 및 단체여객 조건 등의 확인

④ 분실 또는 도난 항공권 여부의 확인

3) 출국장 안내

(1) 보안검색(security check)

① 여객 및 휴대수하물 검사

② 기내 휴대제한품목 검색

③ 불법외환소지 여부 검색

(2) 세관신고(declaration)

① 휴대물품의 반출신고서 작성안내

② 재반출 조건의 일시반입물품신고서 확인

(3) 탑승수속업무(좌석배정)

① 사전 좌석예약 여부의 확인

② 승객선호도와 요구사항을 고려한 좌석배정

③ 상황에 따른 좌석 승급(up-grade) 조치

④ 탑승권(boarding pass)의 발급

(4) 탑승수속 업무(수하물 접수)

① 승객이름표(name label) 및 수하물 포장상태 확인

② 무료수하물 허용량의 확인 및 초과수하물에 대한 요금징수

③ 제한품목 및 세관신고대상 물품의 확인

④ 수하물표 부착(tagging)

⑤ X-레이 투시기 및 개봉검사 등을 이용한 보안검색

(5) 법무부 출국심사(immigration check)

① 출국자격 심사

② 여행서류 확인

③ 체류기간 및 출국금지자 여부의 확인

④ 출국신고서 접수

⑤ 여권상의 출국확인(stamp)

4) 탑승 안내

(1) 탑승안내 업무 구성

① 탑승구 안내방송

② 탑승권 확인 및 좌석안내

③ 탑승객수의 확인

④ 비행관련서류의 객실 인계

⑤ Gate bag 처리(유모차/휠체어/over size bag 등)

5) 도착지 공항서비스

(1) 도착지 공항서비스의 개요

도착승객들의 하기 안내, 검역 안내, 법무부, 입국 심사, 위탁수하물의 인도, 세관검사 등이 원활하도록 일련의 서비스를 제공함.

(2) 승객의 하기 안내 순서

① 긴급한 의료조치를 필요로 하는 승객

② 공무나 비즈니스 등을 수행하는 항공사의 귀빈(V.I.P, C.I.P)

③ 일등석 승객

④ 비즈니스석 승객

⑤ Travel class 승객

⑥ 비동반소아 및 노약자

⑦ 제한승객(wheel chair pax, 장애인, 환자 등)

⑧ 간이침대로 이동하는 승객(stretcher)

6) 제한 승객

(1) 장애인승객(incapaciated passenger)이란?

정신적 장애와 의학적인 비정상적 상태로 인해 일반승객과 달리 비행 중이나 지상 이동시에 개인적으로 별도의 배려나 도움을 필요로 하는 승객

(2) 제한 승객(restricted passenger)의 유형

① 환자승객(invalid passenger)

② 비동반소아(unaccompanied minor; UM)

③ 임산부(pregnant woman)

④ 시각장애인(blind passenger)

⑤ 죄수(prisoner)

⑥ 청각장애인(deaf passenger)

⑦ 다리를 구부릴 수 없는 환자

4 수하물업무

1) 수하물의 정의

(1) 수하물(baggage)이란?

여행과 관련하여 승객이 휴대 또는 위탁하는 물품

① 위탁수하물(checked baggage) : 탑승수속시 항공사에 위탁하여 화물칸으로 운반하는 수하물

② 휴대수하물(hand-carry baggage) : 승객이 직접 휴대하여 기내에서 운반되는 수하물

2) 수하물의 흐름 파악

(1) 출발지 공항 내 수하물의 흐름

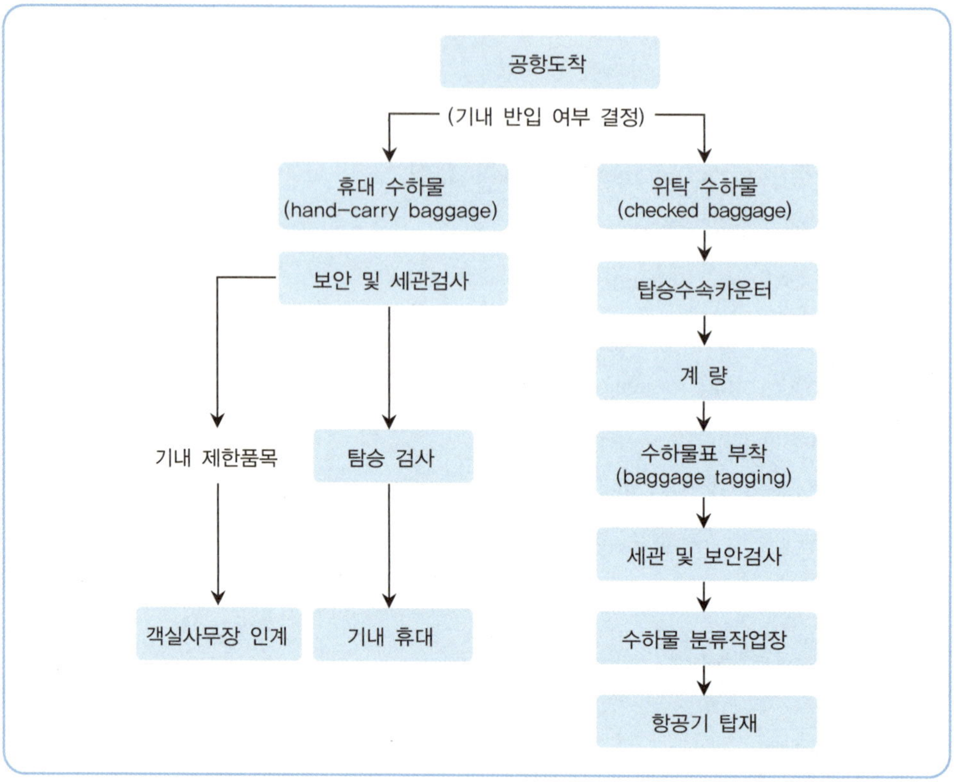

(2) 도착지 공항 내 수하물의 흐름

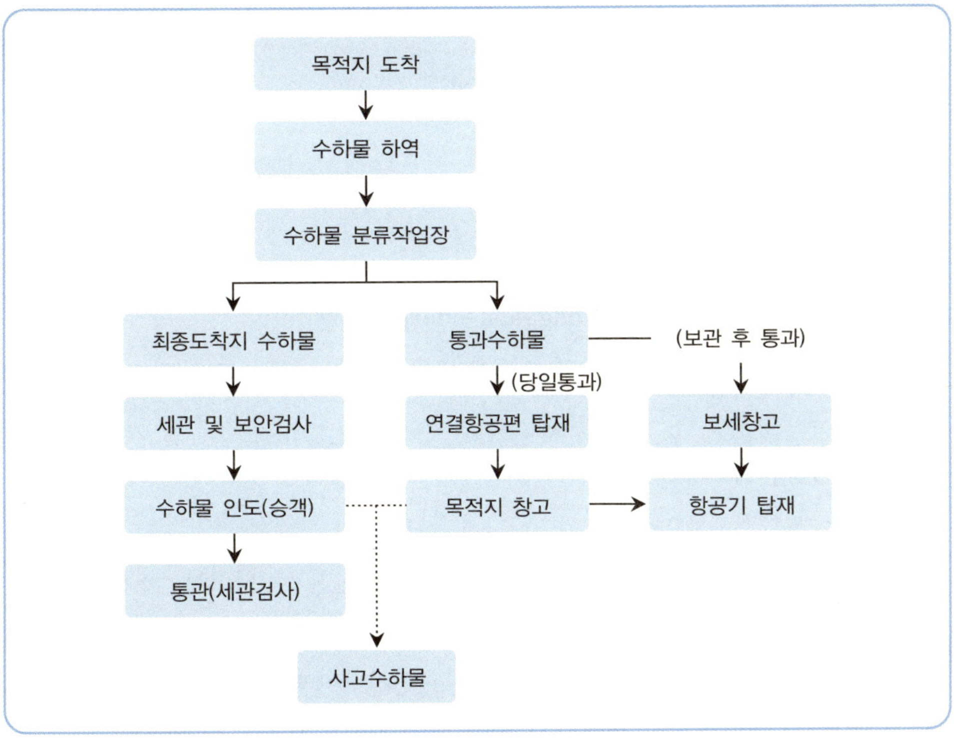

3) 무료수하물 허용량과 초과수하물

(1) 무료수하물 허용량(free baggage allowance)이란?

별도의 요금을 지불하지 않고 항공사의 규정에 따라 휴대하거나 위탁할 수 있는 수하물의 양

① 수량제도(piece system) : 미국, 미국령(SPN포함), 중남미, 캐나다 출/도착 노선에 적용되는 기준

- first class 및 business : 2 pieces
  각 수하물의 무게가 32kg 이하이며, 3면의 합이 최대 158cm 이내인 경우
- Economy class : 2 pieces
  각 수하물의 무게가 23kg 이하이며, 3면의 합이 최대 158cm 이내인 경우(단

2개의 합이 273cm를 초과하지 않아야 함)

② 중량제도(weight system) : 미국, 미국령(spn포함), 중남미, 케나다 출/도착 외의 전구간 적용

- 일등석(first class) : 40kg
- 비즈니스석(prestige class) : 30kg
- 일반석(economy class) : 20kg

(2) 초과수하물 허용량(excess baggage charge)이란?

무료수하물 허용량을 초과하는 수하물에 대해 별도의 추가요금을 징수

(3) 초과수하물요금(Kg당)

① 국제선 초과수하물요금

- 인천 → 도쿄(나리타) : 5,600원
- 김포/인천 →. 오사카 : 4,600원
- 인천 → 방콕 : 11,400원
- 인천 → 칭다오 : 4,700원
- 인천 → 세부 : 9,100원
- 부산 → 방콕 : 11,300원
- 김포/인천 → 나고야 : 5,000원
- 인천 → 후쿠오카 : 3,700원
- 인천 → 홍콩 : 7,800원
- 인천 → 마닐라 : 7,800원
- 부산 → 홍콩 : 8,100원

② 국내선 초과수하물요금

- 서울 ↔ 제주 : 2,000원
- 청주 ↔ 제주 : 1,800원
- 부산 ↔ 제주 : 1600원

4) 특수수하물

① 스포츠 장비

② 대형 악기류

③ 애완용 동물

④ 기타 신고된 고가품 등

5) 사고수하물

(1) 사고수하물이란?

항공사에 의해 운송 또는 보관 중인 수하물의 분실(missing), 파손(damage) 및 도착지연(delay) 등으로 인해 승객에 손해가 발생한 경우, 해당 수하물

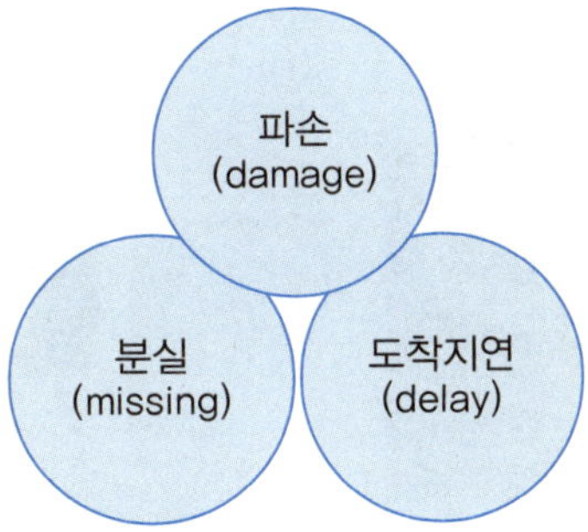

(2) 수하물 사고의 처리

① 수하물 사고의 추적 : 수하물 전담부서(lost and found section; LL)

- 해당 공항지역의 조사(local search)
- 보고서 작성
- 수하물 추적을 위한 공문 발송 : World Tracer System
- 최종 추적공문 발송

② 사고 수하물의 변상 : IATA 규정

- 휴대 수하물 : 1인당 USD 400
- 위탁 수하물 : 1kg당 USD 20

단, 별도의 고가 신고물품(value declaration)인 경우는 예외

③ 지상조업(Groumd Handling)

지상조업이란 공항에 입출항하는 항공기의 안전하고 신속한 조업을 위하여 인력 및

장비를 이용하여 지상에서 행하여지는 제반 지원활동으로 승객의 탑승 및 하기, 화물의 탑재 및 하역, 객실청소, 기내식, 급유, 정비, 운항관리 및 기타 제반 서류작업 등을 포함한다. 모든 공항에서는 공항에서의 안전하고 원만한 조업을 위하여 이동지역관리 운영규정을 운영하고 있다.

[그림 4-14] Ramp Bus

[그림 4-15] Tow Bar

[그림 4-16] Towing Car(truck)

[그림 4-17] Step Car

[그림 4-18] Tug Car

[그림 4-19] Baggage Conveyor

[그림 4-20] Dolly

[그림 4-21] Potable Water Truck

[그림 4-22] Refueler

[그림 4-23] Lavatory Truck

[그림 4-24] Main deck Loader

[그림 4-25] Lower Deck Loader

[그림 4-26] Food Car

[그림 4-27] Deicing Truck

[그림 4-28] Air Start Unit

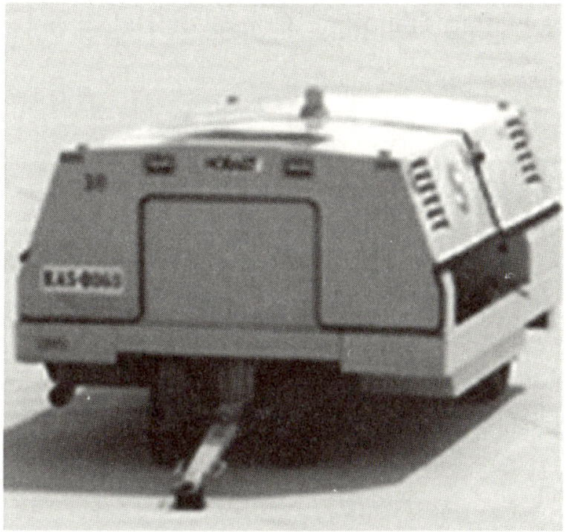

[그림 4-29] Ground Power Unit

[그림 4-30] Air Condition Unit

[그림 4-31]

[그림 4-32]

■ Airside Safety Guide

1) FOD(Foreign Object Damage) 방지 : 기체, 엔진, 타이어 등 기체 손상요인 방지

2) A/C 주변 위험성 : 항공기 엔진 흡입구(Jet Intake), 항공기 엔진 후류(Jet Exhaust), 역추진(Thrust revesers) - 프로펠러

3) 안전조업

- 차량운행 및 주차 시 안전 : A/C 주변, 제한속도, 통행로, Bridge 아래
- A/C 접근 시 안전조업 : Foodcar, Towing Truck, Step Car, Baggage Truck 등
- 승객 탑승 및 하기 시 안전규정 준수

- 화물창고 및 BSA지역에서의 안전(Heavy Bag Handling, Conveyor Belt작동 등)

5 해외여행서류와 출입국 관련 규정

1) 해외여행서류

(1) 여권(passport)

① 자국민의 해외여행시 정부가 그 신분을 증명해주는 공문서

② 외교관여권(diplomatic passport)

③ 관용여권(official passport)

④ 일반여권(general passport)

⑤ 통과허가증(laissez passer) : 국제연합발급 및 국제적십자사(international red-cross passport) 등

(2) 사증(visa)

여행하고자 하는 나라로부터 입국허가를 받았음을 증명하는 공문서

(3) 무비자통과(transit without visa; TWOV)

두 국가 간에 사증면제협정(visa waiver agreement)을 맺고 일정 요건을 갖춘 여행자가 단기간 체류하는 여행객에게 사증 없이 입국을 허용

(4) 사증(visa)의 종류

① 입국목적

- 체류사증(staying visa)
- 통과사증(transit visa)
- 관광사증(tourist visa)
- 상용사증(business visa)

※ 신분에 따르는 구분

- 외교사증(diplomatic visa)
- 공무사증(official visa)
- 일반사증(ordinary visa)

② 사용횟수

- 단수사증(single visa)
- 복수사증(multiple visa)

(5) 항공권(ticket)과 출입국카드(E/D card)

(6) 국제예방접종증명서(international certificate of vaccination)

2) 출입국 관련규정

(1) 출입국수속이란?

해외여행자의 출국과 입국을 국가가 허용하기 위해 공항, 항만 및 국경지역에서 실시하는 세관(customs), 출입국관리(immigration), 검역(quarantine) 등의 수속이다. 흔히 C.I.Q 수속이라고 한다.

(2) 우리나라의 출입국 관련규정

① 병무신고 : 만 18세 이상 35세 미만의 병역미필자

② 검역 : 전염병 감염지역 여행 시 국제예방접종증명서(Yellow card) 소지

③ 세관검사 : 반출입 금지품목 여부 확인

④ 출입국사열

(3) TIM(Travel Information Manual)

여권, 비자, 세관, 예방접종증명서, 공항세, 외환규정, 기타 출입국 관련정보 등 해외여행을 위해 필요한 사항을 국가별로 정리한 월간정보지

제 5 장

LCC 항공사 현황

1 국내 LCC 항공사 현황

2 LCC 항공사 취항 및 운항 현황

3 국제선 여객수송의 변화

4 세계 LCC 항공사 현황

우리나라의 국내 및 국제항공 운송사업은 두 개의 대형 국적항공사 중심에서 2005년부터 LCC 항공사가 진입하기 시작하였다. LCC 항공사의 생성과 항공산업의 변화는 국제적인 변화에서 먼저 시작되었다고 볼 수 있는데, 본 보고서에서는 이러한 우리나라와 세계의 LCC 항공사의 현황을 간략하게 살펴보고자 한다.

JEJU AIR JINAIR AIR BUSAN
EASTAR JET t'way

LCC 항공사의 현황 및 특징

① 2011년 10월 현재 우리나라 저비용항공사는 5개
② 우리나라 최초 저비용항공사는 2005년 8월 한성항공이 운항
③ 저비용항공사 국내선 여객점유율 2010년 35%, 2011년 9월 누계 41%
④ 저비용항공사 국내선 정기노선은 2011년 10월 현재 제주항공, 에어부산, 이스타항공 각 3개, 진에어와 티웨이항공 각 1개
⑤ 저비용항공사 국제선 여객점유율 2010년 2.3%, 2011년 9월 누계 4.0%
⑥ 저비용항공사 국제선 정기노선은 2011년 10월 현재 제주항공 11개, 진에어 7개, 에어부산 6개, 이스타항공 4개, 티웨이항공 1개
⑦ 세계 국내선여객 1위 Southwest Airlines, 국제선여객 1위 Ryanair
⑧ 세계 항공사 전체 여객은 Southwest Airlines 2위, Ryanair는 5위
⑨ 저비용항공사 간 여객실적 순위에서 아시아지역 항공사는 인도네시아의 Loin Airlines와 말레이시아의 AirAsia가 10위권 내에 포함

1 국내 LCC 항공사 현황

1988년 이후 우리나라 항공운송사업은 대한항공과 아시아나항공을 중심으로 크게 발전해왔다. 그러나 2005년부터 최근 수년간 LCC 항공사가 추가적으로 진입하면서 현재 2개의 대형 국적항공사 외에 5개의 LCC 항공사가 운항 중에 있다.

우리나라 최초의 LCC 항공사는 한성항공으로써 2005년 8월 청주~제주 노선을 취항하면서 운항이 시작되었다. 다음 해인 2006년 6월에는 제주항공이 김포~제주 노선을 취항하였다.

진에어가 2008년 7월 김포~제주 노선으로 운항을 시작하였고, 에어부산이 2008년 10월 김포~김해 노선을 운항하였다. 이후 이스타항공이 저비용항공사 시장에 진입하여 2009년 1월 김포~제주 노선을 취항하였다.

〈표 5-1〉 우리나라 LCC 항공사 현황

2011년 10월 현재기준

구 분	제주항공	진에어	에어부산	이스타항공	티웨이항공 (구한성항공)
대표자	김종철	김재건	김수천	이상직	함철호
면허(등록)일	'05. 8.25	'08. 4. 5	'08. 6.11	'08. 8. 6	'05. 3.31
최초 취항일	'06. 6. 5	'08. 7.17	'08.10.27	'09. 1. 7	'05. 8.31
자본금*	1,100억	270억	500억	278억	207억원
항공기보유(여객기)	8대	6대	7대	6대	4대
국내선 정기노선 국제선 정기노선	3개 노선 11개 노선	1개 노선 7개 노선	3개 노선 6개 노선	3개 노선 4개 노선	1개 노선 1개 노선

주 : 1. 자본금은 2010년 12월말 기준
2. 티웨이항공 국제선 1개 노선은 2011년 10월 14일부터 운항
자료 : 각 항공사 홈페이지, 포켓항공현황

이밖에도 영남을 기반으로 하는 영남에어가 2008년 7월부터 일부 국내선 노선을 운항하였으나 같은 해 12월 운항이 중단된 바 있고, 한성항공의 경우 2008년 10월 운항

이 중단되었으나 티웨이항공으로 2010년 9월부터 김포~제주 노선을 시작으로 운항하고 있다.

자료 : 각 항공사 홈페이지

[그림 5-1] LCC 항공사 운항현황

2 LCC 항공사 취항 및 운항 현황

국내선 노선으로 출발한 저비용항공사들은 이후 노선을 추가하거나 변경해왔다.

제주항공은 2006년 6월 김포~제주와 김포~김해 노선, 같은 해 8월 김포~양양과 제주~김해 노선들을 운항하였으나 현재는 김포~제주, 제주~김해, 청주~제주의 3개 국내선 정기노선을 운항하고 있다.

진에어는 2008년 7월 운항을 시작한 김포~제주 노선이 현재까지 정기노선으로 남아있고 2009년에 김포~김해, 김해~제주 노선을 운항한 적이 있다. 에어부산은 2008년 10월 김해~김포 노선과 같은 해 12월 김해~제주 노선의 운항을 현재까지 이어오고 있고, 2011년 3월 김포~제주 노선을 추가하여 운항하고 있다.

〈표 5-2〉 LCC 항공사 국내선 정기노선 현황

2011년 10월 현재기준

구 분	운항시작 월	국내선 노선	노선 수
제주항공	2006. 6 2006. 8 2008. 6	김포~제주 제주~김해 청주~제주	3개 노선
진에어	2008. 7	김포~제주	1개 노선
에어부산	2008.10 2008.12 2011. 3	김해~김포 김해~제주 김포~제주	3개 노선
이스타항공	2009. 1 2009. 2 2009. 6	김포~제주 군산~제주 청주~제주	3개 노선
티웨이항공	2010. 9	김포~제주	1개 노선

자료 : 각 항공사

이스타항공의 경우 2009년 운항을 시작한 김포~제주, 군산~제주, 청주~제주 노선의 3개 정기노선을 운항 중에 있고, 티웨이 항공은 2010년 9월부터 김포~제주 노선을 운항하고 있다.

2005년 이후 국내선 노선이 증가하면서 LCC 항공사의 국내선 수송실적도 빠르게 증가하였는데, 2005년 2만 명 수준에서 2007년 100만 명을 넘었고, 2009년 500만 명 가까운 실적에서 2010년에는 700만 명을 넘어섰다. 2011년 9월 누계로 이미 640만 명에 근접하여 연말까지 전년도 수준을 훨씬 초과할 것으로 예상된다.

2010년 기준 LCC 항공사별로 에어부산이 198만 명, 이스타항공 180만 명, 제주항공 171만 명, 진에어 138만 명, 티웨이항공 15만 명의 국내선 여객을 운송하였다.

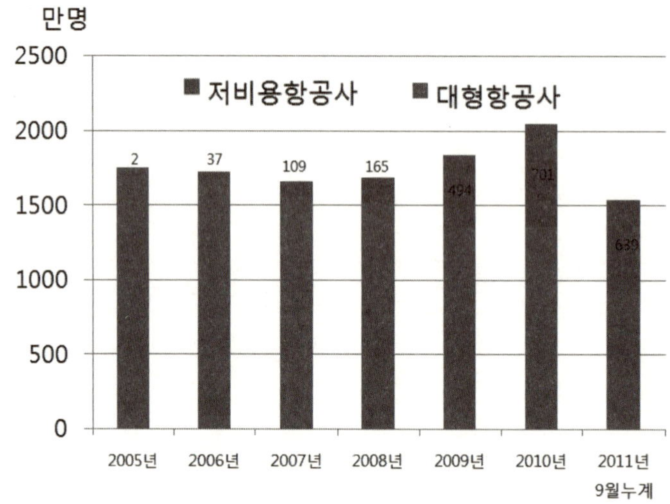

[그림 5-2] LCC 항공사 국내선 여객실적 변화

2005년부터 LCC 항공사 EH는 지역항공사들의 등장으로 최근의 국내선 항공시장은 많은 변화가 나타났는데, 특히 점유율의 변동으로 뚜렷한 특징이 나타난다.

2005년 한성항공이 진입하면서 신규 항공사(저비용항공사 및 지역항공사)의 점유율은 0.1%로 시작되었으나 2006년 제주항공이 추가 진입하면서 2.2%, 2007년 6.5%를 나타내었다.

〈표 5-3〉 항공사별 국내선 여객수송 실적

(단위 : 만 명)

구 분	대한항공	아시아나항공	제주항공	진에어	에어부산	이스타항공	티웨이항공	영남에어	국내선 계
2005년	1,140	573					2		1,716
2006년	1,117	564	25				12		1,718
2007년	1,045	532	82				27		1,685
2008년	982	552	96	16	10		40	3	1,699
2009년	839	473	135	120	140	99			1,806
2010년	870	450	171	138	1998	180	15		2,021
2011년 9월 누계	580	334	164	96	157	118	104		1,554
전년동기 대비율(%)	-12.0	-1.5	32.8	-9.3	6.9	-13.8	-	-	2.6

주 : 티웨이항공의 2005~2008년 실적은 한성항공 실적임.

2008년 진에어와 에어부산 등의 운항이 시작되면서 점유율은 9.7%로 증가하였고, 2009년 제주항공, 진에어, 에어부산의 운항과 이스타항공의 신규 진입으로 이들 항공사의 여객실적의 점유율은 24.7%까지 급속하게 확대되었고, 이러한 추이는 2010년에도 이어지면서 34.7%의 점유율을 나타내었다.

2011년 9월 누계기준으로 LCC 항공사의 구내선 여객 점유율은 41.2%에 해당하고 항공사별 점유율은 제주항공과 에어부산이 각각 10%를 초과하고, 이스타항공, 티웨이항공 및 진에어가 6~7%대 수준에 있다.

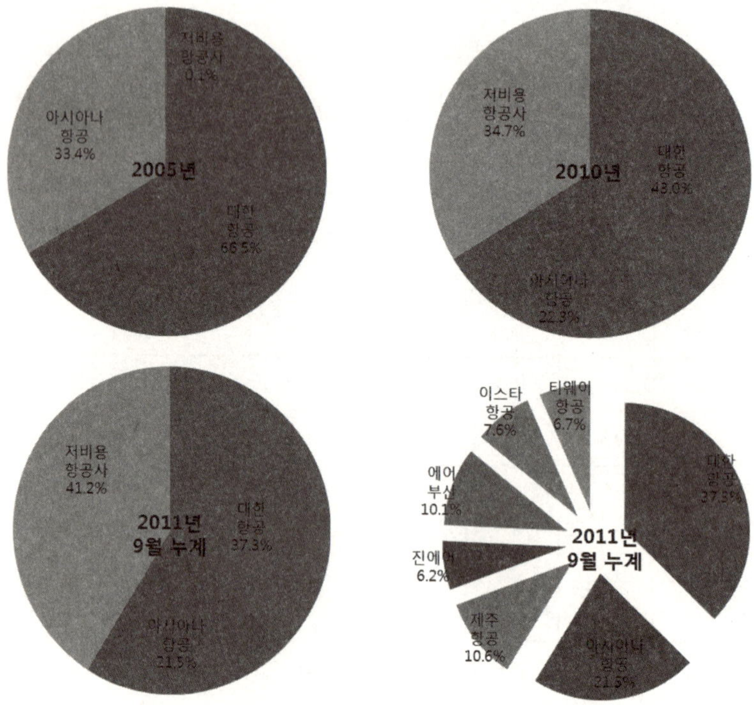

[그림 5-3] 항공사별 국내선 여객수송 점유율 변화

3 국제선 여객수송의 변화

국내선으로 진입한 저비용 항공사들은 최근 국제선에도 진입하면서 노선과 운항을 확장해 나가고 있다.

2008년 7월 제주항공이 일본에 첫 전세기를 취항하였고, 2009년 3월 인천~오사카, 인천~키타큐슈, 4월 인천~방콕, 11월 김포~오사카 정기노선을 취항하면서 2009년 1년 동안 약 16만 명을 운송하였다. 2010년에는 김포~나고야, 인천~홍콩, 인천~마닐라, 부산~세부 노선이 추가되었고 연간 약 49만 명을 운송하였다. 2011년 부산~홍콩, 부산~방콕, 제주~오사카 노선이 추가되면서 현재 11개 국제선 정기노선을 운항 중에 있다.

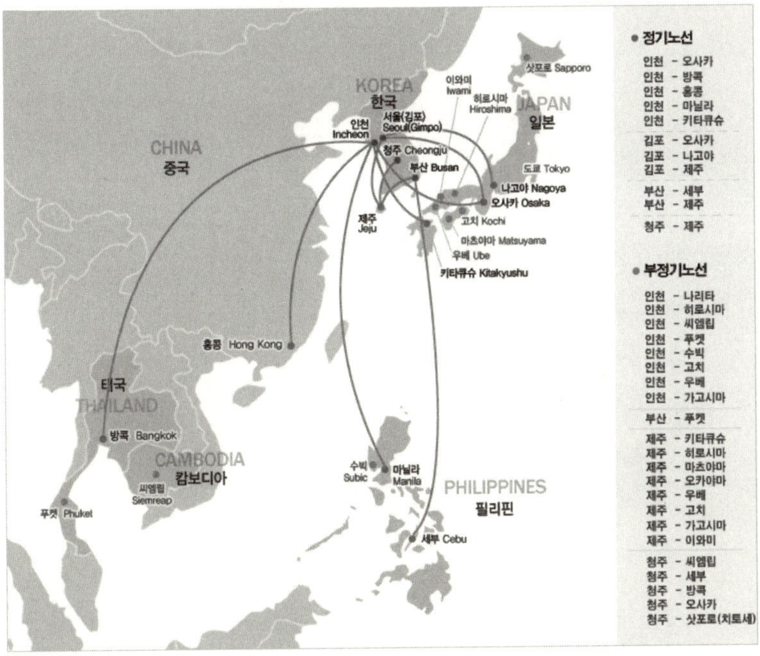

[그림 5-4] 제주항공 노선현황

진에어는 2009년 12월 인천~방콕 노선을 시작으로 2010년 4월 인천~괌 노선, 10월 인천~클락 노선, 11월 인천~마카오 노선을 취항하면서 2010년 연간 약 22만 명을 운송하였다. 2011년 6월에는 제주~상해 노선, 7월 에는 인천~삿포로, 9월 인천~세부 노선을 추가하면서 총 7개 국제선 정기노선을 운항하고 있다.

이스타 항공의 경우 2009년 12월 인천~말레이시아 부정기 노선으로 국제선 운항을 시작하여 2010년 인천~코타키나발루 노선과 2011년 인천~치토세, 인천~나리타, 인천~방콕 노선을 운항하면서 현재 4개 정기노선을 운항하고 있다.

에어부산은 2010년 3월 부산~후쿠오카 노선과 4월 부산~오사카 노선을 취항하였고 2011년 1월 부산~타이베이노선과 5월 부산~홍콩노선, 6월 부산~나리타 노선을 취항하였다. 3월에는 부산~세부 노선을 정기노선으로 재취항하여 총 6개 정기노선을 운항하고 있다.

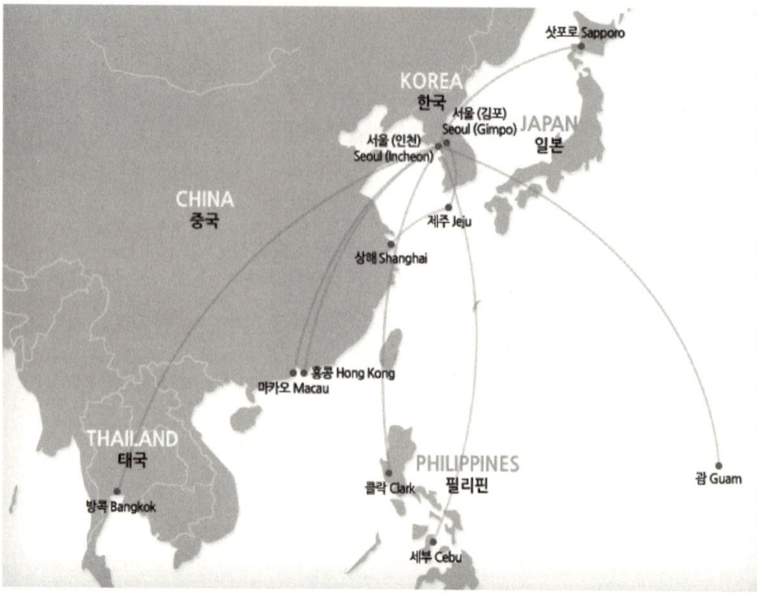

주 : 진에어 국제선 노선은 2011년 10월 현재 인천-세부 노선까지 총 7개 정기 노선 운항

[그림 5-5] 진에어 노선현황

티웨이항공은 2011년 10월 중순부터 인천~방콕 노선을 시작으로 국제선을 운항한다.

〈표 5-5〉 LCC 항공사 국제선 정기노선 현황

2011년 10월 현재 기준

구 분	운항시작월	국내선 노선	노선수
제주항공	2009.3	인천-오사카	11개 노선
	2009.3	인천-키타큐슈	
	2009.4	인천-방콕	
	2009.11	김포-오사카	
	2010.3	김포-나고야	
	2010.10	인천-홍콩	
	2010.11	인천-마닐라	
	2010.11	부산-세부	

	2011.5	부산-홍콩	
	2011.6	부산-방콕	
	2011.6	제주-오사카	
진에어	2009.12	인천-방콕	7개 노선
	2010.4	인천-괌	
	2010.10	인천-클락	
	2010.11	인천-마카오	
	2011.6	제주-상해	
	2011.7	인천-삿포로	
	2011.9	인천-세부	
에어부산	2010.3	부산-후쿠오카	6개 노선
	2010.4	부산-오사카	
	2011.1	부산-타이베이	
	2011.3	부산-세부	
	2011.5	부산-홍콩	
	2011.6	부산-나리타	
이스타항공	2010.7	인천-코타키나발루	4개 노선
	2011.5	인천-치토세	
	2011.7	인천-나리타	
	2011.10	인천-방콕	
티웨이항공	2011.10	인천-방콕	1개 노선

주 : 티웨이항공 국제선 노선은 2011년 10월 14일부터 운항
자료 : 각 항공사

2008년 전세기 실적 1만 명의 LCC 항공사의 국제선 여객은 2009년 국제선 정기노선에 진입하면서 부정기 실적과 함께 16만 명을 운송하였고, 2010년과 2011년 5개 항공사가 노선을 추가하면서 2010년 93만 명, 2011년 9월 누계로 100만 명을 초과한 127만 명으로 집계되었다.

전체 국제선에서 LCC 항공사 실적을 비율로 살펴보면, 2010년에는 2.3%, 2011년 9월 누계로는 4.0%에 해당한다.

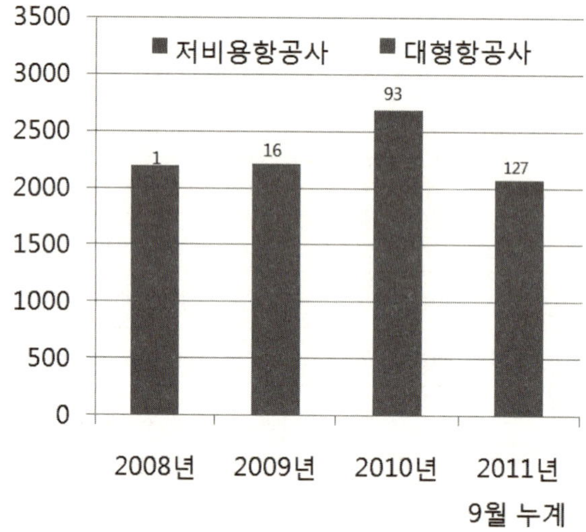

[그림 5-6] LCC 항공사 국제선 여객실적 변화

LCC 항공사별로 살펴보면, 2010년 제주항공이 국제선 여객 49만 명을 운송하였고, 진에어가 22만 명, 에어부산 13만 명, 이스타항공이 8만 명을 운송하였다.

2011년 9월 누계 기준으로는 국제선 노선의 확대와 함께 이미 2010년 실적을 훨씬 초과하여 제주항공이 56만 명, 진에어 31만 명, 에어부산 28만 명, 이스타항공이 12만 명의 국제선 여객을 운송한 것으로 잠정 집계되었다.

〈표 5-5〉 항공사별 국제선 여객수송 추이

(단위 : 만 명)

구 분	대한항공	아시아나항공	제주항공	진에어	에어부산	이스타항공	국적사 고계	외항사 소계	국제선 전체 실적
2007년	1,346	854	0.01				2,200	1,487	3,687
2008년	1,315	854	1				2,170	1,364	3,534
2009년	1,337	847	16	0.4		0.1	2,200	1,152	3,351
2010년	1,542	1,029	49	22	13	8	2,664	1,354	4,006
2011년 9월 누계	1,172	782	56	31	28	12	2,081	1,088	3,169
전년동기 대비율(%)	1.5	1.3	58.4	116.8	242.2	116.0	4.6	8.7	6.0

주 : 2011년 9월 누계실적은 잠정집계 자료

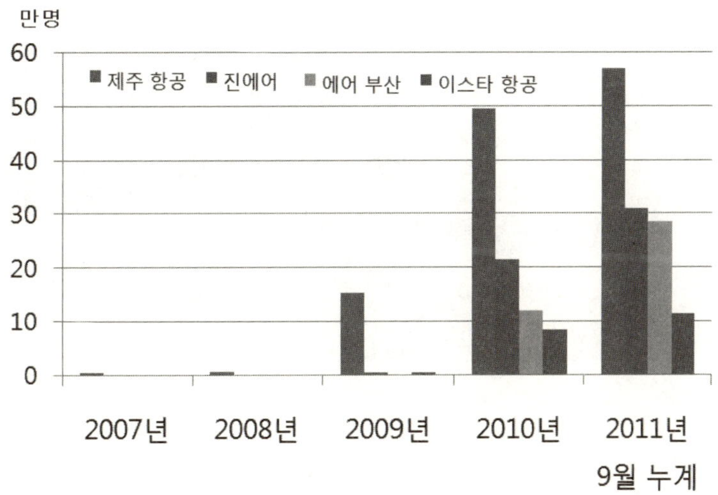

〈그림 5-7〉 LCC 항공사별 국제선 여객 실적

〈표 5-6〉 LCC 항공사 순위 및 실적

순위	항공사	국적	설립년도	여객수	
				백만 명	증가율
1(1)	Southwest Airlines	USA	1971	88.2	2.2%
2(2)	Ryanair	Ireland	1991	72.7	11.4%
3(3)	easyJet	UK	1995	49.7	7.9%
4(5)	Air Berlin*	Germany	2002	33.6	20.4%
5(4)	Gol	Brazil	2001	32.1	13.1%
6(6)	AirTran Airways	USA	1993	24.7	3.0%
7(7)	JetBlue Airways	USA	2000	24.3	8.0%
8(8)	Virgin Blue Airlines	Australia	2000	18.6	2.0%
9(11)	Lion Airlines	Indonesia	2000	17.8	31.8%
10(9)	AirAsia	Malaysia	2001	16.1	12.6%

주 : 2010년 실적기준, ( )는 전년도 순위임, Air Berlin은 NiKi 실적을 포함한 2009년 실적
자료 : Airline Business, 2011.5

자료 : 구글 코리아

〈참고자료〉

※ 국제항공운송협회(IATA)World Air Transport Statistics, 2011년 Flightglobal, Airline Business, 2011.5

※ 각 항공사 홈페이지

4 세계 LCC 항공사 현황

1) 항공사별 여객수송 순위

최근 전 세계적으로 LCC 항공사의 실적 증가에 따라 세계항공사 실적 상위권 내에 저비용항공사가 상당수 포함되어 있다. 국제항공운송협회(IATA)에서 발표한 IATA 비회원 포함 항공여객순위에서 Southwest Airlines가 1억 명 이상, Ryanair가 7천만 명 이상으로 각각 2위와 5위를 나타내었다.

특히 국제선과 국내선을 별도로 볼 때 국제선은 Ryanair, 국내선은 Southwest Airlines가 각각 1위를 차지하였다. 한편 easyJet은 국제선 부문에서 3위에 랭크되어 있다.

〈표 5-7〉 항공사별 여객 수송실적

순위	국제선		국내선		계	
	항공사	천 명	항공사	천 명	항공사	천 명
1	Ryanair	71,229	Southwest Airlines	106,228	Delta Air Lines	111,159
2	Lufthansa	44,460	Delta Air Lines	90,130	Southwest Airlines	106,228
3	easyJet	37,665	China Southern Airlines	71,158	American Airlines	86,129
4	Air France	30,882	American Airlines	65,773	China Southern Airlines	76,078
5	Emirates	30,848	US Airways	45,530	Ryanair	71,229

주 : IATA 회원 및 비회원 여객수 기준 순위

자료 : 구글 코리아

2) LCC 항공사 순위 및 실적

집계 기관별로 실적 차이가 발생하고 있지만 2011년 5월 Airline Business에서 발표한 LCC 항공사의 실적과 순위를 요약하면 <표 5-7>과 같다.

미국의 Southwest Airlines, 아일랜드의 Ryanair, 영국의 easyJet이 선두에 있고, 아시아에는 인도네시아의 Lion Airlines와 말레이시아의 AirAsia가 10위권 내에 포함되어 있다.

LCC(Low Cost Carrier)

저비용항공사는 기존의 대형항공사와 달리 고객이 가장 중요시하는 가격과 서비스 등을 차별화하여 탄생하였는데 그 대표적인 항공사인 SWA는 대형항공사가 고전을 면치 못하고 있는 기간에도 창사 이래로 수십 년간 흑자를 구현하였고 이제는 당당히 연 1억명 이상을 운송하는 대형항공사로 성장하였다. 이미 전 세계적으로 기반을 굳힌 저비용항공사는 국내에서도 활성화되고 있는 추세로서 그 생존전략은 아래와 같이 요약할 수 있다.

1. 핵심생존전략은 고효율 저비용을 추구하는 것으로 요약할 수 있다.

저비용항공사는 불요불급한 비용을 최대한 줄이고 인력 및 기자재 등의 효율성을 최대한 높임으로써 저렴한 운임으로 항공여행을 하고자 하는 고객의 기대에 부응하는 것이 핵심전략이다. 대형항공사와 달리 예약 및 영업, 공항 및 기내에서의 과도한 비용을 줄이고 간단한 서비스를 시행하는데, 핵심적인 고객서비스는 도리어 뛰어나게 차별화시키고 있다. 현재 많은 저비용항공사가 인터넷예약 위주로 하여 콜센터를 운영하지 않을 뿐 아니라 대리점계약도 하지 않고, 시스템도 단순화하여 좌석배정도 생략하고 탑승권도 플라스틱이나 종이로 하며, 기내서비스품목을 단순화하고 유니폼도 청바지스타일로 하며 마일리지제도를 실시하지 않고 기내청소도 승무원이 하는 등 일인다역의 인력운용으로 비용절감을 위하여 갖가지 아이디어를 동원하고 있다. 또한 수입의 극대화 및 고효율을 위하여 경쟁력있는 노선에 단일기종으로 집중하여 노선주도권을 잡고 운항횟수를 늘려 셔틀제로 운항하며 항공기 계류시간을 줄이고 시외곽공항을 이용하여 지연운항요인을 제거함으로써 매출극대화를 꾀하고 동시에 인건비 및 운항비용을 낮추어 두 마리 토끼를 잡는 효과를 내는 것이다.

2. 고객친절도 같은 인적서비스는 도리어 대형항공사보다 뛰어난 면이 있다.

대형항공사와 소형항공사의 관계는 대기업과 중소기업의 관계와 유사하여 중소항공사가 더욱 더 섬세한 서비스로 니치시장을 장악할 수 있고 신속한 의사결정을 할 수 있는 장점이 있다. 대형항공사는 대형기가 많다거나 운항횟수, 기내 물적서비스, 영업망 등에서 우위를 보이나 공룡화된 관료조직의 문제점을 많이 보이고 있는 반면에, 중소형항공사는 Slim화된 전문조직으로 의사결정이 빠르고 Personal Touch에 의한 세심한 서비스가 가능하다. 실례로 영국 가디언지는 34년된 보잉 737 항공기 한 대로 운영하는 영국의 팜항공이 승객들을 위한 서비스 만족도에서 세계 최고 등급을 받았다고 보도했다. 승객들에게 제공하는 서비스는 고작 커피와 차 가운데 하나를 선택할 수 있도록 배려하는 정도이지만 팜항공이 높은 점수를 받은 것은 승무원들이 전날 밤 작성한 좌석배치도에 따라 승객들 한명 한명을 친절하게 안내하는 등 개인서비스에 충실하고 스튜어디스들은 매일 기내에 신선한 꽃을 꽂아 놓는 등 세심하게 차별화된 서비스를 제공한 것이라고 이 신문은 덧붙였다.

3. SWA와 SAS 사례

SWA는 저렴한 가격으로 그 효용가치를 높여 경쟁상대를 철도를 삼을 정도로 가치혁신(Value innovation)을 하였다. 영업전략은 Point-To-Point System으로 복잡한 허브공항을 거치지 않은 직항운항을 하여 정시운항을 확보하고 Low Fare, Low Cost 전략으로 성공하였다. 또한 서비스전략은 고객의 즐거운 여행을 타켓으로 하여 차별화하였다. 이는 점보기 대신에 100~150석 규모의 중소형기로 운항하면 탑승률이 올라가고, 운항횟수를 늘려 고객이 선호하는 시간에 운항하면 수요가 증대되고 고정비용이 감소하는 등의 시너지효과를 창출할 수 있는 것이다. 심지어 기장이 기내청소를 하고 승무원 복장을 간편하게 하며 기내식을 없애고 플라스틱탑승권을 사용하는 등의 비용절감정책을 썼던 것이다.

SAS는 MOT(진실한 순간)로 유명한 얀 칼슨 회장이 1970년대말 취임하여 적자에 허덕이던 회사를 획기적으로 변신시켜 흑자구현을 하였다. 경쟁력이 강한 노선망을 구축하고, 불요불급한 경비를 삭감하는 대신 핵심서비스를 강화하여 서비스본위의 기업으로 도약하고, 고객을 접하는 순간이 회사의 이미지를 결정한다며 종업원이 주도하는 현장밀착경영을 강화하고, 고객을 기쁘게 하는 항공기를 만든다는 구상으로 성공하였다.

4. Early Bird 운임제도

항공권을 조기에 구매하는 고객에게 특별 할인혜택을 제공하는 방식으로 유럽의 라이언에어나 이지젯과 같은 유럽을 대표하는 LCC들의 핵심 운임정책이다. 즉 파격적인 운임 제시를 통해 예약이 시작되는 초기부터 좌석의 사전 판매비율을 높이고 궁극적으로 좌석 점유율을 끌어올려 수익을 높이는 것이다. 다시 말해, 항공사가 치밀한 수요분석을 통해 수요가 현저히 줄어드는 비선호 시간대에는 최초 할인율을 크게 높여 선호시간대에 집중된 승객을 분산시킴으로써 탑승률을 높여 수익을 확보하고, 더불어 좌석난을 해소하려는 전략이다. 따라서 소비자들은 미리 예약을 하면 여행비용을 크게 줄일 수 있다.

제 6 장

주요국가 출입국 규정

1 TIM

2 TIMATIC

3 한국 규정

4 미국 출입국 규정

5 호주 출입국 규정

6 중국 출입국 규정

7 일본 규정

1 TIM

1) TIM(Travel Information Manual)

각국의 출입국수속(CIQ : CUSTOMS,IMMIGRATION,QUARANTINE)에 관한 최신의 규칙을 모아 놓은 것이며, 승객이 해외여행 시 필요한 정보, 즉 여권, 비자, 예방접종, 세관 등 각국에서 요구하는 규정이 국가별로 수록되어 있는 항공 여행정보 책자로 AF, LH, SR, JL 등 14개 IATA회원 항공사가 주관하여 공동으로 매월 발간한다.

(1) TIM의 구성항목 및 수록 내용

① Passport : 입국에 유효한 국적별 여권, 여권의 종류, 기타 여권 대응서류

② Visa : 입국에 유효한 국적별 비자, 비자 면제국가 현황, TWOV 규정 등

③ Hearth : 예방접종 필요 여부, 기타 권고사항

④ Tax : 공항세 징수여부

⑤ Customs : 여행자 휴대품 면세 범위(술/담배/향수 등), 애완동물(PETS) 규정 등

⑥ Currency : 외환 규정, 외환반입 신고 범위, 외환반출 신고(허용) 범위

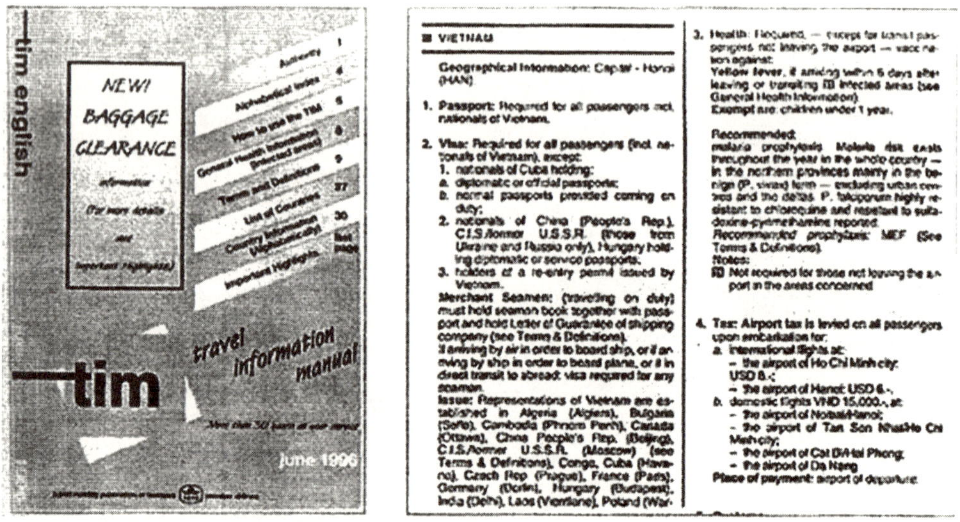

[그림 6-1] TIM 사진 첨부

2 TIMATIC

TIM을 전산화한 것으로서 승객이 필요로 하는 정보를 Update된 상황에서 신속히 제공하기 위한 시스템으로 TIMATIC(automatic response system based on the travel information manual)은 여러 가지 분류기호에 따라 필요부분을 발췌하여 열람할 수 있으며 크게 Full Text Data Base의 두 부분으로 구분한다.

1) Full Text Date Base

(1) 지시 형식

TIM * ICN / VI / TW
① ② ③ ④

① TIMATIC Display를 위한 기본 지시어
② 정보가 필요한 국가 Code 혹은 국가 City, 공항 코드
③ 부분의 Topic Code
④ Subsection Code (생략 시는 "③" Topic 전 부분이 Display 됨)

```
TIMATIC-2 / 24OCT98 / 0152 UTC / CURRENT AS OF 16OCT98
VISA      FULL TEXT FOR : KOREA (REPUCLIC)
(TWOV)
10. THOSE CONTINUING THEIR JOURNEY TO A THIRD COUNTRY ON THE SAME DAY.
PROVIDE NOT LIAVING THE TRANSIT LOUNGE;
11. (APPLICABLE AT CHEJU INTERNATIONAL AIRPORT ONLY) NOT APPLICABLE TO
TOHOSE IN "VISA" 4.A. AABOVE OR (SEE NOTE 23 BELOW) :
A. ARRIVING DIRECTLY AT THIS AIRPORT FORM THE STATION ABROAD IN ORDER TO
PROCEED TO THE CHEJU AREA FOR TOURISTIC
```

(2) 지시 형식

- TIM*KR /
  - GE/ (Geographic)
  - PA/ (Passport)
    - WA(WARNING)
    - PT(Passport)
    - VA(Validity)
    - RE(Restrict)
    - CR(Crew)
    - ML(Military)
    - AI(Additional)
    - MI(Minor)
    - NO(Notes)
  - PV/ (Passport & Visa)
  - VI/ (Visa)
    - WA(WARNING)
    - VS(Visa)
    - TW(TWOV)
    - SE(Seaman)
    - CR(Crew)
    - ML(Military)
    - IS(Issue)
    - AI(Additional)
    - MI(Minor)
    - CO(Comp.exc)
  - HE/ (Health/Quarantine)
  - CY/ (Currency)
    - IM(Import)
    - EX(Export)
    - NO(Notes)
  - CS/ (Customs)
    - IM(IMport)
    - PE(Pets)
    - CR(Crew)
    - BC(Baggage)
    - EX(Export)
    - NO(Notes)
  - SR/ (Stateless person & Refugees)

(3) 사용 예

① TIM*HKG/PA : 홍콩의 Passport 관련사항

② TIM*JP/VI 일본의 Visa 관련사항

③ TIM* CDG/TX : 프랑스의 Airport Tax사항

④ TIM* TPE/CS/PE : 대만의 Customs 사항 중 Pet 관련사항

⑤ TIM* : 마지막 TIMATIC Display 화면의 Re-Display

2) Specific Text Database

(1) 여정의 임의 지정을 통한 Display방법

TIM * ICN / ICN (/LAX) / EZE (// HKG)

① ② ③ ④ ⑤ ⑥

① TIMATIC Display를 위한 기본 지시어
② 여객의 국적 코드 또는 국적국 내의 City 코드
③ 여객의 최초 출발지국의 도시(Embarkation)
④ 경유지의 도시(Transit)로서 Optional
⑤ 최종 목적지국의 도시(Destination)
⑥ 여객의 Embarkation City 출발 전 6일 이내에 방문한 도시. 출/도착지의 Health 조건 관련 사항임(Optional)

```
TIMATIC-2 / 24OCT98 / 0205 UTC
NATIONAL KOREA (REPUBLIC)        / EMBARKATION KOREA (REPUBLIC)
TRANSIT U.S.A.                 / DESTINATION ARGENTINA
VISITED HONG KONG S.A.R.
ALSO CHECK DESTINATION INFORMATION BELOW
VISA TRANSIT U.S.A*******************************UPDATED 08SEP98

SPECIAL CARRIER REGULATIONS APPLY ON AA, AC, AR, AV, CI, CO, FJ, IB, JM,
KL, LH, MP, OS, QF, RG, SQ, SR, TW OR VS FLIGHT. SEE "TIKE-TIM*JFK/
VI/NO22"
```

(2) 관련 지시형식

① TIM*KR/ICN/LHR : 한국국적 여객의 ICN/LHR 여정 관련사항

② TIM*LAX/HKG/CDG/LHR : 미국국적 여객의 CDG 경유 HKG/LHR 여정

③ TIM* ICN/NRT/LAX/BKK : 한국국적 여객의 NRT/LAX 여정으로 NRT 출발 전 6일 이내에 BKK를 방문

(3) PNR 상의 여정에 의한 Disply방법

PNR을 Display한 후 여정의 번호를 이용하여 관련사항 체크

```
1. 1CHO/YUKYUNGMS
SELKECT 240CT TBGCKH/202-2492
1 KE1200 Y SU 10JAN CJUGMP HK1 X 0700 0800 CABIN Y
2 KE641Y SU 10JAN ICNSIN HK1 X 1020 1610 CANIN Y
3 GF 149 M MO 11JAN SINBAH HK1 0725 1045

FONE-SEL-B S4V-T 772-8744 PGT MS KIM
GEN FAX-OSIKE RSVN NBR IS 202-2492
```

TIM * SEL / 2-3

① ②

① CITY/APO CODE (GMP 사용 불가)

② 여정 번호

(4) DCS 이용 Display방법

UA MODE에서 FLT ASSIGN 후 국적과 목적지별 여권 및 VISA사항 Display

*KE001/05JUL/ICN

@3/LAX/KOREA

① ② ③

① 기본 지시 Format

② 목적지

③ 여권상의 국적. 최소 3자 이상 Input 필요하고 도시 Code는 입력 불가함.

3 한국 규정

1) 여권 규정

(1) 여권 대응서류

① Laissez-Passer(UN 발급)

② 여행증명서 (Travel Certificate) : 해외 관공서에서 한국인에게 발급(모든 국가의 신분증명서(Travel Certificate or Certificate Of Identity) 소지자는 사전 법무부 허가를 받아야만 입국 가능하다.)

③ US Military ID Card : 미군 혹은 UN군에게 발급되는 ID CARD TRAVEL/ LEAVE/MOVEMENT ORDER와 함께 소지해야 함.

④ KINDERAUSWEIS : 독일의 어린이 여권대용 서류

[그림 6-2] 여행증명서

[그림 6-3] Laissez-Passer

[그림 6-4] Military ID Card

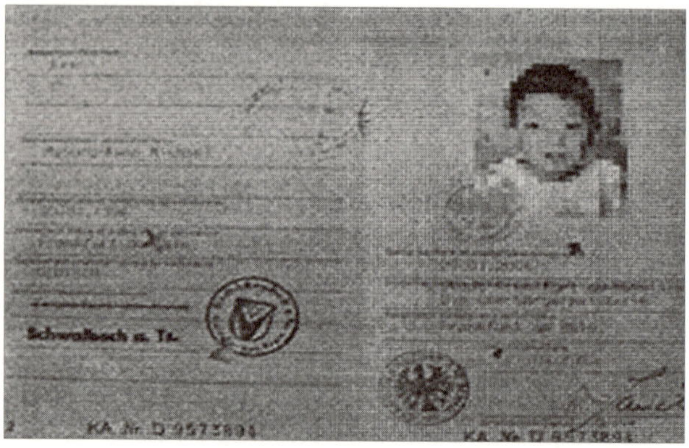

[그림 6-5] Kinderausweis

[그림 6-6] 대한민국 비자

(2) 비자가 필요 없는 승객

① 대한민국 국적자

② Laissez-Passer [lese'pase] : UN Travel Document

③ 외국인 등록증과 재입국 허가서 소지자

④ 비자면제 협정국 국민

3) 외국인의 국내 체류

(1) 외국인 등록

대한민국에 입국한 날로부터 90일을 초과하여 체류하려는 외국인이나 대한민국 국적을 상실하고 외국 국적을 취득하였거나, 우리나라에서 출생한 외국인 등이 체류자격을 부여받아 그날부터 90일을 초과하여 체류하려는 외국인의 경우 입국일로부터 90일 이내 외국인 등록을 하여야 한다.

※ 예외

- 외교, 공무, 협정 수행자 및 그 가족(A-1, A-2, A-3)
- 외교, 산업, 국방상 중요한 업무에 종사하는 자 및 그의 가족과 기타 법무부 장관이 특별히 외국인등록을 면제할 필요가 있다고 인정되는 외국인
- 6개월 미만 체류하려는 캐나다 국민 중 다음 체류자격에 해당되는 활동을 하려는 외국인 → 문화예술(D-1), 종교(D-6), 방문동거(F-1), 동반(F-3), 기타(G-1)

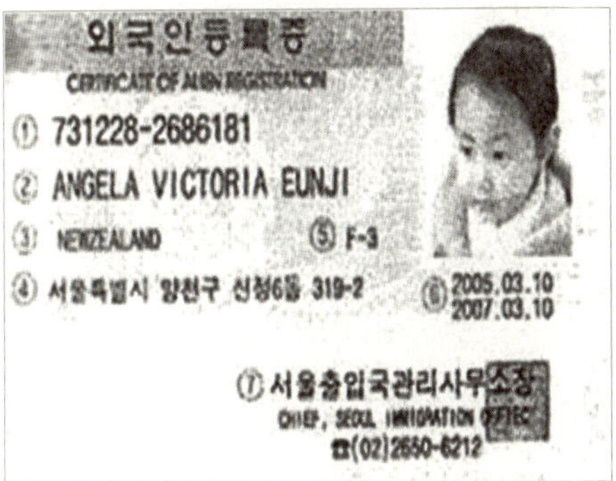

[그림 6-7] 외국인 등록증

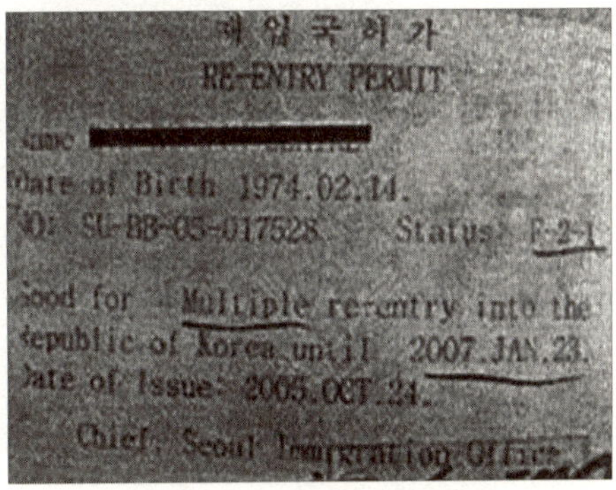

[그림 6-8] 재입국 허가

(2) 재입국 허가

① 대한민국에서 91일 이상 체류하게 되어 외국인 등록을 한 외국인으로서 체류기간 내에 출국하였다가 재입국하고자 하는 경우 재입국 허가 필요

② 출국 전 관할 출입국 관리사무소(인천공항 출입국 관리사무소에서 가능)에 신청하여 사전에 허가를 받은 후 출국 가능

※ 재입국 허가 면제 12개국

네덜란드, 노르웨이, 독일, 벨기에, 스웨덴, 스위스, 수리남, 프랑스, 룩셈부르크, 핀란드, 칠레

(3) 거소 신고

① 재외국민 혹은 재외동포 체류자격(F-4)으로 입국한 외국 국적동포가 재외동포법의 적용을 받고자 하는 경우 신고

② 국내 거소신고를 한 외국국적 동포는 체류기간 내에 출국하였다가 재입국하는 경우 재입국 허가 없이 출입국 가능

- '재외국민'이란 대한민국의 국민으로서 외국의 영주권을 취득한 자 또는 영주할 목적으로 외국에 거주하고 있는 자
- '외국 국적동포'란 대한민국의 국적을 보유하였던 자 또는 그 직계비속으로서 외국국적을 취득한 자 중 대통령령이 정하는 자를 말함.

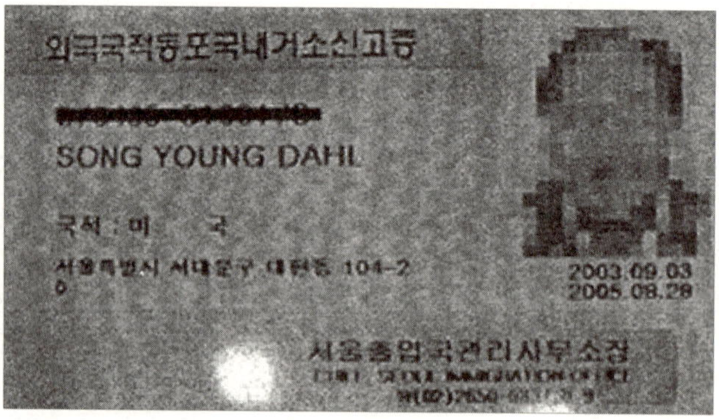

[그림 6-9] 거소신고증

4 미국 출입국 규정

미국은 이민국 입국 규정 적용이 엄격하며 항공사가 동 규정위반 시에는 상당한 벌금이 부과된다. 당사의 경우 미국행 운항 편수가 차지하는 비중이 크며 수송인원도 많아 미국행 승객의 여행서류 확인에 세심한 주의가 필요하다.

※ 美 이민미국의 벌과금(Fine) 적용 사례

여권 만료, NO-VISA 등 입국 규정 위반 : 1인당 USD 3,000

I-94 FORM 오작성 또는 미작성 : 1인당 USD 300

1) 여권 대용서류

(1) 유효한 영주권(Permanent Resident Card/Resident Alien Card), Form I-551

① 미국 이외의 지역에서 1년 이상 체류하면 Card 상의 유효기간에 관계없이 무효가 된다.

② 여권상에 임시 영주권 Stamp가 있는 경우 Form I-551로 간주한다.

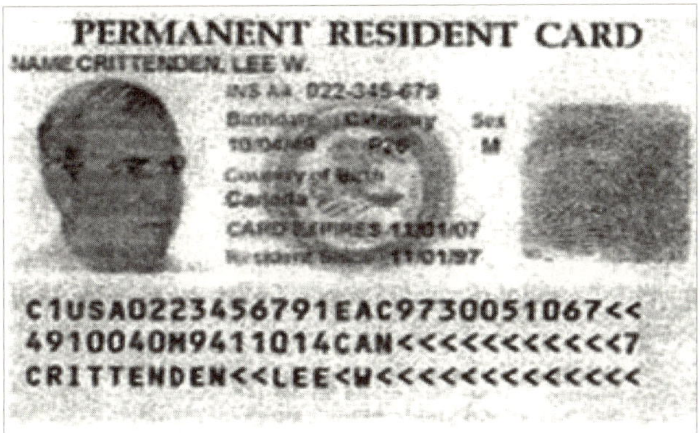

[그림 6-10] Permant Resident Card

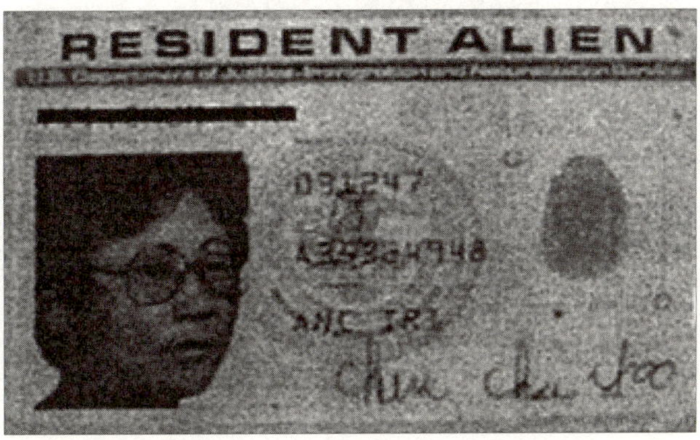

[그림 6-11] Resident Alien Card

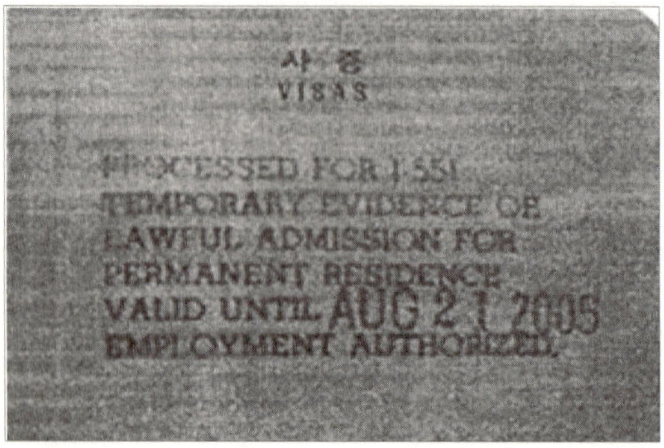

[그림 6-12] I-551 Stamp

(2) 유효기간이 만료된 영주권 소지 시(해외 1년 이상 체류)

다음 중 하나를 구비하면 입국 가능하다.

① Permit to Re-entry the U.S(Form I-327)-Cream 색 커버

② Travel Document(Form I-1571)-Royal Blue 색 혹은 Mint Green 색 커버

③ Form I-751/I-752(Form I-551의 유효기간 6개월 연장)

④ Transportation Letter(여행/통행증명서/Boarding Letter)

⑤ Civilian 또는 Military Travel Order 소지 시(미국정부 발행)

[그림 6-13]
Permit to Reenter the U.S

[그림 6-14]
Travel Document

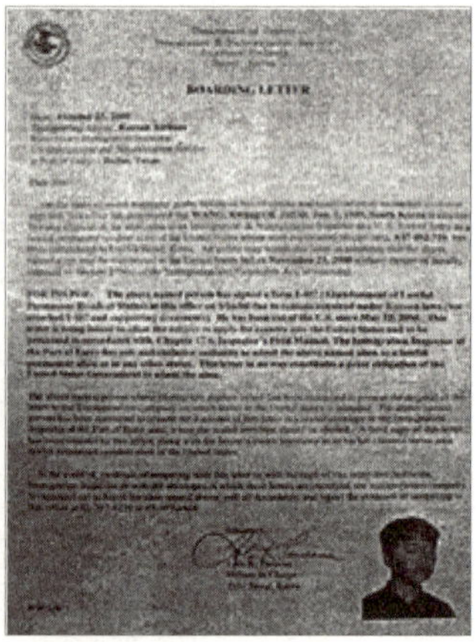

[그림 6-15]
Boarding Letter

(3) Form I-512(Authorization for Parole of Alien into United States)

(4) Kinderausweis

(5) NATO 군인 및 미군 I/D Card (Leave/Travel/Movement Order 필요)

(6) Seaman Book

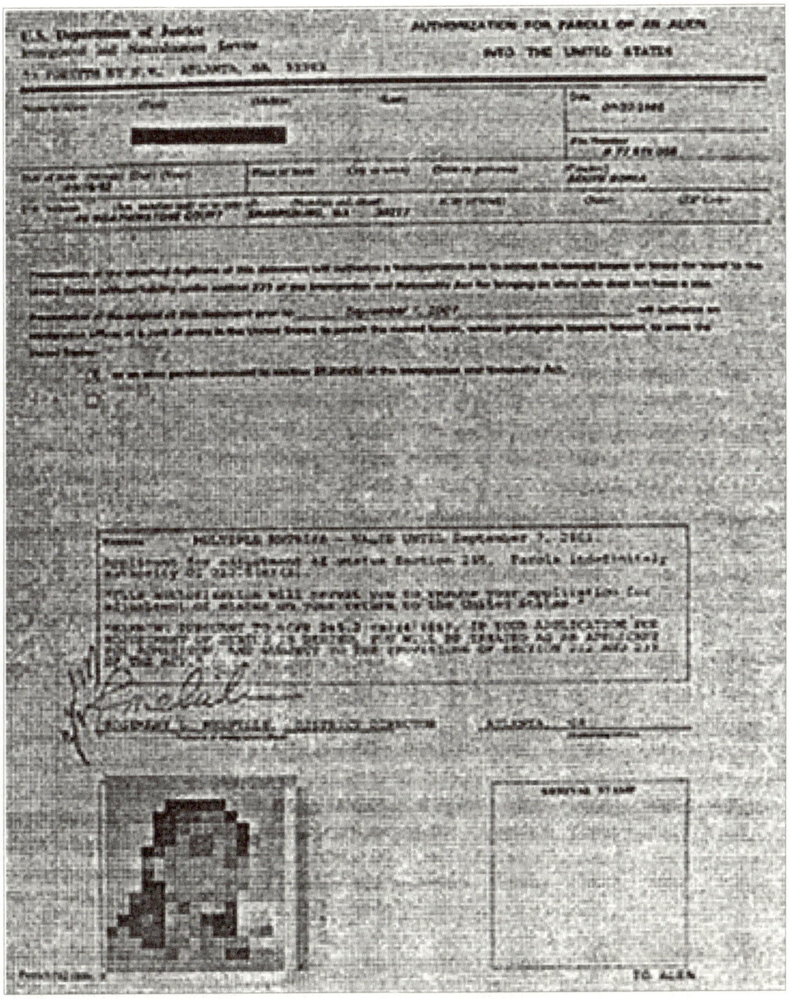
U.S. Department of Justice
Immigration and Naturalization Service

AUTHORIZATION FOR PAROLE OF AN ALIEN
INTO THE UNITED STATES

TO ALIEN

[그림 6-16] Form I-512

2) 비자 규정

(1) 비자가 필요 없는 승객

① 미국 또는 캐나다 국적자

② U.S VWPP(Visa Waiver Pilot Program) 조건 하에 여행하는 승객

(2) 미국 비자 종류

Visa Type	발급 대상자	비 고
A	대사, 외교관, 영사 및 가족	
B-1/2	일시 사용/관광 방문자	왕복항공권 소지
C-1/D	선박의 승무원으로서 통과여객	Return여정 불인정
E	주재원 및 가족	
F/M	학생 및 배우자 혹은 가족	I-20 Form 필요
H	일시취업 수련 근로자, 산업연수자	
J	교환 방문자	DS2019(RNIAP-6)Form
K	미국시민의 약혼자 또는 배우자	I-120F 증명사진 부착된 서류 소지
L	취업 근로자	
이민비자	이민 거주 목적자	

① F-1, F-2 (M-1, M-2) VISA

- 미국에 유학하는 학생은 학교에서 발급한 U.S IMM FORM I-20(입학허가서를 미국 공관에 제시하고 F-1 또는 M-1 VISA를 발급받는다.
- 최초로 F-1 또는 M-1 VISA를 발급받은 경우 FORM I-20 상에 "Do not open"이라고 찍혀 있는데, 만일 이 봉투를 개봉하면 VISA는 무효가 된다.
- 가족이 F-2나 M-2 VISA를 발급받아 미국에 입국하는 경우에도 FORM I-20을 소지해야 한다.

② F VISA와 MVISA의 차이점

- M VISA는 현지에서 유학과 더불어 취업(근로)행위가 인정되는 VISA이다.

3) V.W.P.P.(Visa Waiver Pilot Program)

미국 Immigration 규정에 의거, 상기 협정을 맺은 국가의 국민이 미국 입국 시 비자 없이도 입국 가능토록 한 일종의 단기 비자면제 협정이다.

(1) 가입국가 : 26개국('11년. 2월 현재)

인도라, 오스트레일리아, 오스트리아, 벨기에, 브루나이, 덴마크, 핀란드, 프랑스, 독일, 아이슬란드, 아일랜드, 이탈리아, 일본, 리히텐슈타인, 룩셈부르크, 모나코, 네덜란드, 뉴질랜드, 노르웨이, 포르투갈, 산마리노, 싱가포르, 슬로베니아, 스페인, 스웨덴, 스위스, 한국

(2) 미국 V.W.P.P. Handling 시 유의사항

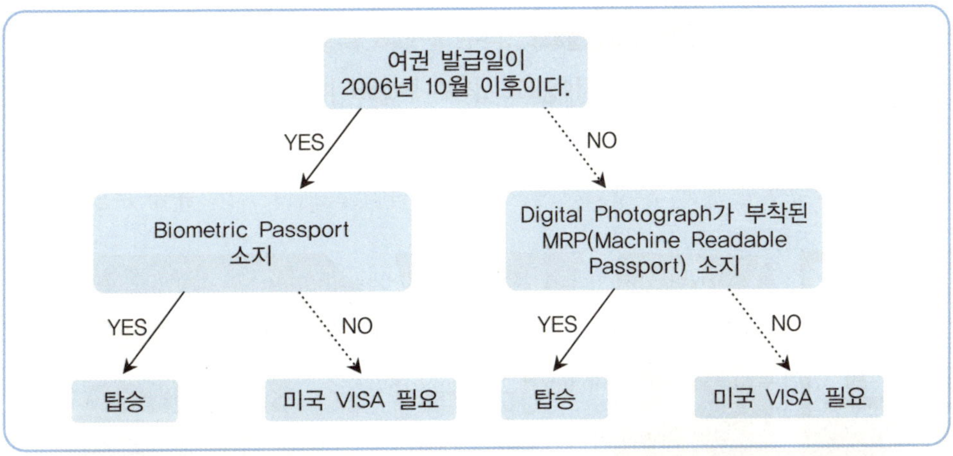

[그림 6-17] Machine Readable Passport

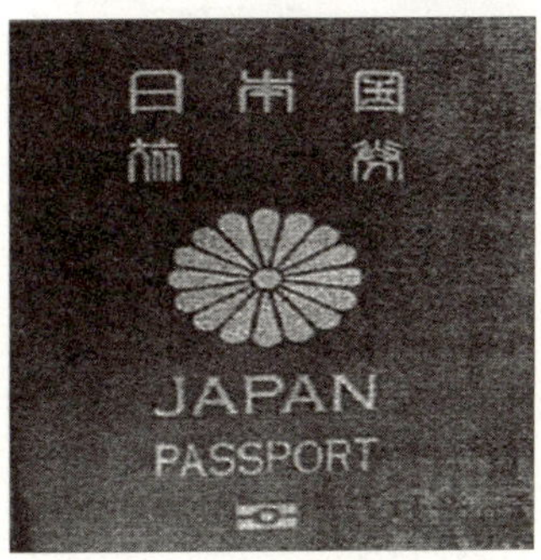

[그림 6-18] 재입국 허가

5 호주 출입국 규정

다른 국가와 달리 호주를 방문하는 승객들은 ETAS(Electronic Travel Authority System)를 통해 호주 입국 시 필요한 입국사증(VISA)을 호주 대사관을 방문하여 발급받지 않고 항공권 발권 업무를 담당하는 여행사나 항공사에서 간단하게 받을 수 있다. 이는 호주 정부가 단기관광 또는 사업을 목적으로 호주를 찾는 방문객의 편의를 위해 '97년 4월 22일부로 실시한 컴퓨터를 통한 사증 발급제도로서 ETA 비자소지 유무는 육안으로 여권상에는 확인할 수 없으며 DCS 시스템을 통해 승객의 비자 소지 유무를 확인해야 한다.

1) ETAS 적용국가

안도라, 오스트리아, 벨기에, 브루나이, 캐나다, 덴마크, 핀란드, 프랑스, 독일, 그리스, 아이슬란드, 아일랜드, 이탈리아, 일본, 한국, 리히텐슈타인, 룩셈부르크, 말레이시아, 몰타, 모나코, 네덜란드, 노르웨이, 포르투갈, 산마리노, 싱가포르, 스페인, 스웨덴, 스위스, 미국, 바티칸 시티, 홍콩, 타이베이 등 총 32개국

2) ETAS 적용항공사

KE, OZ, AN, QF, SQ, CX, MH, NZ 등 36개 항공사

3) 신청 가능 ETA VISA

Type	목 적	유효기간	비 고
V	Visitor	12개월	
BS	Business Short	12개월	미국/캐나다 국민만 신청가능
BL	Business Long	여권 잔여일수 한도 내에서 최대 10년	신용카드로 Visa Fee AUD70지불

4) ETAS 발급 절차

TIETAR

① 부분에 우측의 설명을 참조하여 승객 여권정보를 입력한다.

>TIETAP		ETA APPLICATION
PASSPORT NUMBER	SC0874355....	FROM PASSPORT TITLE PAGE
NATIONALITY	KOR	1-3 CHARACTER CODE
DATE OF BIRTH	18oct1979	ddmonyyyy
Sex	F	M/F
COUNTRY OF BIRTH	KOR	1-3 CHARACTER CODE
FAMILY NAME	lee	NAMES-NO TITLES
GIVEN NAMES	JEE EUN....	SPACE BETWEEN NAMES
TYPE OF TRAVEL	V.	V/BL/BS

② 여권 발급 상세정보를 우측 설명에 참조하여 입력한다.

>TIETAP		ETA APPLICATION
PASSPORT ISSUE DETAILS		
ISSUING STATE	KOR	
DATE OF ISSUE	20DEC2005	DDMONYYYY
ISSUING AUTHORITY		
MINISTRY OF FOREIGN AFFAIRS AND TRADE..		

③ 기입력한 내용을 재확인하기 위하여 몇 가지 항목을 한 번 더 입력한다.

>TIETAP		ETA APPLICATION
RE-ENTER TO VALIDATE PASSPORT DETAILS		
DETAILS MUST MATCH PREVIOUS SCREEN		
PASSPORT NUMBER	SC0874355...	FROM PASSPORT
NATIONALITY	KOR	1-3 CHARACTER
FAMILY NAME	LEE.............	
FIRST GIVEN NAME	JEE.............	
SECOND GIVEN NAME	EUN.............	
OTHER GIVEN NAME(S)	....	

5) ETAS 발급 Response

① 발급 승인 시 표출 화면

```
>                  ETA APPROVAL                       19JAN06/1018
FAMILY NAME        KIM.............                   AUSTRALAN GOVT
GIVEN NAMES        JEEEUN...........
PASSPORT           SC0874355........KOR EXPIRATE DATE 20DEC2015
DATE OF BIRTH      18OCT1979 SEX F COB KOR
TYPE OF TRAVEL     V VISITOR ETA................................
ENTRY STATUS       UD/976 ETA VISITOR (SHORT)...................
                   AUTHORITY TO ENTER AUSTRALIA VALID TO.........
                   19JAN2008....................................
                   PERIOD OF STAY 03 MTHS.......................
                   MULTIPLE ENTRY......EMPLOYMENT PROHIBITED.
ETA APPROVED.
```

② 승인 불가 시 표출 화면

```
>TIETAA              ETA APPLICATION
PASSPORT NUMBER      KN1255955     FROM PASSPORT TITLE PAGE
NATIONALITY          KOR           1-3 CHARACTER CODE
DATE OF BIRTH        08OCT1980     DDMONYYYY/--MONYYYY/----YYYY
SEX                  M             M/F
COUNTRY OF BIRTH     KOR           1-3 CHARACTER CODE
EXPIRY DATE          15JAN2010     DDMONYYYY
FAMILY NAME          LEE........................FULL NAMES-NO TITLES
                     MIN KI.....................SPACE BETWEEN NAMES
TYPE OF TRAVEL       V.            V/BL/BS
REFER APPLICANT TO AUSTRALIAN EMBASSY.
```

③ 미승인 시 승인 요청 Message 발송 예

```
Y.QD CBRIXCR ICNKKKE
.ICNKKKE 210750D
///ATTN ETA DUTY///
RE ETA APPRVL RQ
AA.PPT NO : YP1234567 \
BB.NTNLTY : KOR
CC.DOB : 25MAY1976
DD.SEX - F
EE.CNTRY OF BIRTH : KOR
FF.PPT EXPRY DATE : 20SEP2010
GG.PPT ISS DATE : 20SEP2000
HH.FMLY NAME : KIM
JJ.GIVEN NAME : SOO JIN
KK.TYPE OF TRVL : V
LL.PPT ISS CNTRY : KOR
MM.ISS AUTHORITY : MINISTRY OF FOREIGN AFFAIRS AND TRADE
NN.O/ETRIEDTOGETETAX BT THE RESPONSE IS REFER TO AUS EMBASSY
OO.PAX SHLD BRD YN911/12MAR WTHN 2HRS
PLZ TKE NEC ACTN N REPLY ASAP
B/RGDS
KCB//SY.KIM
```

※ 주의사항

① 만료된 여권 번호로 발급된 Electronic Visa는 유효하지 않으므로 새 여권을 발급받은 경우, ETA도 새 여권 번호를 이용하여 다시 발급받아야 한다.

① Electronic Visa를 발급하면, 기존의 Visa가 취소되므로, Electronic Visa 발급 전에 반드시 해당 승객의 호주 Paper Visa 소지여부를 확인한다.

6) Electronic Visa 조회(Enquiry)

```
TIETAQ
```

① 부분에 승객 정보를 입력한다.

```
>TIETAE
PASSPORT NUMBER      SC0874355....     FROM PASSPORT TITLE PAGE
NATIONALITY KOR      1-3 CHARACTER     CODE
DATE OF BIRTH        18COT1979         DDMONYYYY/--MONYYYY/----YYYY
SEX                  F                 M/F
FAMILY NAME          KIM................
GIVEN NAMES          JEE EUN............
ARRIVAL DATE         ............... OPTIONAL-DDMON/DDMONYYYY
```

② ETAS 조회 Response(입국 가능여부 표출)

```
>TIETAV              VISA STATUS                     14FEB06/1550
FAMILY NAME          KIM..........................   AUSTRALAN GOVT
GIVEN NAMES          JEE EUN......................
PASSPORT             SC0874355........ KOR
DATE OF BIRTH        18COT1979 SEX F ARRIVAL DATE..................
ENTRY STATUS         UD/976 ETA VISITOR (SHORT)....................
                     AUTHORITY TO ENTER AUSTRALIA VALID TO..........
                     19JAN2008.................................
                     PERIOD OF STAY 03 MTHS........................
                     MULTIPLE ENTRY..........EMPLOYMENT PROHIBITED..
                     VALID FOR ENTRY ON EXPECTED ARRIVAL DATE...
OVERRIDE VISA/ETA ON DISPLAY? .Y
```

7) ETAS HISTORY 조회 및 수정/취소

```
TIETAH
```

① Response (User가 작업하는 CITY에서 이루어진 ETAS 작업 History 표출)

```
1 02FEB/1930 APPLICATION
PAX : CHO/MI YOUNG/10DEC1969/F
PPT : IC0139621/KOR/10OCT2000
2 02FEB/1925 APPLICATION
PAX : PARK/JEONG HO/04MAY1968/M
PPT : KN0042311/KOR/18JAN2004
3 02FEB/1925 APPLICATION
PAX : JANG/SOON WON PARK/06MAY1939/F
PPT : 3615579/KOR/08JUL2001
>TIETAH ACTION : .....                    MUNNN/MDNNN/DN
```

8) 탑승수속 시 ETAS CONFIRM

```
TIETAC/Passport No. / National Code/ Family Name
```

① Response 1 : Valid Visa 소지 시

```
1. 3825397/KOR/HAN/JONG CHEOL/22FEB1967/M
AUTHORITY TO TRAVEL VALID TO 11AUG2007. OK TO BOARD.
```

② Response 2 : 유효한 Paper Visa 소지여부 확인 혹은 ETA 재확인 필요

```
1. 3825397/KOR/HAN/JONG CHEOL/22FEB1967/M
........AUTHORITY TO TRAVEL VALID TO 11AUG2007
```

③ Response 3 : NO VISA 상태, 입력된 Data 재확인 후 Visa 신청

```
1. 3825342/KOR/KIM.
NO VISA/ETA FOUND. DO NOT BOARD UNTIL ISSUED OR FOUND
```

9) 호주 사전입국 심사제도(Advance Passenger Processing)

호주 이민국 및 세관에서는 호주에 입항하는 모든 항공편의 탑승객 인적사항을 사전에 통보받아 승객의 호주 입국 가능여부를 실시간으로 응답한다.

따라서 호주행 승객의 Electronic Visa 소지 여부를 일일이 조회할 필요 없이, 탑승수속 시 승객의 여권번호, 국적, 생년월일을 입력하면 DCS상에 Response가 표출된다.

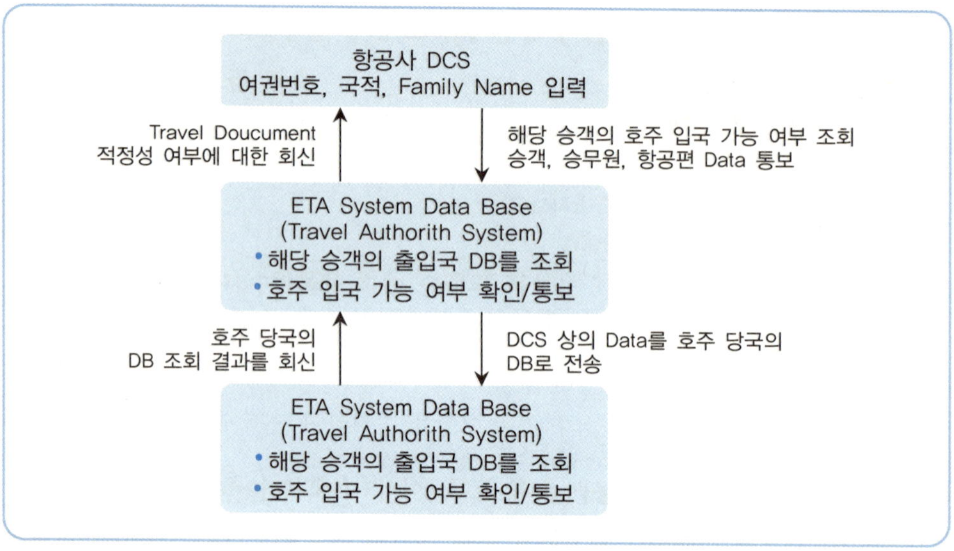

[그림 6-19] APP System 개념도

① APP Data가 입력된 승객을 수속한 경우 DCS Response

```
KE0000 07FEB ICN SELECTED PAX                                        F0
WON/YONGSUK MR
*** E-TKT PAX ***
SYD Y C S      1 U * 35G M 1/21    -AU     G7       >*ECCAD7
CHECKED IN ICN T4 07FEB 00.13Z    C/IN RQST NO-SMOKING
SECURITY NO.   037   REBATE PAX
ANYPASS BL06186745  // NN ADD DATA //      1 TIMES/        0 MILES
                                           TOTAL/          0 MILES
```

```
ETKT : 1802301566091/1 BPSS
AUTO TAG NOS. YN 615169/SYD STRA
PPT : M1972656      (P, , ) N/C : AU DOB : 391202           GEN : M
CONTACT PNT :                  PHONE : M)016-274-5338
APP STS : ** OK TO BRD **
HISTORY FOR THIS PAX
07FEB/0015Z ICN/T4/53042A-G7 E-PBSS ISSUED (001)
07FEB/0015Z ICN/T4/53042A-G7 ISSUED YN 615169 AUTOTAG
```

② APP Data가 입력되지 않은 승객을 수속한 경우 DSC Response

```
ke0000 15FEB ICN SELECTED PAX
HO/WINGSZE MS
SYD Y C S          1 Q*53D M 0/0          -ZZ        CG        >*DGHT2Z
CHECKED IN ICN TI 15FEB 05.58Z C/IN RQST NO-SMOKING
SECURITY NO. 088
INBOUND YN0000 1720 HKG Y OK
PAX TRANSFERRING THRU THIS STN
```

③ APP Data가 입력되어 있으나 입국 승인이 나지 않은 경우

```
KE0000 31AUG ICN SELECTED PAX
MUN/LOACHEN MISS
SYD Y C S AK3      1 H*39E M 2/36     -KR   S   EH          >*AB2GCY
CHECKED IN TAE T1 31AUG 06.31Z        C/IN RQST NO-SMOKING
SECURITY NO. 043
PAX TRANSFERRING THRU THIS S수
AUTO TAG NOS. YN 876164/SYD XFER      YN 876165/SYD XFER
PPT : DG1234567                       N/C : KR DOB : 990118    GEN : F
CONTACT PNT :                         PHONE : H)2507689229
APP STS : **DO NOT BRD**              ERR : 8502
HISTORY FOR THIS PAX
30AUG/0513Z ICN/T2/502115-YE RESERVED 39E FROM X STATUS
```

6 중국 출입국 규정

한국인이 중국을 입국하기 위해서는 사증(VISA)이 필요하나, 도시에 따라서는 도착비자를 받거나, 무사증 입국이 가능한 경우가 있다. 또한 복수비자 발급이 어려워 상용 목적의 승객도 단수비자를 가지고 있는 경우가 많아 단수비자 사용 유무에 대한 철저한 확인이 요구된다. 2008년 7월 북경 올림픽으로 인해 도착비자는 잠정적으로 중단된 상태이나 소수 대형 여행사를 통해 발급해 주고 있다.

1) 비자 Type

(1) Entry에 따른 비자

Entry	내 용
00	중국 내 체류기간 연장을 위한 Stay Permit. 비자로서의 효력 없음
01	유효기간 내 한 번에 한하여 입국 가능
02	유효기간 내 두 번에 한하여 입국 가능
M	유효기간 내 횟수에 제한 없이 입국 가능
거류	Visa 상단에 "中華人民共和國 外國人 居留許可"라고 적혀있으며, 영주권의 개념으로 중국 내 거주 기간과 출입국 횟수에 제한을 받지 않음

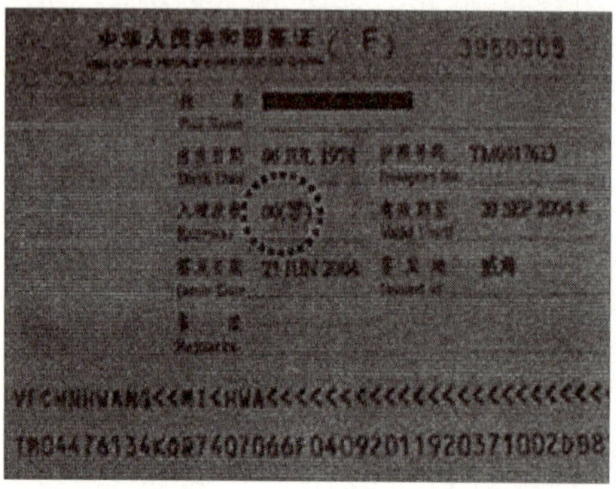

[그림 6-20] Entry 00인 Stay Permit

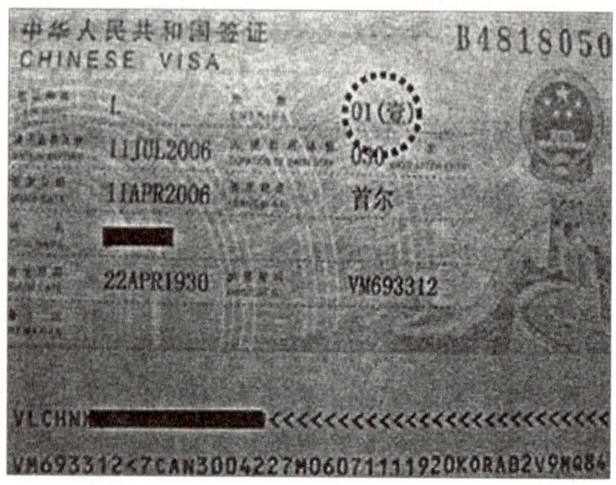

[그림 6-21] Entry 01인 Single Visa

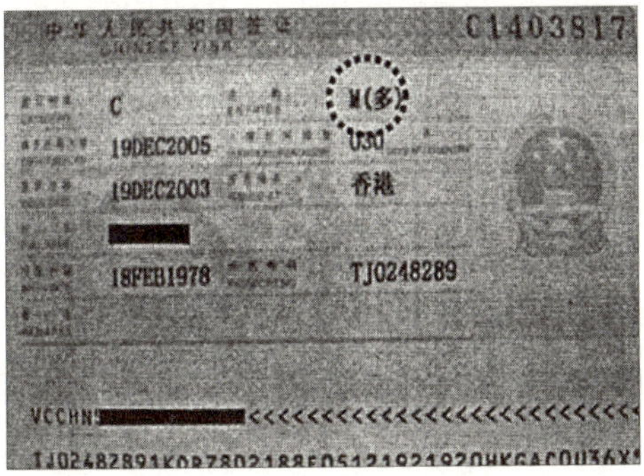

[그림 6-22] Entry M인 Multiple Visa

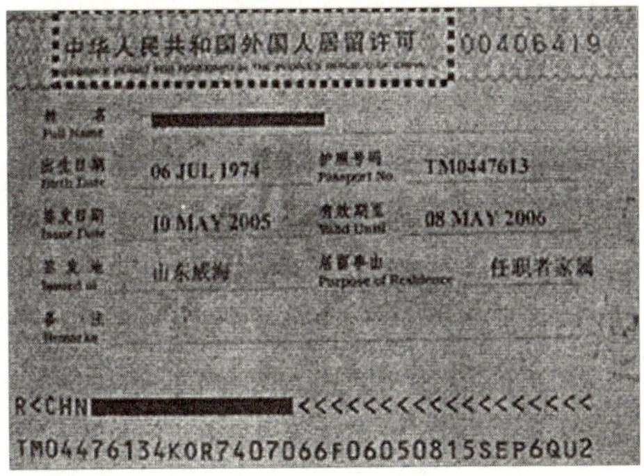

[그림 6-23] 중화인민공화국 외국인 거류허가

7 일본 규정

1) 일반 사항

일본 입국 시 불분명한 여행 목적을 진술하거나 발급받은 사증과의 입국 목적이 상이한 경우 입국심사 결과 입국 거절을 당하는 승객들이 증가하고 있어 탑승수속 시 다음 사항을 확인해야 한다.

① 계속 여정이나 왕복여행을 위한 항공권 소지
② 충분한 체류경비 소지(일당 JPY 20,000)
③ 본국이나 제3국으로 여행하기 위한 입국서류 소지

대부분의 선진국가에서는 승객이 일단 입국 후 불법체류, 불법취업 등 해당국의 사회문제를 야기할 수 있는 가능성에 대비하기 위해 위와 같은 일반조건을 요구하고 있다.

2) 여권 규정

(1) 주요 여권 대응서류

① 일본 국적임을 증명하는 서류(해외 영사관에서 발급)
② 도항증명서(渡航證明書 : Tokoshomeisho, Japanese Travel Document)

- 일본 정부가 인정하지 않는 국가의 여권을 소지한 승객에게 발급하는 입국 서류(대만, 북한, 안도라 여권)
- 대만 국민이 일본 입국 시에는 일본 정부가 발행하는 도항증명서와 유효한 대만 여권을 소지해야 한다.

③ 일본 재입국 허가서(일본 거주 외국인에게 발급)

④ 미국 재입국 허가서(U.S Re-Entry Permit)

3) 비자 규정

(1) 비자 면제국가

① 아시아/대양주 : 싱가포르, 말레이지아, 뉴질랜드, 이란(외교관, 관용 여권소지자) 등

② 유럽/아프리카 : 서유럽 국가 전부, 튀니지, 레소토, Mauritius 등

③ 미주 : 미국, 캐나다, 콜롬비아, 페루, 우루과이, 아르헨티나, 칠레 등

4) TWOV 규정

(1) 기항지 상륙허가(寄港地上陸許可 : Shore Pass)

① 72시간 이내에 예약이 확약된 항공권을 소지하고 법무부 사열 전 항공사 직원을 통하여 신청서 작성하여 입국신고서와 함께 법무부에 제출해야 한다.

② 반드시 도착지 공항에서 제3국으로 출국해야 한다.

(2) 일반 승객의 통과 상륙허가(Transit Pass)

① 도착일을 제외하고 3일 이내 예약이 확약된 항공권을 소지해야 한다.

② 반드시 동일 Group 군에 속해 있는 공항 또는 항구를 이용해서 제3국으로 출국해야 한다.

③ 공항 Group군

Grop	공 항
A	Narita, Haneda, Nagoya, Niigata, Komatsu, Yokota
B	Osaka, Nagoya, Komatsu, Okayama, Hiroshima, Takamatsu
C	Fukuoka, Nagasaki, Kumamoto, Kagoshima, Oita
D	Sapporo

5) 비자 종류

(1) 일본 비자 종류

① 단기 사증 : 단기체류 목적 입국자에게 발급(15일, 1개월, 3개월)

② 상용 사증 : 상용 목적 입국자에게 발급

③ 기타 : 주재, 통과, 외교, 관용, 취업, 특수 등

(2) 재입국 허가(Re-Entry Permit)

일본에 60일 이상 거주하는 외국인은 거류 신고를 하고 외국인 체류자격을 득해야 한다. 체류자격 Stamp를 소지한 재일 거주 외국인이 일시 출국할 경우에 재입국 허가를 받으면 재입국 시 Visa가 필요 없다.

제 7 장

수하물 규정

1 수하물 정의 및 운송 조건

2 무료 수하물 허용량

3 특수 수하물

4 수하물 연결수속

5 수하물 배상 규정

1 수하물 정의 및 운송 조건

1) 수하물의 정의

수하물(手荷物, Baggage)이란 승객이 자신의 여행에 필요한 물품 및 기타 휴대품을 의미한다.

(1) 위탁 수하물(Checked Baggage)

승객이 항공사에 맡긴 수하물로 항공사는 위탁 수하물을 접수한 후 승객에게 수하물표(Bag Claim Tag)를 발급한다.

(2) 휴대 수하물(Unchecked Baggage or Carry-on Baggage)

위탁 수하물 외에 기내 선반이나 앞좌석 밑에 보관할 수 있는 크기와 무게의 물품으로 승객이 기내로 반입하는 수하물을 뜻한다. 기내안전(Safety and security)과 쾌적성 확보를 위해 휴대 수하물은 사전에 적극적인 홍보를 통해 승객의 협조를 구하고 별도의 절차에 따라 철저히 규제하는 것이 중요하다.

2) 수하물 운송조건

(1) 수하물 포장

수하물의 포장은 승객의 책임이며 포장상태가 불량하거나 불완전한 수하물은 재포장하도록 안내한 후 접수한다.

(2) 수하물 이름표(Name Tag/Name Label) 부착

승객 성명, 주소, 현지 연락처를 영문으로 기재토록 안내한다.

수하물표가 떨어져 소유주를 사고 발생 시에 대비하여 반드시 영문으로 작성한 이름표를 부착해야 한다.

(3) 수하물의 무게, 크기 및 내용품 확인

위탁 수하물은 작업자에 의해 최종 탑재되므로 각각의 수하물이 그 크기와 무게 제한에 적합한지 확인한 후 접수해야 하며 항공기나 작업자의 안전에 영향을 끼치는 물품은 접수하지 않는다.

수하물 1개의 무게가 32kg(70파운드)을 초과하지 않도록 안내한다.

① 일부 국가는 작업자의 안전을 위한 수하물의 규격 제한이 법제화되어 있으며, 규격이 초과된 수하물을 접수할 경우에는 수하물 취급과 관련한 조업 업무에 차질이 발생될 수 있다.

② Heavy Baggage에는 Heavy Tag을 부착하여 작업자가 수하물의 무게를 사전에 인식할 수 있도록 해야 한다.

- 호주, 뉴질랜드 : 27~32kg의 Bag에 부착, 32kg이 초과되는 수하물은 접수 불가
- 영국(LHR) : 23~32kg의 Bag에 부착, 32kg이 초과되는 수하물은 접수 불가
- 대한민국 : 25~30kg의 Bag에 부착, 30kg이 초과되는 수하물은 접수 불가

③ Tag의 종류

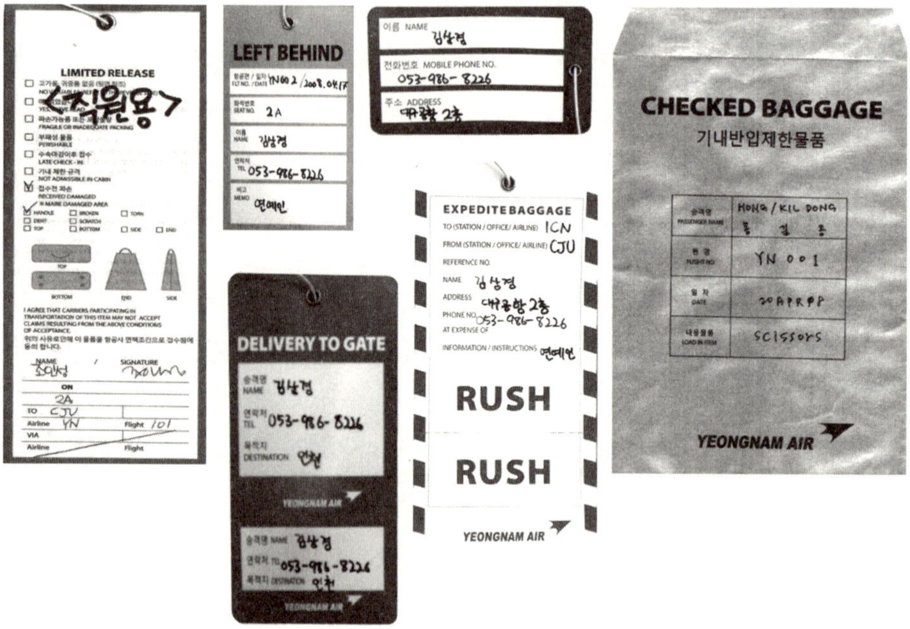

3) Baggage Reconciliation

수송/탑승 승객과 탑재 수하물간 일치 여부 반드시 확인

① ICN의 경우 ABRS(Automated Baggage Reconciliation System) 운영
탑승수속 기록이 없는 수하물은 탑재하지 않는다. → 미일치 시 수하물 탑재 불가

② 무인 위탁수하물(Unaccompanied Baggage) 탑재 금지
탑승수속 후 Gate No-show 발생 시 승객의 수하물은 하기한 후 운항해야 함.
※ 예외적으로 허용되는 경우(Exception)

③ 항공기 좌석 부족, ACL 제한 등으로 하기된 승객의 수하물

④ 기상, 정비 등의 이유로 지연 운항, 결항, 회항의 경우

⑤ 지연 또는 오송된 수하물이 Rush Tag 부착하여 운송되는 경우

⑥ 회사물품(Company-mail, Company item)을 운송하는 경우

4) 수하물 탑재 및 하기 순서

(1) Tagging 및 Containerizing

대상 승객	부착 ID Tag	탑재 Container
VIP, CIP, RPA 승객, 임산부, UM, 연결시간이 충분하지 못한 국제선 연결 승객, 승무원	DOORSIDE TAG PRIORITY TAG	

(2) 운송 제한품목

도착지에서 우대 고객이 우선적으로 수하물을 Pick up 할 수 있도록 한다.

5) 운송 제한품목

(1) 개요

① 항공기 인명 또는 기타 재산에 위험이나 지장을 초래할 우려가 있는 위험품(Dangerous Goods)이나 성질상 항공운송에 부적절한 물품은 운송을 제한하거나 거절한다.

② Fragile Item, 부패성물품, 현금, 수표, 보석류, 유가증권, 경본, 업무서류, 계약서 및 기타 귀중한 물품의 파손 또는 분실 시 항공사는 책임을 지지 않는다.

③ 기내 휴대 제한 품목(SRI : Security Removed Items) : 기내 보안 및 안전을 위해 칼, 가위, 송곳, 건전지, 공구 등의 품목은 승객이 휴대할 수 없으므로 수속 시 위탁 수하물에 포함되어 운송토록 안내한다.

(2) 위험품(Dangerous Goods)의 분류

① 여객의 수하물로 운송이 불가한 물품 : 다음에 해당하는 물품은 여하한 경우에도 수하물로 운송이 허용되지 않으며 화물(Cargo)로 신고되어 운송되어야 한다.

- 폭발성 물질

- 액체 또는 고체가스
- 인화성 액체 또는 고체
- 산화성 물질
- 유독성 물질
- 자기성 물질
- 방사성 물질
- 부식성 물질
- 생동물(여객의 애완용 동물, 맹인 인도견 또는 농아보조견 제외)
- 법령에 의거 별도로 허가된 이외의 자가 소지 또는 휴대하는 무기 또는 화학류
- 기타 IATA규정에 따라 수하물로서 운송이 금지되는 물품

② 수하물로 운송이 가능한 물품

- 위탁 또는 휴대 수하물로서 운송이 가능한 물품
  - 알코올 음료 : 도수 70도 이하, 5리터 이하 용기
  - 헤어 스프레이, 향수류 : 개인당 2kg 또는 2리터 이하
  - 헤어 컬러(Hair Curler) : 1인당 1개로 제한
  - 드라이 아이스 : 1인당 2kg(부패성 물질의 냉매로 사용할 경우)
  - 의료용 소형 가스 산소캔
  - 의료용 소형 수은 체온계
- 위탁 수하물로만 운동이 가능한 물품
  - 스포츠용 총기에 사용할 목적의 화약 : 5kg 이내
  - 휠체어 또는 배터리 동력의 탈 것(배터리는 분리)
  - 냉액체 질소를 포함한 용기

③ 휴대 수하물로만 운송이 가능한 물품

- 흡연의 목적으로 휴대되는 1개의 성량 또는 라이터
- 심장 박동기 : RPA 승객용

④ 항공사에 사전에 알려야 하는 물품

- 드라이 아이스(1인당 2kg 이하)
- 의료용 소형 아이스가스 실린더

- 스포츠용 총기에 사용할 목적의 화약(5kg 이내)
- 휠체어 또는 배터리 동력의 탈 것(배터리는 분리)
- 냉액체 질소를 포함한 용기

⑤ 기장에게 탑재 사실 및 위치를 통보해야 하는 물품

- 스포츠용 총기에 사용할 목적의 화약(5kg 이내)
- 휠체어 또는 배터리 동력의 탈 것(습전지의 경우)

2 무료 수하물 허용량

모든 승객은 별도의 요금을 지불하지 않고 항공사 규정에 의거하여 일정량의 수하물을 휴대 및 위탁할 수 있는데, 이것을 무료수하물 허용량이라고 한다. 일반적으로 무료 수하물 허용량은 무게를 기준으로 제한하는 Weight System과 수하물의 개수를 기준으로 제한하는 Piece System 두 개념으로 나뉘며 모든 국내선 구간은 Weight System을 적용한다. 참고로, 현재 국제선 미주지역(미국/미국령 사이판, 괌, 캐나다)을 출/도착하는 항공편에는 Piece System을, 그 외의 지역은 Weight System을 적용하고 있다.

1) 휴대 수하물(Unchecked Baggage, Hand Carry Baggage, Carry-on Baggage)

① 위탁 수하물을 제외한 여객이 항공기 내에 휴대하는 모든 수하물을 휴대 수하물이라 한다.

② 운송 중 여객이 직접 보관해야 하며, 운반에 대한 책임은 여객에게 있고 파손 또는 분실 등에 대하여 항공사는 책임을 지지 아니한다.

③ 물품은 탑승객의 책임과 보관 하에 기내에 휴대할 경우 무료로 운송될 수 있다 : 무게 10kg 삼면의 합이 115cm(55cm×40cm×20cm)를 초과하지 않는 수하물 1개

④ 기내 휴대 수하물 외의 추가 반입 가능물품 : 핸드백 1개, 외투, 모포 또는 덮개 1개, 일정량의 독서물, 비행 중 사용할 유아의 음식물, 소형 카메라 1개, 소형 전자계산기 1개, 신체장애 여객이 사용하는 완전히 접을 수 있는 휠체어 1개, 맹인 인도견 또는 농아 보조견 1마리

⑤ 기내반입 휴대 수하물 허용범위

좌석 등급	개수	총 중량	규 격
F/CLASS 및 B/CLASS	2	18kg	개당 55×40×20cm 또는 3면의 합 115cm 이하
일반석	1 + 추가1*	12kg	55×40×20cm 또는 3면의 합 115cm 이하

※ 일반석 고객 추가 허용품목 : 노트북 컴퓨터, 서류가방, 핸드백 등 중 1개

2) 위탁 수하물(Checked Baggage)

① 여객이 여행시 항공사에 탁송 의뢰하여 수하물표를 발행한 수하물을 말한다.

② 여객 1인당 위탁 및 휴대수하물 포함하여 20kg까지의 무료수하물 운송을 허용

③ 국제선 항공권으로 여행하는 여객은 Through Fare 운임적용 시 국제선 여행 시 적용되는 무료 수하물 규정을 국내선 구간에도 적용한다.

④ 성인 적용 요금의 75%를 지불한 소아에 대하여도 동일하게 적용된다.

⑤ 2세 미만 유아의 무료수하물 허용량은 크기 115cm, 무게 10kg 1개와 접는 유모차 운반용 요람, 유아용 카시트 중 1개

⑥ Piece System적용 국가는 무게 32kg 미만 크기(가로, 세로, 높이)는 158cm 이하인 2개

3) 무료수하물 합산(Baggage Pooling)

동일편에 의해 동일목적지로 동반여행을 하는 2인 이상의 여객이 동시에 그들의 수하물을 위탁하고자 여객이 요청하는 경우에는 개개인의 무료 수하물 허용량을 합산한 중량에 상당하는 무료 수하물 허용량을 인정한다.

4) 초과 수하물 요금(Excess Baggage Charge)

① 무게 초과시 1kg당 통상왕복운임의 1%의 운임을 지불한다.

② 애완동물(PET), 스포츠장비, 골프장비, 스쿠버장비 등은 별도의 요금 기준을 정함.

③ 초과수하물 중량 산정시 1kg 미만 0.5kg 이상의 중량은 1kg으로 절상하고, 0.5kg

미만의 중량은 계산하지 아니한다.

④ Through Fare(SPA : Special Proration Agreement 적용)가 적용되는 국제선 연결 국내선 구간의 무료수하물 허용량이 국제선에 준하는 반면, 초과수하물 요금은 국내선 항공권 소지 여객과 동일하게 적용한다.

⑤ Through Fare 미적용 국제선 연결 국내선 구간 여객의 수하물 요금 규정은 국내선 항공권 소지 여객과 동일하게 적용한다.

3 특수 수하물

1) 애완동물(PET)

승객과 동반하는 애완동물(PET)은 그 크기와 무게에 따라 승객이 직접 기내로 반입하거나 위탁 수하물로 접수하여 전용 화물칸에 탑재하여 운송한다. 애완동물은 살아있는 생명체로 이와 운송 시에는 제한사항과 각별한 주의가 요구되며 항공사별 HANDING 절차가 다소 차이가 있으나, 다음과 같은 사항을 숙지하여 고객에게 안내하고 운송시에는 서약서를 접수한다.

(1) 인수조건

① 애완동물(PET)은 개, 고양이 또는 애완용 조류에 한하며 반드시 별도의 운반용 용기에 수용되어 항공기에 탑재되어야 한다.

② 요금-무료 수하물 허용량에 관계 없이 당해 동물 및 용기의 총 중량에 대해 초과수하물 요금을 별도로 징수한다.

③ 위탁 수하물인 경우는 예약시 CARRIAGE AUTH를 득하여야 하며, 환기와 온도가 운송에 적절하지 않을 경우 접수 불가능하다.

④ 일반적으로 운송용기 포함 5kg 이하의 작은 강아지나 고양이 등의 애완용 동물은 기내로 반입되어 운송될 수 있으나 기내 소란, 냄새 등 타인의 쾌적한 여행에 방해를 줄 경우 수면제 투여 등의 필요한 조치를 취할 수 있으며, 그렇지 않을 경우 항공사는 운송을 거절할 수 있다.

(2) 수하물 접수

① PET의 건강상태, CAGE 상태를 확인하여 접수 가능 여부를 판단한다. CAGE는 반드시 밑바닥이 밀폐되어야 한다.

② 승객으로부터 PET의 운송도중 사망, 손해, 질병 등에 관한 책임은 승객에게 있다는 내용의 서약서 2부 접수

- 원본은 출발지 공항점소 보관
- 사본 1부는 객실장을 통해 도착지 공항에 전달

③ 초과수하물 요금 징수

④ SHR에 반영하여 객실장이 알 수 있도록 한다.

(3) 좌석 배정

애완용 동물을 휴대수하물로 하는 승객의 좌석은 가능한 뒤쪽으로 배치하며, 가능한 경우 옆좌석을 비워주는 것이 좋다.

2) 별도 좌석 점유 수하물(CBBG : Cabin Baggage)

별도 규정에 의거하여 여객이 기내에 무료 휴대 가능한 물품 이외에 부피가 크거나 부서지기 쉬운 성질의 것으로서 여객이 사전 요청으로 기내에서 별도의 좌석을 차지하는 수하물의 경우, 반드시 별도의 항공권을 구입하여 승객의 옆 좌석을 추가로 확보한 후 보관, 운송해야 한다.

(1) 운송조건

① 좌석당 수하물의 중량은 75kg 이하여야 한다.

② 여객이 사전에 예약 요청 시는 수하물의 개수, 총 중량을 통보하고 이에 대한 확약을 받아야 한다.(승객이 PNR을 Normal하게 작성한 후, CBBG 관련 APFAX 사항 및 Remarks 사항을 입력한다. 또한 CBBG에 해당 Seat Block을 노선관리 담당부서의 서비스 Desk로 요청한다.)

③ 여객이 사전에 확약을 받지 않고 수하물을 기내 운송 요청하는 경우에는 좌석 제공이 가능할 시에 한해 상기 조건에 따라 인수한다.

(2) 적용운임

수하물이 별도로 차지하는 좌석에 대하여 해당 구간 성인 통상운임의 100%를 징수한다.

(3) 승객의 요청으로 위탁 수하물로 접수 시

① 운송도중 파손되기 쉽거나 부적절하게 포장된 수하물은 재포장토록 한 후, 안전운송이 가능하다고 판단될 시에 접수한다.

② 위탁수하물 접수 시 당해 수하물의 파손 또는 내용품에 이상을 발견하였을 경우는 여객에게 동 사실을 인지시킨 후 여객 항공권의 탑승용 쿠폰에 승객의 서명을 받고 LIMITED RELEASE TAG(L/R TAG)을 부착하거나 FRAGILE TAG을 부착한다.

③ 필요 시 종가요금(Excess Value Charge)이나 초과수하물 요금(Excess Baggage Charge)을 징수한다.

(4) 외교행낭(Diplomatic pouch)이나 장기(Human organ)를 운송함도 동일한 절차로 Handling한다.

3) 총기(도검)류

승객은 CHK-IN 시 항공사에 반드시 이의 소지를 알려야 하며 정당한 소지 허가증이 있더라도 기내 휴대 탑승이 불가하며 반드시 위탁수하물로 탁송해야 한다. 단, VIP 경호 등 공적인 업무 수행에 한하여 현지 공항 경찰의 사전 허가를 득한 후 기장 책임하에 cockipit에 탑재, 보관할 수 있다.

(1) 대상 여객

수렵단체, 사격대회 출전선수, VIP 수행 경호원, 기타 총기류 소지자

(2) 출발 공항 취급절차

① 총기를 소지한 승객이 탑승수속 카운터에 나오면 탑승수속과 직원은 관계기관에 통보하고 당사 보안관리실을 통해 당해 항공편의 보안 승무원에게 통보한다.

② 관계기관 직원이 작성한 총기 인계인수서(3부)에 관계기관 직원(인계자) 및 당해 편 보안 승무원(인수자)이 서명한다.

③ 탑승수속 직원은 총기에 수하물표 및 DOOR SIDE표를 부착한 후 수하물로 접수한다.

④ 당해 항공편의 보안 승무원은 관계기관 직원과 함께 총기를 Aircraft Side까지 이동, 총기가 항공기에 탑재될 때까지 확인하고, 총기 중 권총류는 기내 조종실에 보관한다.

⑤ 총기 인수인계서 총 3부 작성 : 총기 인수인계서 1부는 출발지 공항, 1부는 관계이관, 1부는 보안승무원이 보관한다.

⑥ 탑승수속 직원은 도착지 공항에 총기 탑재 전문을 발송한다.

(3) 도착 공항 취급절차

① 총기탑재 전문 접수 시 도착 담당 직원은 즉시 관계기관에 사전 연락을 취한다.

② 항공기 도착 후 도착 담당직원은 총기 소지자를 찾아 관계기관 직원, 보안 승무원의 입회 하에 총기 인계인수서(보안승무원 보관용)에 관계기관 직원(인계자)과 총기 소지자(인수자)의 서명을 받은 후 총기를 인도한다.

③ 보안 승무원은 총기 소지자의 서명을 받은 총기인계인수서(보안승무원용)를 비행 종료 후 보안관리실에 제출한다.

4) 날개로 접수되는 골프채

신규 구입 혹은 특정 이유로 날개의 골프채를 휴대하는 승객이 있으나 동 물품은 SRI에 해당되므로 휴대수하물이 아닌 위탁수하물로 운송되어야 한다.

5) 유모차

승객의 편의와 쾌적한 기내 환경 조성을 위해 탑승구에서 유모차를 접수하여 Cargo Compartment에 싣고 도착 시 Gate에서 바로 받아 이용하는 데 불편이 없도록 한다.

① "Delivery to Gate" Tag 부착, 승객안내
② Stroller Bulk Loading 후 도착지로 MSG 타전 및 CPM 상에 입력
③ 도착지에서는 MSG 및 CPM 확인하여 Bulk에서 최우선 하기하여 승객에게 인도

4 수하물 연결수속

2개 이상의 항공편을 이용하여 계속되는 여정을 가진 승객의 수하물을 목적지까지 연결수속하는 것을 Baggage Through Check-in이라 한다.

1) 전제 조건

① 예약이 확약된 연결편 항공권 소지
② MCT (Minimum Connecting Time) 준수
③ 당일(Same Day) 혹은 익일 12시간 내(FRAV FLT) 연결 같은 공항 내 연결(Same Airport) 여정(CDG/ORY, JFK/EWR, LGR/LGW, NRT/HND 등 Co-airport간 연결 운송은 불가)

2) 국내선 연결수속(Through Check-in)

(1) 가능지역

① 미국, 캐나다지역

- Baggage Through Check-in은 가능하나 승객은 경유지에서 Baggage를 수취하여 세관검사를 마친 후 Transit Baggage Desk에 재접수해야 한다. 수하물은 승객을 해당 공항까지 운송한 항공사의 책임 하에 연결 항공사로 Delivery된 후 탑재된다.

- ICN/YVR/SEA과 같이 미국-캐나다 연결 여정은 Through Check-in은 가능하나 중간 기착지인 YVR에서 수하물 수취 후 통관한다(SEA 도착 시 미세관 절차 필요).

② 구주지역

- 구주지역은 경유지에서 Baggage를 수취할 필요 없이 최종 기착지까지 수하물이 연결되는 편리한 지역이나 Co-Airport연결 여정으로 수하물 연결이 불가능한 경우가 많아 주의해야 한다.
- 연결 구간이 항공기 이용 구간이 아닌 리무진이나 기차를 이용하는 연결 여정일 경우 수하물 연결 수속은 불가하다.

(2) 불가지역

일본, 중국, 러시아, 뉴질랜드, 및 대부분의 동남아시아 국가 등

(3) 일정조건 하에서 THRU CHK-IN이 가능한 경우

국가(공항)	주의사항
호주(SYD)	• QP 400 미만 항공편으로 연결 시에만 THRU CHK-IN 가능 • 승객은 최종 목적지에서 통관
중국 지역	• 중국은 PEK 공항을 제외하고는 국제-국제 연결도 불가 • HKG에서 중국 본토로 연결 여정은 국제선 개념으로 간주하여 THRU CHK-IN이 가능
대만(TPE)	• TPE 공항 내에서 국내선으로 연결되는 경우 THRU CHK-IN은 가능하나 첫 기착지인 TPE 통관해야 함. 단, KHN(까오슝) 도착 여정인 경우 최종 목적지에서 수하물 P/U 및 통관가능 • TPE에서 TSA(송산)으로 이동 후 연결 시에는 THRU CHK-IN 불가

3) 국내-국제 연결 수속

당사 항공편을 이용 국내선으로 도착하여 당일 인천공항에서 출발하는 국제선을 이용하는 연결 승객은 출발지 지방 공항에서 탑승 수속 및 Baggage THRU CHK-IN 서비스를 이용하여 편리하게 국제선으로 연결편을 탑승할 수 있다.

5 수하물 배상 규정

1) 수하물 사고(Irregularity)의 유형

① 지연(Delay)

② 분실(Missing, Lost)

③ 파손(Damage)

④ 부분 분실(Alleged Pilferage)

2) Baggage Claim 신고기한

파 손	수하물 접수 후 7일 이내 서면 접수
지연/(부분) 분실	수하물을 접수했어야 할 날로부터 21일 이내

※ 소송은 2년 내에 제기되어야 함.

3) 지연 수하물 Handling 절차

① 수하물 사고접수 : PIR(Property Irregularity Report) 작성

② 승객에게 OPE(Out of Pocket Expense) 혹은 RON(Remain Over Night) kit 지급

③ OPE 및 RON kit 지급 대상 : 도착지 비연고자, 동시지급 가능

④ 항공사 공용 수하물 추적시스템(World Tracer)에 등록하여 추적 및 Matching 작업 실시

⑤ Tracing 개시 후 14일 이내에 회수되지 않을 경우 배상업무 개시

⑥ 14일 경과 후에도 최대 100일까지 Tracing 지속 가능

4) 기내 습득물(L/B) 처리 절차

(1) 유실물센터 서비스

승객이 기내에 두고 내린 유실물의 습득 여부 및 보관 장소를 당사 홈페이지에 등재하여 인터넷을 통해 쉽게 조회, 찾아갈 수 있도록 국내/외 전 공항에서 운영하는 서비스로 승객 및 직원의 Date 접근이 용이하고 쉽고 빠르게 유실물을 조회할 수 있으며

기내 습득물 문의에 대한 일원화 된 안내가 가능하다.

(2) 서비스 Flow

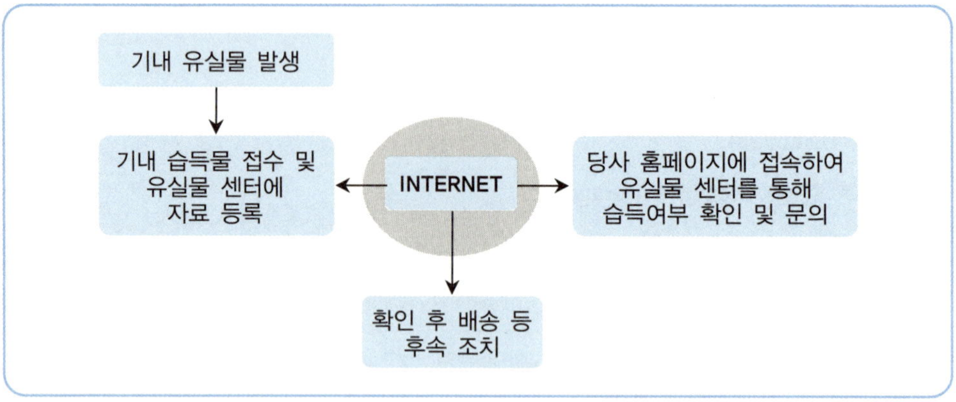

(3) 담배, 양주 등 소유자의 진위 여부를 판단하기 어려운 물품은 가급적 사진을 비공개로 설정하고, Brand Name, 특징 비교, 탑승여부 확인 등 종합적 판단 후 인도하도록 유의한다.

(4) 신분증과 지갑(현금)의 경우는 공항 경찰대로 인계하고 면세품과 같이 세관상 문제가 있는 물품은 세관으로 인계, 보관한다.

(5) 유실품 명세기록

각 점소에서는 유실품 명세기록대장을 자체 제작하여 비치하고 유실물에 대한 하기 사항을 기록, 유지한다.

① 습득 제출 일시/장소
② 물품명 및 개수(화폐 등의 경우는 금액을 기입)
③ 습득자 이름 및 주소(전화번호)
④ 기타사항

(6) 소유권자에의 반환

유실물의 소유권자로부터 물품인도의 요청이 있었을 시는 물품의 내용품 등을 확인하고 별도의 확인서를 받은 후 인도해야 한다.

(7) 경찰에의 인도

① 소유자가 나타나지 않은 물품은 그의 발견 또는 습득일로부터 10일 이내에 관할 경찰서에 인도해야 한다.

② 전항의 경우, 쇄정 또는 봉인이 되어 있는 유실물은 경찰 입회 하에 개봉하여 내용품의 명세를 확인한다.

③ 물품을 경찰서에 인도할 때는 습득물 보관증을 발급받아 보관하여야 한다.

④ 유골, 위패 등 개인적 특수가치 밖에 없는 물건에 대하여는 유실물법 규정에 의하여 일체의 권리를 포기하는 취지를 미리 신고하고 경찰서에 인도한다. 단, 습득자가 회사 직원 이외의 경우는 그 동의를 얻어 행해야 한다.

(8) 습득자에의 통지

유실물을 유실자 또는 경찰서에 인도할 경우는 유실자 또는 경찰서장애 대하여 습득자의 주소, 성명을 고지함과 동시에 습득자가 요구 시 유실자의 주소, 성명 또는 경찰서장에게 인도한 사실을 습득자에게 통지해야 한다.

(9) 소유권의 취득

회사가 소유권을 취득할 수 있는 권리를 갖는 유실물(회사 직원이 습득한 경우 및 습득자가 미리 권리를 버리거나 혹은 소재불명일 때)에 대해서는 당해 유실물을 경찰서에 인도 후 6개월 이내에 인도 경찰서에 조회해야 하며 유실자를 판명 못하였거나 또는 경철서로부터 인도의 통지가 있을 시는 지체없이 경찰서에서 당해 물건의 인도를 받는다.

⑽ 소유권 취득물건의 처리

① 유통 통화인 경우는 당해 점소의 잡수입에 계산한다.

② 통화 이외의 물건은 적정한 시장가격으로 매각 처분하여 매각비용을 공제한 매각대금의 잔액은 잡수입으로 계산한다.

5) 배상 한도액

(1) 바르샤바 협약 적용 구간

① 위탁 수하물 : 분실 무게 1kg당 USD 20 또는 그 상당액

② 휴대 수하물 : 당사 귀책의 1인당 USD 400 또는 그 상당액

(2) 몬트리올 협약 적용 구간

① 1인당 1,000SDR(Special Drawing Right)

② 미국, 일본, 캐나다, 뉴질랜드, EU국가 등

③ 비준국가에서 출발하여 돌아오는 왕복 여정일 경우는 도착지 국가의 비준여부나, 그 항공사의 국가의 비준 여부에 상관없이 동 협약이 적용됨.

(3) Interline Bag Claim 처리 규정

① IATA Resolution 780조에 명시된 항공사 간 기본 처리 규정에 따름

② 승객을 운송한 최종 항공사(Terminating Carrier)에서 승객의 Claim을 처리(배상)하고 이후 수하물 IRR에 대한 항공사 간 책임소재를 가려 ICH(IATA Clearing House)를 통해 정산처리

③ 정산금액이 USD50 이상일 경우만 정산 절차(Delivery Cost는 USD25)

제 8 장

LOST & FOUND

1 LOST & FOUND

2 WORLDTRACER

3 BAGGAGE CLAIM

1 LOST & FOUND

수하물 서비스 업무의 가장 중요한 목적은 수하물 운송에 문제가 생긴 승객을 적절히 안내하고 빠른 시일 내에 분실 수하물을 되찾아 주는 것이다. 따라서 적극적인 추적과 서비스 태도로 실추된 이미지를 회복하고 원인을 추적하여 재발되지 않도록 하는 것이 중요하다.

1) 수하물 사고의 종류와 원인

사고 유형	발생 원인	비 고
지연 도착 (Delay)	• Interline Baggage Mis-connection • Mis-Tagging • Left Behind • ACL 부족으로 인한 Offload	배달비용 발생, 일용품 구입비(OPE), 교통비 지급 Ope : out of pocket expense
분실 (Missing or Lose)	• Name Label미 부착 • Tag Torn-off와 Miss-Loading의 동시 발생 • Unclaimed Baggage의 관리 소홀	
파손 (Damage)	• 조업사의 Rough Handling • Fragile Tag 미부착 • 포장 불량	
부분 분실 (Pilferage)	• 포장 불량으로 인한 내용품 유실 • 의도적인 행위	

2) 수하물 사고처리 절차

(1) 분실

① 현장조사 : 신고접수 즉시 '현장 점검표'에 의거 발견 가능한 장소를 조사한다.

- 현장 점검표
  - 타공항 점소로부터 사전통보(전문)
  - 미인도 수하물 대장
  - 콘베이어 벨트
  - X-RAY 보안검색 카운터
  - 수하물 분류장
  - CHECK-IN 카운터
  - 항공기
  - 계류장
  - 사고수하물 보관소
  - 화물취급소 및 창고
  - 기타 장소

② 수하물 사고 보고서(PIR=Property Irregularity Report)

- PIR 작성
  - 현장조서 결과 분실수하물을 찾지 못할 경우 PIR 2부를 작성한다.
  - 1부(원본) : 여객소지용
  - 1부(사본) : 발행지점소 보관용
- 증빙서류 첨부 : 여객으로부터 항공권, 수하물표, 초과수하물표 관련 전문 등 관련서류를 PIR에 첨부한다.
- PIR 작성 예

  ※ 다음에 첨부

(전 면)

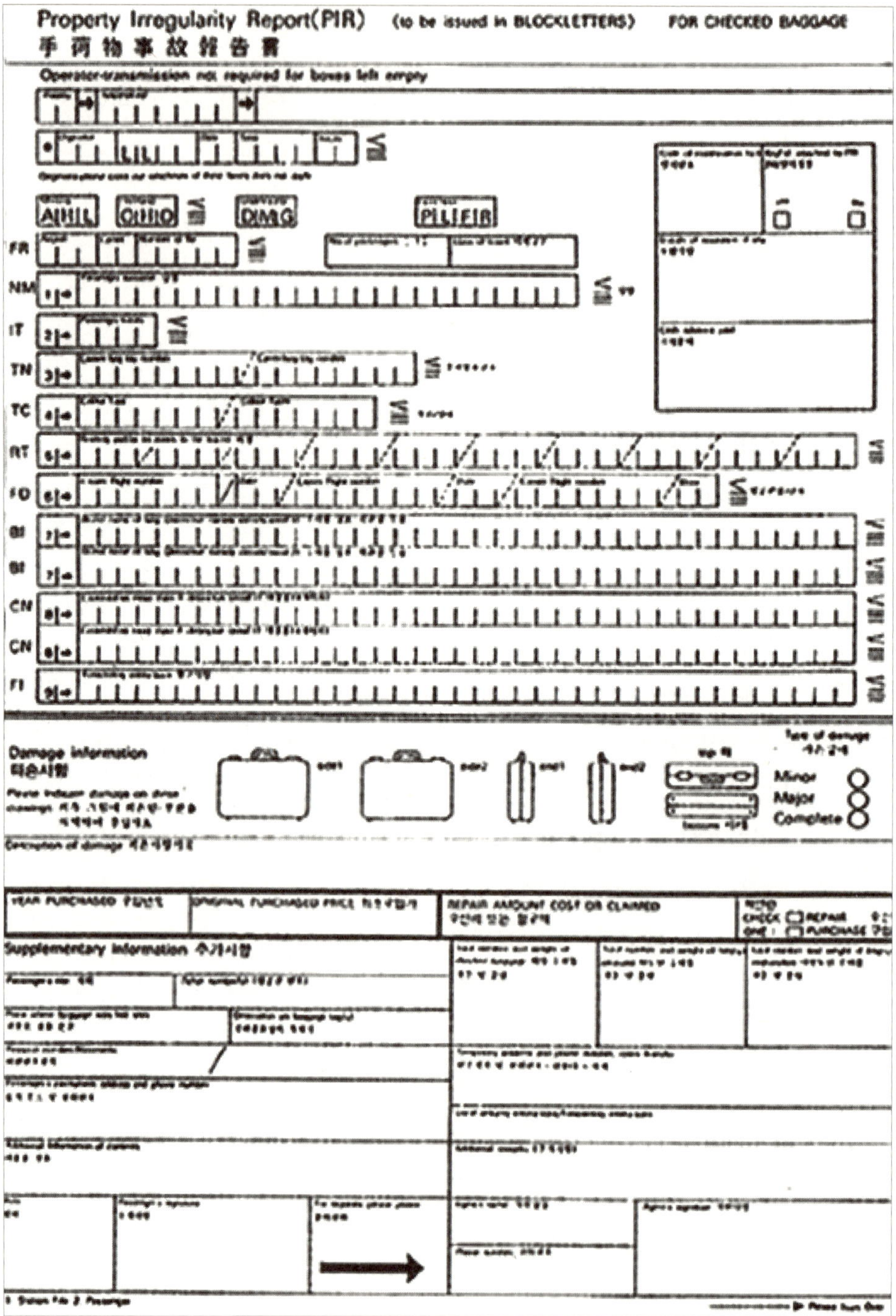

Property Irregularity Report(PIR) (to be issued in BLOCKLETTERS) FOR CHECKED BAGGAGE

手荷物事故報告書

Operator-transmission not required for boxes left empty

AHL OHD DMG PILFER

FR

NM

IT

TN

TC

RT

FD

BI

BI

CN

CN

FI

Damage information
파손사항

Minor
Major
Complete

YEAR PURCHASED 구입년도	ORIGINAL PURCHASED PRICE	REPAIR AMOUNT COST OR CLAIMED	CHECK REPAIR / PURCHASE

Supplementary information 추가사항

1 Station File 2 Passenger

(후 면)

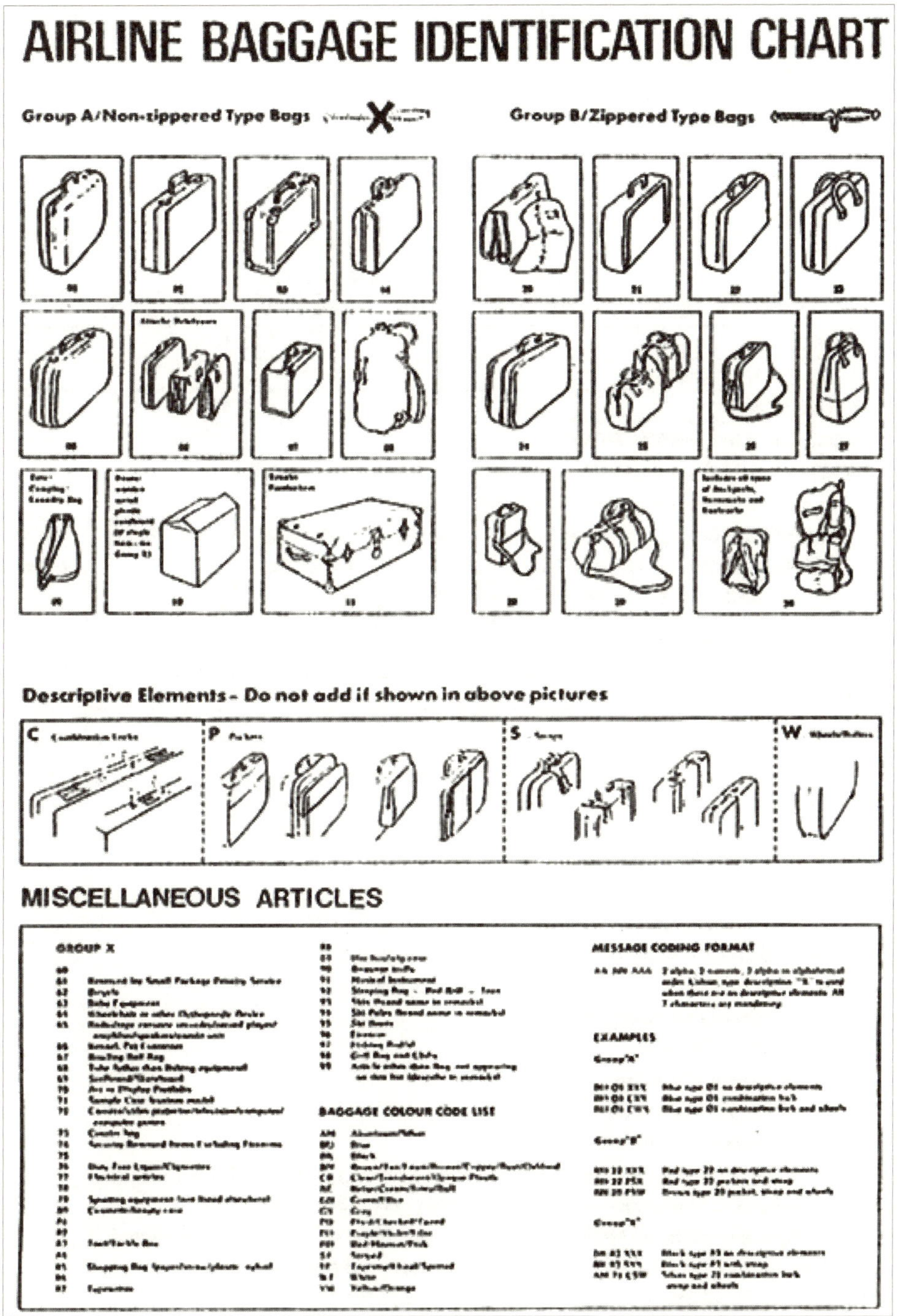
AIRLINE BAGGAGE IDENTIFICATION CHART
Group A/Non-zippered Type Bags
Group B/Zippered Type Bags
Descriptive Elements - Do not add if shown in above pictures
C
P
S
W
MISCELLANEOUS ARTICLES
GROUP X
BAGGAGE COLOUR CODE LIST
MESSAGE CODING FORMAT
EXAMPLES

③ 수하물 손해배상 청구서(BCA=Baggage Claim Application)

- BCA 작성 : PIR 작성 시 손해배상 청구서 2부를 교부하고 내용을 정확히 기재토록 한다.
- BCA 양식은 다음 페이지에 기재

(전 면)

STATION	BAGAGE CLAIM APPLICATION (TO BE FILLED OUT BY CLAIMANT ONLY)	CLAIM REF NBR

1. CLASSIFICATION: DELAY(　) MISSING(　) DAMAGE(　) PILFERAGE(　) OTHER(　)

2. FULL NAME :	TEL NO	

3. PERMANENT ADDRESS :

4. FLIGHT NBR :	DATE	SECTOR

5. BAG CLAIM TAG NBR/WEIGHT(KG)　　/　　(KG)

SCHEDULE OF LOST OR DAMAGED PROPERTY ITEMS PURCHASED DUE SUCH LOSS, DAMAGE, MISDELIVERY OR OTHER MISHANDLING

DESCRIPTION OF ARTICLE LOST OR DAMAGED	WHEN PURC-HAED MONTHS /YEAR	WHERE PURCHA-SED	PURCHASE PRICE(USD)	DESCRIPTION	AMOUNT CLAIMED
USE SEPARATE SHEET IF NECESSARY	TOTAL				

6. PASSENGER TICKET FORM AND NUMBER(S)

7. I hereby declare the foregoing particulars to be true and correct.
In support of my claim. I enclose copies of the following documents

- ✽ Relevant Property Irregularity Report
- ✽ Relevant Passenger Ticket
- ✽ Relevant Baggage Claim Tag
- ✽ All available purchase invoice
- ✽ Letter of Authority if applicable

8. STATEMENT OF CLAIM : It is agreed by me that the furnishing of this form is not a waiver of any rights or an admission of liability by or on the part of any carrier.
The statements contained herein, including the values placed upon the article enumerated above, are true and correct to the best of my knowledge and belief.

SIGNATURE OF CLAIMANT　　　　VERIFIED BY : HAN AGENT

(후 면)

취급지점명	수 하 물 손 해 배 상 청 구 서 (청 구 자 가 기 입 함)	접 수 번 호

1. 구 분: 부분손실( ) 분실( ) 파손( ) 도난( ) 기타( )

2. 청구자명:	전 화 번 호	
3. 주 소:		
4. 탑승편명:	일자 /	운송구간 -
5. 수하물 접수번호/중량(KG) /	(KG)	

손해수하물 명세 또는 손해로 인한 구입물 명세

물 품 명 세	구입년월일	구입장소	구입가격	상 각 액	청 구 액
(별지사용도가)		총 액			

6. 항 공 권 번 호 ____________________

7. 상기 물품이 가격을 포함하여 기술한 사실은 정확함을 증명하며 손해배상 청구를 위해 다음 서류들의 원본 또는 사본을 첨부합니다.
   * 수하물 사고 보고서
   * 여객용 항공권
   * 수하물 접수번호표
   * 물품 영수증(가능한 경우)
   * 위 임 장(필요나 요청의 경우)

8. 본인은 귀사 직원에 의하여 제공된 본 서식은 귀사측 권리의 포기 혹은 책임의 승인을 의미하는 것이 아니라 본 서식을 통하여 귀사측에서 최대한의 문제해결을 위하여 노력한다는 것에 동의합니다. 귀사가 필요로 하며 또 본 배상청구의 일부로 간과할 타 관계자료나 서류는 귀사의 청구가 있을 시 제공할 것을 서약합니다.

청구자 서명　　　　　　　　　　회사측입회원

④ 추적

㉠ 1차 추적

- 추적 전문 발송 : PIR에 의거 출발지, 경유지 및 수하물이 있으리라고 추측되는 지역의 점소로 추적 전문을 발송한다.

```
AHL
1) HONG/KILDONG ........................................ 사고종류
2) OZ12345 ............................................ 수하물표번호
3) BU 01 C XX ......................................... 형태색상
4) CJU/SEL ............................................ 여정
5) OZ000/25 ........................................... 탑승편명/일자
6) AMERICAN TOURIST/NAVE LABEL ATTCHD ................. 수하물상표/외부표식
7) KODAK CMR/HAIR DRYER ............................... 내용물
8) FWD TO PUSKK X WL GO TO PUS ........................ 기타참고사항
```

- 전문 접수공항의 조치 : '현장 점검표'에 의거, 현장확인 결과를 24시간 이내에 통보한다.
  - 해당 수하물을 보관하고 있는 경우 : 긴급 발송 수하물표(RUSH TAG)를 부착하여 별도전문과 함께 추적 공항 점소로 송부한다.

[전문 예]

```
FWD
AHL SELOZ FOR HONG/KILDONG
FOUND AT CJU W/O TAG X WL FWD ON
OZ 002/12 X RUSH TAG OZ123456 Ø 7
ACK
```

  - 해당 수하물을 보관하고 있지 않은 경우

```
"NO HOLD" 전문을 발송한다.
NO HOLD
AHL SELOZ Ø 2001 FOR HONG/KILDONG
```

㉡ 2차 추적

- 1차 추적 실시 후 24시간 내에 발견통보가 없을 시는 보다 광범위한 지역(운송팀 및 타 항공사 포함)으로 추적전문을 재발송한다. 이때의 IDENTIFIER는 'AHL/2ND'이다.
- 2차 추적 전문을 접수한 공항 점소는 현장확인 결과를 24시간 이내에 통보한다.

⑤ 배상(Compensation) : 2차 추적 후에도 미발견 시 자체처리 가능건은 즉각 배상 조치한다.

(2) 파손

① 여객의 신고에 따라 수하물 사고보고서(PIR)를 작성, 출발지 공항 점소로 수하물 접수 시의 파손여부를 확인한다.

② 회사의 취급 잘못에 의한 파손으로 확인되면 즉시 수선 또는 배상처리한다.

③ 수선 시 및 새물품 구입 시는 해당 영수증을 제출받아 자금배정 청구 시 첨부한다.

④ 배상 시는 수하물 사고보고서 원본을 회수하고 영수증을 받는다.

(3) 부분 분실

① 수하물 상태 조사 : 부분 분실 신고의 진위여부 판단을 위해 하기항목 확인 후, 해당 시에는 간주한다.

- 파손 여부
- 시건장치가 풀렸는지의 여부
- 시건장치의 파손 여부
- 내용물의 손상 또는 도난 흔적
- 항공권상에 기재된 수하물 중량과의 차이 여부

② 수하물 사고보고서 및 손해배상 청구서 작성 : 서류작성 시 여객으로부터 하기 항목에 관해 자세한 정보를 얻는다.

- 도난물품에 관한 상세한 정보(물품의 형태, 가치, 구입처 및 구입시기, 영수증, 보험가입 여부 등)
- 여객이 마지막 목격한 장소 및 시간
- 여객이 도난 사실을 인지한 장소 및 시간, 수하물의 시건장치에 의한 잠김 여부

③ 추적 : 수하물의 취급과정을 조사한다. 관련 공항 점소로의 추적은 분실 수하물과 같은 절차에 의한다.

④ 배상 : 분실 수하물과 같은 절차에 의한다.

(4) 미인도 수하물

① 내용품 및 이름표에 의해 소유권자를 확인한다.

② 미인도 수하물 대장에 기록 유지한다.

- 도착편명/일자
- 여객성명
- 수하물표 번호
- 내용품

③ 미인도 수하물이 탑재되었던 항공기의 출발지, 경유지 공항 점소 및 운송팀에 OHD(ON HAND BAGGAGE) 전문을 타전한다(시스템 완료까지는 FAX를 이용한다).

OHD
1. CJUKE00012 .... 보고서 번호
2. HONG/KILDONG .... 성명
3. KE 1234565 .... 수하물표번호
4. BK 01 CXX .... 형태/색채
5. CJU/SEL .... 발견공항/탑재공항
6. KE 001/002 .... 탑재 편명
7. SAMSONITE/LOTTE HOTEL STCKR ATTCHD .... 수하물상표/외부표식
8. NIKON CMR/DOC OF KEUMHO CO .... 내용물
9. HANDLE IS BROKEN .... 기타 참고사항

④ 미인도 수하물은 수하물 도착 후 10일 간을 경과해도 여객으로부터 인도 요구가 없을 경우에는 전지 제5절 유실물 처리절차에 의거 처리한다.

(5) 휴대 수하물의 사고

회사의 고의 또는 과실에 기인한 것이 아닌 한, 휴대 수하물의 사고에 대하여 회사는 책임을 지지 않으나, 여객서비스 측면을 고려, 위탁 수하물의 분실 시와 동일한 방식으로 추적 서비스한다.

2차 수적 작업실시 후에도 발견이 안 될 경우 여객에게 미발견 사실을 통지하고, 추적서비스를 종료한다.

2 WORLDTRACER

1) WORLDTRACER

(1) WORLDTRACER 소개

기존 수하물 관련 시스템의 주요 기능인 추적과 관리의 기능을 통합, 보강하여 SITA가 개발한 Baggage System으로 타 항공사 이용 System과 완전한 Interface를 이룬 Baggage Tracing & Management System

(2) 주요 기능

① 기존의 Tracing 기능을 보강

② 추적 ↔ 보관 수하물 간의 입력된 Data 중 17개 Element를 상호 비교하여 System 내 추적작업

③ 현장에서 1, 2차 Tracing 구분 없이 항시 Tracing 진행과정 Follow-Up 가능

3 BAGGAGE CLAIM

1) Claim 접수

① 신속 정확한 Claim 처리 및 허위신고 방지를 위해 모든 Claim은 소정기일 내에 항공사에 서면으로 제출되어야 한다.

② 승객이 이의 없이 수하물을 수취한 경우에는 반증이 없는 한 해당 수하물이 양호한 상태로 인도된 것으로 추정한다.

2) 운송인의 책임

① 운송 항공사는 위탁 수하물의 파손, 분실의 경우 손해의 원인이 항공 운송 중 발생한 경우 그 직접적인 손해에 대해 책임을 진다.

② 배상 한도액(Warsaw Convention－1929, Hague Protocol－1959)

- 위탁 수하물 : kg당 USD 20 또는 그 상당액
- 휴대 수하물 : 1인당 USD 400 또는 그 상당액

※ 승객이 사전에 보다 높은 가격을 신고하여 종가요금을 지불한 경우에는 신고가격까지 배상받을 수 있다.

③ 몬트리올 협약(Montreal Convention－1999)

- 발효일 : 2003년 11월 4일
- 대상 국가 : Bahrain, Barbados, Belize, Botswana, Cameroon, Canada, Columbia, Cyprus, Czech Republic, Estonia, Greece, Japan, Jordan, Kenya, Kuwait, Mexico, Namibia, New Zealand, Nigeria, Panama, Paraguay, Peru, Portugal, Romania, Slovakia, Slovenia, Syrian Arab Republic, Yogoslav and Macedonia, United Arab Emirates, United Republic of Tanzania, United States 등 총 31개국(한국은 현재 미비준 국가임)
- 적용 구간
  - Montreal Convention 비준국가에서 출발한 왕복 예정
  - 출발지 국가와 목적지 국가가 모두 비준국가인 편도 여정

- 보상체제
  - Baggage : 수하물 사고 시 승객 1인당 1,000SDR(약 USD 1,430)
  - 사망이나 부상 시 : 최초 100,000SDR(약 USD 143,000)
  - 승객 지연으로 인한 보상은 4,150SDR(약 USD 5,934)

  ※ 1 SDR = USD 1.343(변동값)

3) 배상

(1) 배상기준

구 분	기 준	비 고
분실	• 분실수하물 Piece/Weight • 중량에 의한 배상 가능액(USD20/.KG) BIF 상의 금액 중 낮은 쪽 적용	중량 확인 불가 시 IATA "Table of Weight" 참고
파손	• 수리 시 영수증 증거 배상 • 신품 구입 시, 파손 수하물의 감가상각 후 배상	신품 구입 시 파손 가방은 회수함이 원칙
부분 분실	• 부분 분실된 물품의 중량에 대한 배상 가능액과 BIF상 금액을 비교하여 낮은 쪽 적용	
지연	• 일용품 구입비(OPE : Out of Pocket Expense)를 1인당 일정금액 한도 내에서 1회 한 지불 가능	일용품 구입비에도 지점장 재량 사용 가능함

(2) 지점장 재량권

지점장 재량권은 이용 CLASS에 따라 국내/국제 재량권이 다르며, 한도는 실제적으로 정해져 있지 않다. 항공사별로 지점장 재량권은 다르다.

제 9 장

WEIGHT & BALANCE

1 LOAD CONTROL의 개요

1) WEIGHT & BALANCE 개요

비행을 할 때, 그 비행의 임무에 관계없이 조종사는 반드시 항공기의 WEIGHT & BALANCE 상태를 확인 결정할 수 있어야 한다. 항공기 운항 발전 초기에는 항공기 탑재관리를 추측과 직관에 의해서 수행하였으며, 가끔 탑재관리에 실수를 범하여 운항에 심각한 상황을 초래하곤 하였다. 이러한 시행착오를 겪으면서 조종사들은 WEIGHT & BALANCE 기술을 습득하게 되었다. 오늘날엔 추측과 직관에 의한 방법으로 탑재를 수행하는 것은 허용되지 않으며, 탑재상태의 확인 결정을 위하여 확실한 원리에 입각한 간편하고도 체계적인 절차가 개발되었다. 따라서 조종사들은 이 절차를 익히고 정확한 판단을 하기 위해 훈련을 하여야 한다.

2) 탑재량 점검

비행 전에, 조종사들은 단순하고도 기초적인 중량 점검을 통하여 합당한 탑재가 수행되었는지 결정하게 된다. 이러한 점검은 조종사가 항공기의 Limitation에 익숙하고, 특별히 무거운 물건이 탑재되지 않은 경우는 암산으로 간단하게 수행될 수 있으나, Maximum Payload 및 Maximum Fuel이 탑재되는 경우는 신중한 계산을 하여야 한다.

현대 항공기의 대부분은 WEIGHT & BALANCE 한계 내에서 승객, 연료, 화물을 탑재해야 하므로, 각 노선과 유상탑재량 등에 따라 매 편마다 W/B 한계 내에 있는지 점검해야 한다. 이러한 상태를 점검하기 위해서 조종사는 각 항공기마다 탑재 한계를 알아야 하며, 이 정보는 WEIGHT & BALANCE SHEET, 기술지시, LOG BOOK 혹은 주요 개조 및 변경작업양식에서 구할 수 있다. 단순하게 생각하여 실재 탑재량이 탑재 가능량을 초과하지 않았을 경우 일단은 안전하다고 볼 수 있다.

3) WEIGHT & BALANCE 제한

항공기에 대해 준수해야 할 WEIGHT & BALANCE Limitation은 각 항공기에 따라 같지 않다. 항공기 이륙시의 최대 이륙중량은 모든 여건에서의 인가사항이 아니며,

공항온도와 해발고도, 활주로의 길이와 경사각, 이륙경로상 장애물의 크기, 바람의 세기, 그리고 운항노선 등에 따라 변화될 수 있다. 또한 대부분의 항공기는 탑재 가능 중량보다 적게 탑재를 하지만, 무게중심 한계를 초과하여 안정 및 조작에 심각한 문제를 야기할 수도 있다.

그러므로 조종사는 WEIGHT & BALANCE 계산에 근거하여 Limitation 초과 여부를 점검하여야 한다. 이와 같은 Limitation은 AIRPLANE FLIGHT MANUAL에 수록되어 있다. 그러나 우리가 실제 상용하고 있는 WEIGHT & BALANCE MANIFEST SHEET는 Limitation의 범위를 AIRPLANE FLIGHT MANUAL의 범위보다 축소시켜 놓았다.

이는 비행 중 승객의 이동, 연료의 소모 및 밀도 변화, 객실승무원의 기내 이동, 그리고 LANDING GEAR와 FLAP의 위치 변경 등을 고려, 축소 조정하였기 때문이다. 이 내용은 부록에서 자세하게 다루고자 한다.

2 WEIGHT & BALANCE 원리

1) 항공기 BALANCE의 원리

무게중심은 어떤 무게가 기준점으로부터 얼마만큼 떨어져 있는가에 따라 결정된다. [그림 9-1]같이 단순한 Weighing 장비로 쉽게 설명할 수 있다.

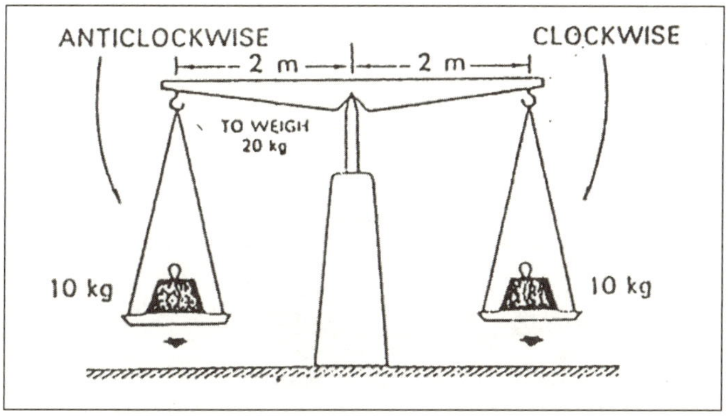

[그림 9-1]

시계 방향 MOMENT : 10kg × 2M = 20kgM
반시계 방향 MOMENT : 10kg × 2M = 20kgM

[그림 9-1]에서 무게와 거리(혹은 ARM)를 곱한 값이 같을 때 BALANCE를 유지한다고 말한다. 이때의 축이 되는 지점이 무게중심이다.

[그림 9-2]는 서로 다른 무게이나 BALANCE를 유지하고 있다.

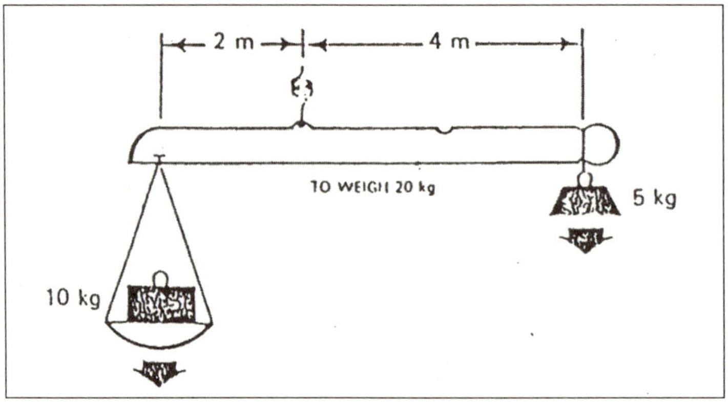

[그림 9-2]

5kg × 4M = 20kgM
10kg × 2M = 20kgM

이와 같이 항공기의 탑재도 Wing을 축으로 각각의 Moment에 의해서 Wing에서의 BALANCE 점이 결정된다.

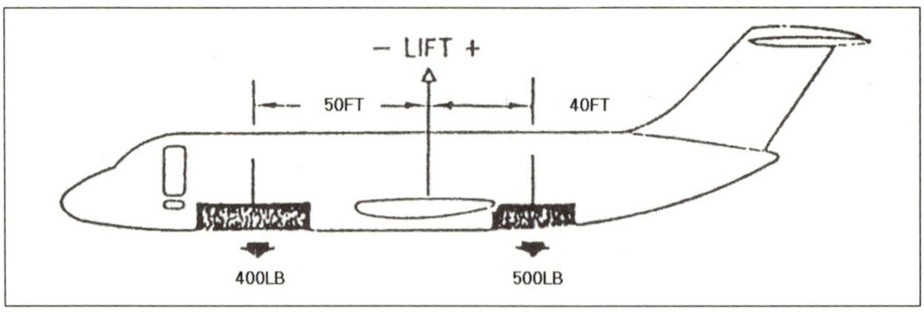

[그림 9-3]

FWD HOLD : 400 LB × 50 FT = - 20,000 LB FT
AFT HOLD : 500 LB × 40 FT = + 20,000 LB FT

[그림 9-3]에서 항공기는 탑재 전에 BALANCE를 유지할 수 있도록 제작되었으며, 또 탑재 후 BALANCE를 유지하고 있다. 그러나 비행을 하는 동안 완전한 BALANCE를 이루는 것은 불가능하므로 각 항공기에 따라서 안전 탑재 제한거리 또는 안전 탑재 제한중량이 설정되어 있다. 탑재가 이러한 제한 내에 있다면 Horizontal Stabilizer를 사용하여 Nose Up 또는 Nose Down으로 정확하게 균형을 통제할 수 있게 된다. [그림 9-4]

Horizontal Stabilizer를 set하는 것은 중심의 위치와 직접적인 관계가 있는 것으로서, 정해진 이륙활주거리 및 성능을 초과하지 않게 하는 데 목적이 있다. Horizontal Stabilizer를 사용하여 균형을 통제하는 것에 대해선 제8장(p. 183)에서 기술하려 한다.

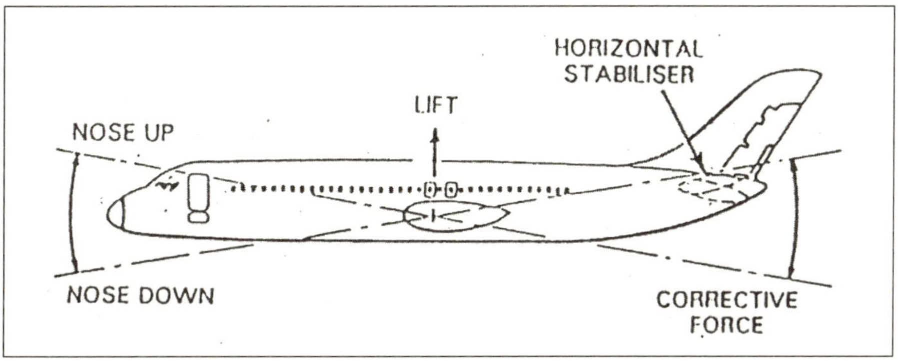

[그림 9-4]

이는 [그림 9-5]에서와 같이 손으로 눌러서 불안정한 상태를 안정된 상태로 되돌아가게 하는 것과 같다.

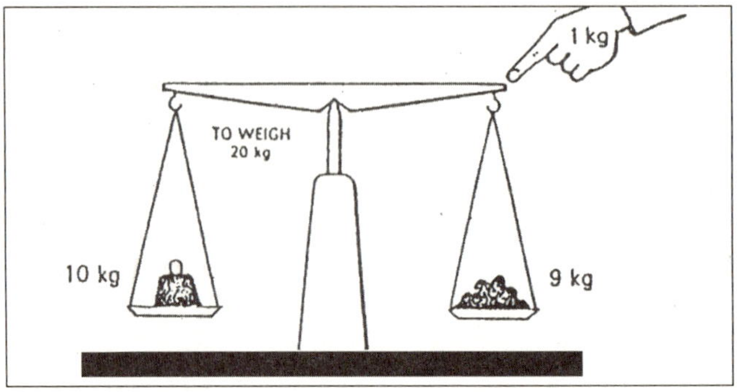

[그림 9-5]

Horizontal Stabilizer가 항공기의 Balance를 유지하게 할 수 있는 힘의 크기는 날개의 Lift점에서 부터의 거리와 크기에 따라서 결정된다.

2) 중심(CENTER OF GRAVITY)의 원리

물체 전체 중량이 중심점이라는 한 점에 집중되어 있다고 말할 수 있는 Point를 중심이라 한다. 가로대에서 축을 중심으로 한쪽의 Total Moment가 다른 쪽의 Total Moment와 같을 때 가로대는 Balance를 유지하나, C.G.와 축이 일치하지 않고 C.G.가 한쪽으로 치우쳐 있으면 그쪽으로 가로대가 기울어질 것이다.

(1) C.G. 변동의 예

[그림 9-6]에서 가로대 자체의 무게를 무시할 경우 C.G.는 축에 정확하게 놓여 있음으로 균형을 유지한다.

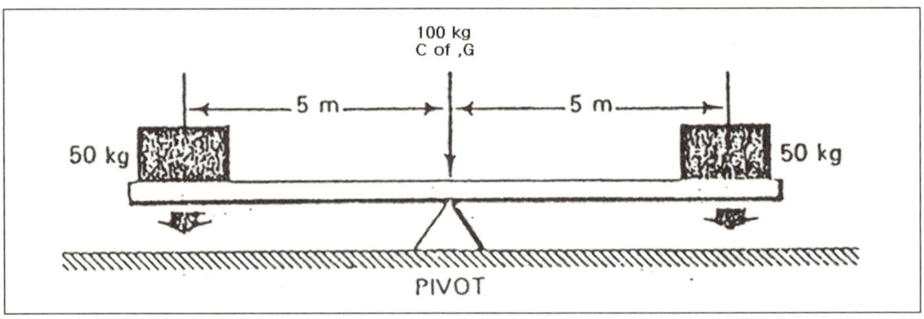

[그림 9-6]

(2) 큰 중량이 축의 왼편에 놓여있을 때, C.G.는 왼쪽으로 움직인다. 그러나 축이 왼쪽으로 1M만 이동한다면 균형을 이루게 된다.

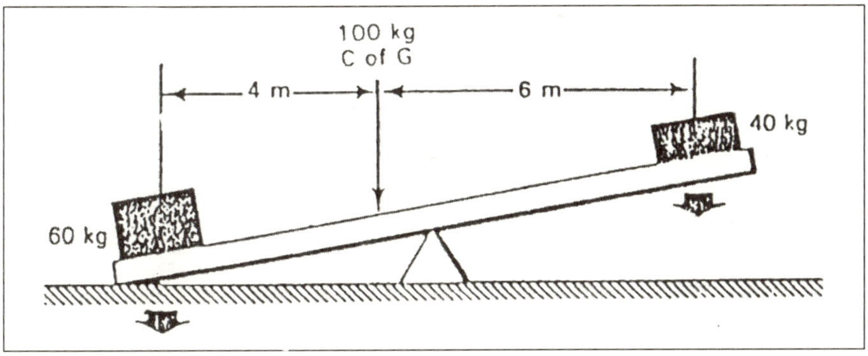

[그림 9-7]

(3) 가로대에 2개의 축이 있다면 Balance를 유지할 수 있는 범위가 커진다. [그림 8-8]에서 보듯이 무게중심은 (2)에서와 같지만, 두 축 사이에 C.G가 있으므로 가로대는 안정된다.

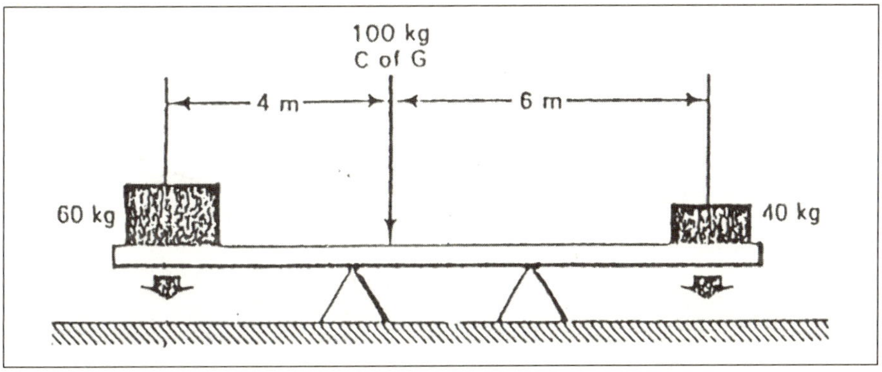

[그림 9-8]

(4) 그렇지만, 만약 보다 무거운 중량이 왼편 가로대에 놓이면 C.G.는 보다 왼쪽으로 움직여 두 축을 넘어가게 되어 균형을 이루지 못한다.

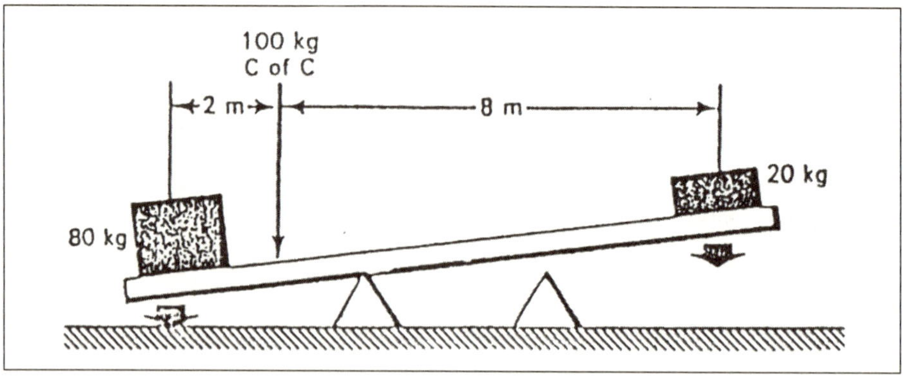

[그림 9-9]

위와 같은 원리가 항공기 탑재에 적용된다. 즉, C.G.가 항상 날개부분 안전 범위에 있어야 하며, 이 범위를 초과할 경우는 항공기를 통제할 수 없게 된다.

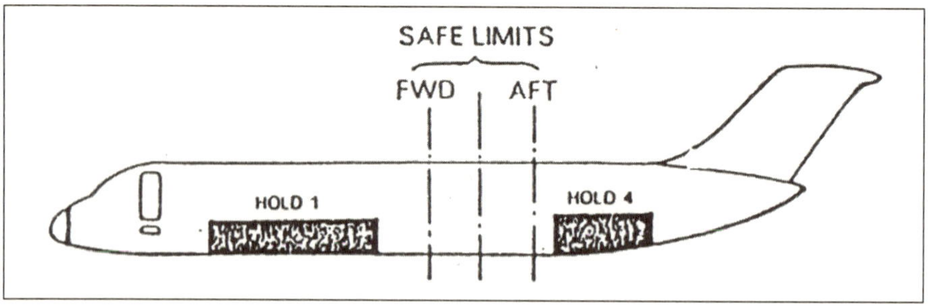

[그림 9-10]

3 항공기 WEIGHING

WEIGHT & BALANCE 업무를 수행하는데 있어 우선적으로 항공기 자체의 중량 및 중심을 측정하여야 하는데, 이 측정작업을 Weighing이라 한다.

다시 말해서 Weighing하는 것은 정확한 EMPTY WEIGHT와 C.G. 위치를 찾는데 있다.

한 번 Weighing을 한 항공기는 일정기간 동안 신뢰성을 유지한다. 그러나 영업에 투입하여 계속 서비스를 하는 동안 동체의 변형 및 수리 등의 이유로 WEIGHT & BALANCE가 변형될 수 있으며, 이러한 까닭으로 정기적인 Weighing을 실시한다. 그리고 주요한 개조작업 혹은 수리를 실시하였을 경우에도 Weighing을 실시한다. 또한 PILOT가 Nose 혹은 Tail이 무겁다고 Report하거나 WEIGHT & BALANCE 자료가 잘못되었다고 판단할 때 Weighing을 실시한다.

1) Weighing 장비

Weighing 장비는 항공기 크기에 따라서 다양하다. 중량이 무거운 항공기는 일반적으로 Commercial Type Platform Scales로 Weighing을 하며, 소형기는 Electronic Weighing(Jack 사용)을 실시한다. 어떠한 경우라도 각 Scale은 항공기 크기에 알맞은 것이어야 한다.

Weighing 시 Jack가 가장 일반적으로 사용되는데 이 경우 Jacking Point가 정해져 있으며, 이 지점에 고성능 Jack를 받치고 들어 올리는데 항공기 손상을 방지하기 위하여 받침대(Tare 혹은 Adaptor)를 사용한다.

당사에서는 Commercial Type Platform Scales로 Weighing을 하고 있다.

2) C.G. 계산

Commercial Type Platform Scales로 Weighing을 하는 방법은 마치 몸무게를 저울에 측정하는 것과 같다. Nose Gear와 Main Gear에서 걸리는 중량을 측정하여, 각기 그 지점의 Station Number로 곱하면 Moment가 산출되며, 각 지점의 Moment 및 중량을 합하면 Total Moment 및 항공기의 총중량을 산출할 수 있다.

그리고 Total Moment를 항공기의 총중량으로 나누어서 항공기 자체의 중심을 구할 수 있다.

Weighing을 실시하여 구한 수치와 중량을 가지고 BEW와 C.G.를 계산한다.

다음은 HL7251의 WEIGHT & BALANCE 예제이다.

SCALE POSITION	SCALE (LB)	A R M (LB)	ACT MOMENT (LB IN)
L. H. MAIN	33,060	698.2	23,082,492
R. H. MAIN	33,150	698.2	23,145,330
N O S E	6,980	135.0	942,300
T O T A L	73,190	(644.5)	47,170,122

$$C.G = \frac{\text{TOTAL MOMENT}}{\text{TOTAL MOMENT}} = \frac{47,170,122\ \text{LB-IN}}{73,190\ \text{LB}} = 644.5\ \text{IN}$$

위 예제에서도 알 수 있듯이, 보통 항공기 총중량의 90% 이상을 Main Gear로서 지탱한다.

4 항공기 중량의 종류

항공기가 운항함에 따라서 연료를 소모하게 된다. 그러므로 연료 탱크가 장착되어 있는 날개(Main Wing)의 무게는 점점 가벼워지게 되고 날개가 지탱할 수 있는 양력은 줄어들게 되어 날개와 동체가 분리될 가능성이 있다. 또한 기체가 견딜 수 있는 중량 이상으로 이륙이나 착륙을 할 경우 심각한 상황이 될 수도 있다. 그래서 항공기 제작 회사에서 이러한 면들에 대하여 각종 시험을 실시하여 항공기 구조상 안전을 유지할 수 있도록 중량한계(Weight Limit) 및 중심의 허용범위(C.G.Limit)를 설정하게 된다.

이러한 중량한계 및 중심의 허용범위를 벗어나게 되면 항공기 운항 중에 무리한 조작을 하게 됨은 물론, 심하면 심각한 사고를 유발할 가능성 즉, 항공기 구조상 위험을 초래할 가능성이 있기 때문에 중량한계 및 중심의 허용범위를 반드시 준수하여야 한다. 따라서 각 항공사는 항공기에 탑재를 할 때에는 규정된 제한 범위의 중량을 초과해서는 안 된다.

중량한계에는 중요한 것으로서 최대이륙 중량, 최대착륙 중량, 그리고 최대무연료 중량 등이 있다.

1) MAXIMUM DESIGN WEIGHTS

(1) MAXIMUM DESIGN WEIGHTS (MTW)

항공기가 자력 혹은 타력에 의하여 움직일 수 있도록 허용된 최대중량이며 MAXIMUM RAMP WEIGHTS라고도 한다.

MAXIMUM RAMP WEIGHTS = MTOW + TAXI FUEL

(2) MAXIMUM DESIGN ZERO-FUEL WEIGHT (MZFW)

항공기에 연료를 보급하지 않은 상태에서의 허용된 최대 중량이며, 항공기 날개 구조강도를 초과하지 않기 위해 제한한 중량이다. 즉, 항공기 동체에 탑재된 중량은 아래로 힘이 작용하고, 이에 반하여 이를 유지하고 비행하기 위한 힘은 날개에 모두 작용한다.

항공기 동체에 탑재된 중량이 제한치 이상이 되면 비행하기 위해서 이에 상응하는 힘이 날개에 작용해야 하는데 이 힘이 날개구조 강도를 넘어서는 안 된다. 따라서 날개강도에 의해서 동체에 탑재된 중량을 제한하고 있다.

또한 대부분 항공기에서 연료가 날개에 탑재되므로, 날개에 연료가 탑재되어 있을 때보다 날개에 연료가 없을 때, 날개에 미치는 힘이 더 크게 작용하게 된다. 그러므로 항공기 연료 탑재 시는 Wing Tank부터 실시하며, 연료 사용 시는 반대로 Center Tank부터 사용한다.

ZFW = SOW(운항자 중) + PLD(유상탑재량)

(3) MAXIMUM DESIGN TAKE-OFF WEIGHT(MTOW)

항공기가 Take-off Run을 시작할 때 허용된 최대중량이다.

항공기에 주어진 성능에 의하여 안전 항로를 따라 운항할 수 있도록 항공기 제작시에 이러한 요구 조건을 충족하도록 제한한 중량이다.

(M) TOW = SOW + TOF(TAKE-OFF FUEL) + (M)PLD

(4) MAXIMUM DESIGN LANDING WEIGHT(MLDW)

항공기가 착륙할 때 어용된 최대중량이다.

즉, 항공기 구조상 착륙 시에 충격을 충분히 흡수할 수 있는 중량의 최대범위이며, 이러한 충격의 힘은 조종사가 충분한 속도와 절차에 의하여 착륙하였을 경우에 한한다.

(M) LDW = TOW - TIF(TRIP FUEL)

2) OPERTIONAL WEIGHTS

최대이륙중량(MTOW) 및 최대착륙중량(MLDW)은 출발공항이나 도착공항에서 제한되는 상황에 따라 각 항공사에 의해서 규제되고 감소된다. 즉, 활주로 길이와 기울기, 공항고도, 공항온도와 바람의 방향 및 세기, 장애물, 활주로 강도, 소음경감 방식 등에 의해 규제된다.

이러한 모든 요소는 이착륙 Weight를 결정할 때에 계산되어야 하며 그것은 성능 및 허용 PAYLOAD의 계산에 영향을 준다.

(1) MANUFACTURER'S EMPTY WEIGHT (MEW)

항공기의 순수한 자체 중량으로서 가장 기본적인 중량이다. 이에는 동체, Engine, 항공기가 운항하는데 필수적인 각종 시설 및 항공기 Configuration에 따라서 장착된

장비의 중량이 포함된다.

(2) BASIC EMPTY WEIGHT(BEW)

항공기를 운용하는 회사에서 MEW에 포함되지는 않았지만 항공기 운항에 필요한 시설 및 자비를 추가로 장착하거나, 혹은 MEW에 포함은 되어있지만 운용에는 필요가 없어 장탈하든가 해서 변화한 중량이다.

일반적으로 BEW는 MEW에 Standard Item을 가감하여 계산된다.

AAR의 MEW에 추가한 Standard Item은 다음과 같다.

- UNUSABLE FUEL : 연료를 모두 사용하여 계기상에는 연료가 없을지라도, 료 탱크나 도관에 남아 있는 사용할 수 없는 연료
- ENGINE OIL
- FIRE EXTINGUISHERS
- PYROTECHNICS, EMERGENCY OXYGEN EQUIPMENT
- STRUCTURE IN GALLEY
- BUFFET, BAR 및 SUPPLEMENTARY ELECTRONIC EQUIPMENT
- FLY AWAY KIT BIN

(3) STANDARD OPERATING WEIGHT(SOW)

항공기의 표준운항 중량으로써 OPERATING EMPTY WEIGHT(OEW)라고도 표현하며, BEW에 공기를 운항하는데 필요한 항목(Operational Items)을 추가한 중량으로서 동일 항공기일지라도 비행의 종류 및 비행구간에 따라서 다르다. 조종사가 직접 접촉하는 WEIGHT & BALANCE 업무는 SOW가 기본이 되는 중량이며 여기에서부터 업무가 시작된다.

AAR의 BEW에 추가한 Operational Item은 다음과 같다.

- 운항, 객실승무원 및 휴대품
- 탑재 MANUAL과 NAVIGATIONAL EQUIPMENT
- 음식물, 음료수, SERVICE 품목 및 판매품
- FLY AWAY KIT

- TOILET FLUID AND CHEMICAL
- LIFE RAFTS

(4) PAYLOAD

Passenger, Passenger Baggage 및 Cargo의 중량으로서 항공사의 수입 단위가 되는 품목이다.

PLD = AGTOW - SOW - TOF = ZEW - SOW

(5) MAXIMUM PAYLOAD

항공기 구조상 PAYLOAD 탑재가 허용되는 최대 중량으로써 이 중량을 초과할 경우는 ZFW를 초과하므로 반드시 지켜져야 하는 중량이다.

MPOW = MZFW - SOW

(6) ALLOWABLE GROSS TAKEOFF WEIGHT (AGTOW)

TOW는 연료보급량, 이착륙 공항 활주로 상태, 연료소모량 및 예비연료 등에 따라서 제한을 받게 된다. 따라서 허용 이륙중량은 매 FLIGHT마다 산출되며 다음 4가지 조건 중 어느 한 가지도 초과해서는 안 되므로 이 중 가장 적은 수치가 ALLOWED TAKEOFF WEIGHT이다.

① MTOW

② MLDW + TRIP FUEL

③ MZFW + TAKEOFF FUEL

④ RUNWAY 허용 이륙중량

MANUFACTURER'S EMPTY WEIGHT

+ / −

BASIC EMPTY EIGHT

+

OPERATION ITEM

=

STANDARD OPERATION WEIGHT

+

PSGR, BAGGAE AND CARGO WEIGHT

=

ZERO FUEL WEIGHT

+

TAKE OFF FUEL

=

TAKE OFF WEIGHT

−

TRIP FUEL

=

LANDING WEIGHT

[그림 9-11] 항공기 운항 중량 구성도표

5 WEIGHT AND BALANCE 용어

WEIGHT & BALANCE를 계산할 때는 이와 관련한 많은 용어에 익숙하여야 한다.

이러한 용어들은 일반적으로 표준화되어 있지만 항공사에 따라서는 반드시 일치하게 사용하지는 않는다. 아래의 용어는 AAR의 용어이며, 타 항공사에서도 가장 보편적으로 사용하는 용어이다. 사용단위는 오류와 혼동을 막기 위하여 거리는 INCH, 중량은 POUNDS로 한다.

1) DATUM(REFERENCE DATUM)

어떤 물체의 중심을 산출하기 위해서는 중량 및 물체가 있는 위치가 정해져야 한다. 중량은 간단히 정의될 수 있지만, 위치는 어디서부터 설정해야 하는가 하는 문제가 야기된다. 어디에서부터 측정하는가 하는 이 지점을 기준선(Datum Line)이라 한다. 이 기준선은 항공기 Center Line 상 어느 부분이든 될 수 있으나, 우리가 사용하고 있는 운송용 항공기의 기준선은 대부분 항공기 기수로부터 일정한 거리를 두어 앞쪽으로 정해준다. 이는 모든 거리를 양수가 되게 하여 각종 계산 및 이용에 편리하게 하는데 목적이 있다.

DATUM은 제작사에서 설정한다. 허용 C.G Range의 위치는 DATUM에서부터 참조되어야 한다.

2) ARM OR STATION

Reference DATUM Line에서부터 기체의 어느 지점까지 Inch로 된 수평거리이며 Station number라 하기도 하며, ARM으로 사용되기도 한다.

당사 보유 항공기 중 B747-400은 Station Number와 ARM이 동일하지만, B767-300은 Station Number와 ARM의 수치가 다르다.

이는 B767-300 항공기는 B767-200의 기본사양에서 FWD INSERT와 AFT INSERT를 추가한 것이어서, B767-200 항공기에서 사용하던 Station Number와 ARM 수치의 동일성이 없어진 것이다. WEIGHY & BALANCE 업무수행 시는 반드시 ARM으로 계산한다.

[그림 9-12]는 B767-300의 Station Number와 ARM 사이의 전환 관계이다.

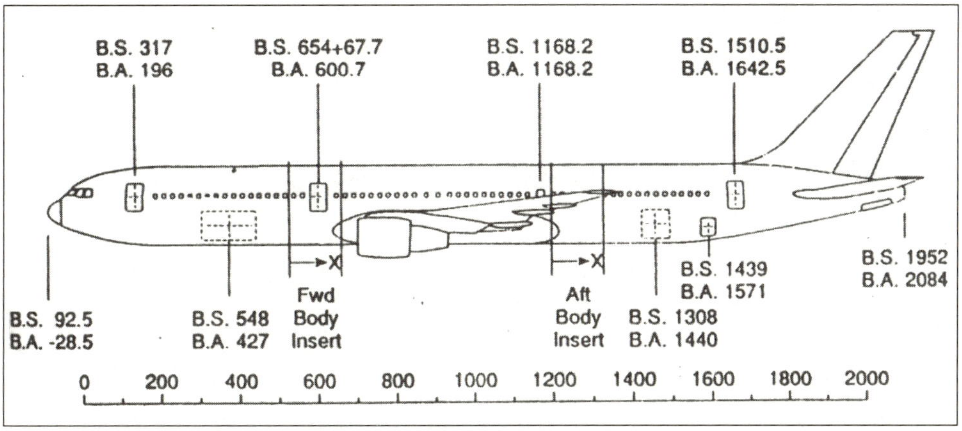

[그림 9-12]

3) C.G.(CENTER OF GRAVITY)

항공기를 어느 점에서 매달 수 있다면 균형점이 되는 곳을 말한다. 이는 항공기의 중량 중심이며 항공기의 모든 무게가 집중되었다고 가정되는 이론적인 점이다.

C.G는 항공기의 각 부분에 걸리는 모멘트의 총합계를 총중량으로 나누어서 구할 수 있다.

$$C.G. = \frac{\text{TOTAL MOMENT (LB-INCH)}}{\text{TOTAL WEIGHT (LB)}}$$

4) C.G. RANGE

항공기 사양에 지시된 전후방 C.G. Limit 사이의 거리이다.

5) C.G.LIMIT

CG가 이륙, 비행 중 및 착륙 시에 위치하여야 하는 범위를 말한다.

이 LIMIT는 AFM의 기준을 충족하여야 한다.

6) LEMAC(TE MAC)

MAC의 전방(후방) 끝이다.

7) MOMENT

MOMENT = WEIGHT × ARM

LB-IN 단위로 표시되며 TOTAL MOMENT = 항공기 중량 × C.G.의 거리

8) INDEX AND GRAPHIC LIMITS

비행은 최초 시작할 때부터 가장 동적인 산업의 하나였으며, 새로운 항공기가 계속해서 개발되고 오래된 비행기는 항상 개량되어 왔으며, Design의 개선이 대부분 항공기를 복잡하게 하였다.

따라서, 일반적인 AIRMAN이 운항 및 정비절차를 단순하게 수행하도록 하기 위해 새로운 Design을 개발하는데 많은 노력을 기울여 왔다. 이러한 Design 철학에 따라서 WEIGHT & BALANCE ENGINEER들은 단순한 방법을 개발하여 왔으며 그들은 현대 항공기에 WEIGHT & BALANCE 문제의 단순화를 실현하였다. Index Number와 Graphic Limit는 보통 사용되는 단순한 방법 중의 하나이다.

(1) INDEX NUMBER

항공기가 대형화되고 중량 및 ARM이 커짐에 따라서 Moment의 수치도 매우 큰 값을 갖게 된다. 이러한 Moment를 사용할 경우에 계산상 복잡하게 되고, 정확성 유지에도 문제점이 생긴다. 그래서 될수록 수치를 단순화할 필요성이 있다.

Moment를 사용이 용이하게 축소하여 놓은 것이 Index Unit (I.U.)이다. 즉, Index는 커다란 수치의 Moment를 축소하여 단순한 수치를 갖도록 일정한 상 수로 나눈 수치로, 공식으로는 다음과 같다.

$$\text{I.U.} = \frac{\text{WEIGHT} \times \text{ARM}}{\text{REDUCTION FACTOR}}$$

이는 가장 간단한 Index Unit 공식이다.

또한 ARM을 축소하기 위하여 허용 범위 내에 일정한 지점을 참조선으로 설정하여 이 참조선(Reference Station)으로부터의 거리를 사용한다.

$$\text{I.U.} = \frac{\text{WEIGHT} \times (\text{ARM} - \text{REFERENCE STATION})}{\text{REDUCTION FACTOR}}$$

위 식에서 ARM이 Reference Station 보다 앞쪽에 있다면 즉, Reference Station 보다 작다면 Index는 음수 (-)가 된다. 이러한 음수는 양수와 서로 혼란을 초래할 수 있어서 일정한 수를 더해서 모두 양수가 되도록 한다.

$$\text{I.U.} = \frac{\text{WEIGHT} \times (\text{ARM} - \text{REFERENCE})}{\text{REDUCTION FACTOR}} + \text{CONSTANT}$$

예 당사 항공기의 Index Unit를 비교해 본다.

$$\text{I.U.} = \frac{\text{WEIGHT} \times (\text{ARM} - 648.5)}{60{,}000} + 40.0 \ (\text{B737})$$

$$\text{I.U.} = \frac{\text{WEIGHT} \times (\text{ARM} - 972.6)}{300{,}000} + 55.0 \ (\text{B767})$$

$$\text{I.U.} = \frac{\text{WEIGHT} \times (\text{ARM} - 1323.6)}{550{,}000} + 60.0 \ (\text{B747})$$

I.U.는 상기 공식에 의해 산출할 수 있으며 Reference Station, Reduction Factor 및 Constant는 각 항공사 임의로 설정하여 사용할 수 있다.

따라서 위 식에서 보듯이 I.U.도 Moment와 마찬가지로 중량과 ARM만 알면 산출되는 것이다. 모든 WEIGHT & BALANCE 업무는 기준이 되는 중량(SOW)과 이에 따른 I.U.로부터 시작된다.

(2) C.G. LIMIT GRAPH

대부분의 항공기는 중량과 Operation Factor의 변화가 다양한 C.G. Limit로 제작하였다. 이 Limit는 항공기 Type Certificate Date Sheets로 되어 있다.

[그림 9-13]은 항공기 C.G. Limit의 전형적인 Graphic을 나타낸다.

여러 가지 WT에 대한 Limit 는 Graph를 점검함으로써 명백하게 알 수 있다.

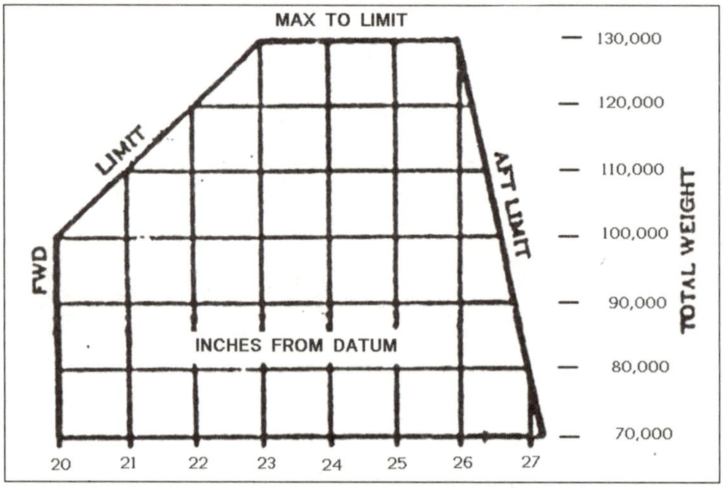

[그림 9-13]

중간 중량의 Limit는 표를 보거나 혹은 Graph의 산술계산으로 결정된다. Graph는 Percent MAC의 10등분으로 나누어서 가까운 근사치로 읽어야 한다. 예를 들면, 90,000 LB의 AFT LIMIT는 26.8% MAC으로 된다. Limit는 DATUM에서부터 inch로 표현한다. 그래프에서 Limit를 사용한 전형적인 문제의 예를 들면 다음과 같다.

> MAC STA 400 TO STA 560
> 115,000 LB의 CG LIMIT ?
> 그래프에서 CG LIMIT = 21.5%
> MAC의 길이 560-400 = 160 IN
> DATUM으로부터 LIMIT
> 160 × 0.215 = 34.4 IN AFT OF LEMAC
> 400 + 34.4 = 434.4 IN AFT OF DATUM

9) MAC(MEAN AERODYNAMIC CHORD)

MAC은 날개 각 부분의 Chord Line(날개 앞전부터 뒷전까지의 직선거리)의 평균치를 말한다.

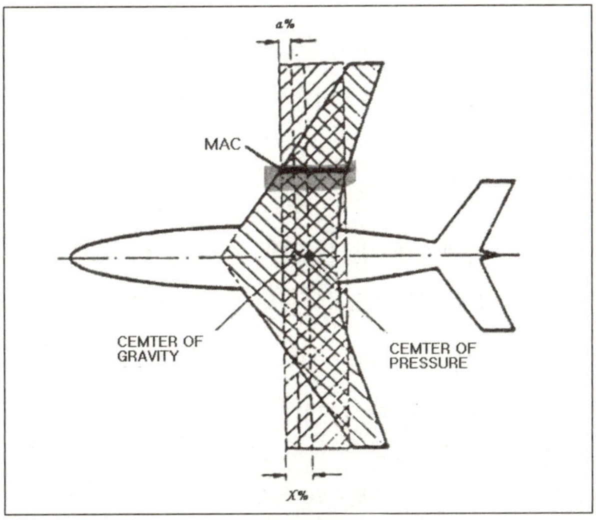

[그림 9-14]

항공기의 중심은 거리의 단위로 표시되는 것이 아니고 일반적으로 MAC의 백분율로 표시하므로 MAC의 길이 및 위치를 파악하여야 한다. 그러나 현대의 항공기의 날개는 기하학적으로 매우 복잡하게 제작되어 있으므로 MAC를 찾는 것이 용이하지 않다. 그래서 항공기 제작사에서 MAC의 위치 및 길이를 항공사에 제공한다.

$$C.G.\ \%\ MAC = \frac{ARM - LEMAC}{LEMGTH\ OF\ MAC} \times 100$$

$$ARM = \frac{\%\ MAC \times MAC}{100} + LEMAC$$

위의 식은 C.G. %MAC을 계산하는 공식으로서 DATUM으로부터 중심 위치까지 거리인 ARM이 MAX의 몇 %에 위치하는가를 나타낸다.

당사 항공기(B767 기종)의 %MAC은 아래와 같다.

LEMAC : 913.2 INCH

LENGTH OF MAC : 237.5 INCH

$$\text{C.G. \% MAC} = \frac{\text{ARM} - 913.2}{237.5} \times 100$$

예를 들어, 항공기 C.G.가 960.7inch이면, 중심은 20 %MAC이라 한다. 또한 %MAC을 알면 위 공식으로 중심의 위치 ARM을 구할 수도 있다.

10) STANDARD WEIGHT

WEIGHT & BALANCE 계산을 할 때 여러 가지 항목의 표준 중량을 선정하여 적용하고 있다. 이 중량은 실제 중량으로 사용되지는 않는다. 특히 Standard Passenger 중량은 Charter Flight 및 특별한 집단, 예를 들면 운동선수 집단, 어린이 집단 등의 WEIGHT & BALANCE 계산에는 적용되지 않는다.

당사의 표준 중량은 다음과 같다.

CACKPIT CREW	170 LB
CACKPIT CERW BAG	20 LB
CABIN CREW	150 LB
OIL	7.5 LB/U.S.GAL
WATER	8.35 LB/U.S.GAL
FUEL	6.7 LB/U.S.GAL
국내선 승객(HAND CARRY 중량 포함)	148 LB
국내선 어린이(만 3세 이상~만 13세 미만)	77LB
국제선 승객(HAND CARRY 중량 포함)	160 LB
국제선 어린이(만 3세 이상~만 13세 미만)	80LB
유아(만 3세 미만)	22LB
국내선 및 일본구간 BAGGAGE	20 LB
홍콩/방콕/싱가폴 BAGGAGE	40 LB
텐진구간 BAGGAGE	50 LB
사이공구간 BAGGAGE	75 LB
사이판구간 BAGGAGE	35 LB
호놀룰루구간 BAGGAGE	35 LB
미주구간 BAGGAGE	80 LB

* 위 자료는 1993. 6. 현재 자료이며 추후 변동 예상됨

6 중량의 변화 및 TRIM SETTING

조종사는 무게가 증가하고 감소하는데 따른 갑작스런 문제를 해결할 수 있어야 한다. 예를 들면, 조종사는 허용 C.G. Limit를 초과한 탑재가 되었을 경우에도 허용 C.G. Limit 안에 들 수 있도록 Loading 할 수 있어야 한다.

이 문제를 해결하는 가장 안전한 것은 승객 및 위탁 수화물의 위치를 변경하는 것이다. 이와 같이 조종사는 비행에 따른 항공기 안전에 필요한 탑재를 결정할 수 있어야 한다. 그리고 새로 할당한 위치가 정확한가를 결정할 수 있어야 한다. 이러한 결정을 하는데 도움을 줄 수 있는 표준 및 단순한 계산방법을 숙지하여 적용할 수 있어야 한다.

1) 중량 변경

탑재중량이 어떤 위치에서 다른 위치로 변경될 때 항공기의 전체 무게는 변화하 지 않지만, 전체 Moment는 중량이 움직이는 방향 및 거리에 따라서 변화한다. 중량이 앞쪽으로 움직일 때 Total Moment는 감소하며, 뒤쪽으로 움직일 때 Total Moment는 증가한다.

대부분의 항공기는 앞, 뒤의 Baggage Compartment를 가지고 있기 때문에 C.G.를 변경하기 위하여 Baggage의 위치를 이동할 수 있다.

이동된 거리 및 중량은 다음 공식에 의하여 산출할 수 있다.

- $W \times D = W' \times D'$
- W = 항공기 총 중량
- D = C.G.의 이동거리
- W′ = 이동되어야 할 중량
- D′ = 이동될 거리

예 1) TAKEOFF WT = 8,000 LB, C.G. = 77 IN일 경우 WT 100 LB를 ATM 30에서 150으로 옮겼을 때의 Moment 및 C.G. 변화는

(1) ARM 30에서의 MOMENT = 100 LB × 30 IN = 3,000 LB-IN

ARM 150에서의 MOMENT = 100 LB × 150 IN = 15,000 LB-IN

MOMENT CHANGE = 12,000 LB-IN

(2) TOTAL MOMENT = 616,000 + 12,000 = 628,000 LB IN

$$C.G. = \frac{TOTAL\ MOMENT}{TOTAL\ WT} = \frac{628,000}{8,000} = 78.5\ IN$$

△ C.G. = 78.5 IN - 77 IN = 1.5 IN

OR

8,000 LB × △ C.G. = 100 × 120 △ C.G. = 1.5 IN

예 2) TAKEOFF WT = 120,000 LB , C.G. = 16 % MAC, LEMAC = 625.6 IN MAC의 길이 = 134.5 IM일 경우 Moment가 100,000 LB IN 감소하였다면 변동된 C.G. % MAC은 얼마인가?

(1) 변경 전 C.G. = 625.6 + (134.5 × 0.16) = 647.12

OR C.G. % MAC 공식이용

$$16 = \frac{X - 625.6}{1.345}$$

변경 전 MOMENT = 120,000 LB × 647.12 IN = 77,654,400 LB-IN

(2) 감소 된 MOMENT = 77,654,400 LB-IN - 100,000 LB-IN

= 77,554,400 LB-IN

$$A\ R\ M = \frac{MOMENT}{WT} = \frac{77,554,400}{120,000} = 646.28$$

(3) $$C.G.\ \%\ MAC = \frac{646.28 - 625.6}{1.345} = 15.37$$

2) 승객 탑승에 의한 변동

[그림 9-15]는 B747-400 PAX기의 Passenger Zone Latout이다. 이 항공기는 출입문을 기준으로 다섯 개의 Zone으로 구분한다. 각 Zone 중간지점의 Station Number (ARM)를 기준으로 승객 1인당 일정한 중량을 단위로 하는 Index를 구한다.

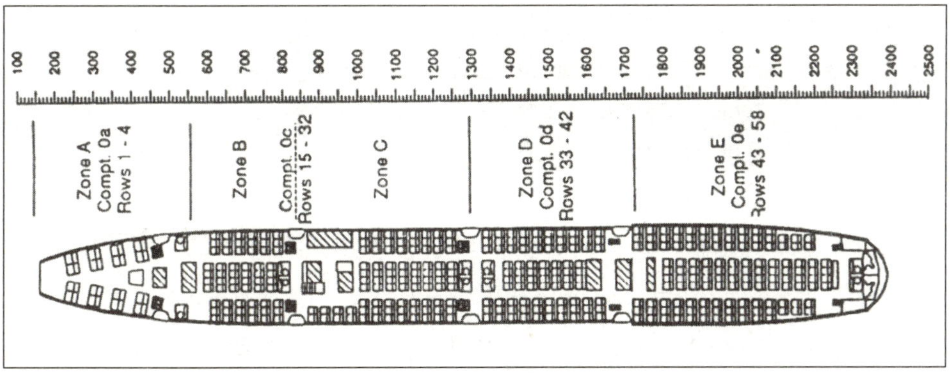

[그림 9-15]

$$\text{Index Unit} = \frac{\text{Weight} \times (\text{ARM} - 1323.6)}{550{,}000} + 60$$

위 공식은 B747-400 항공기에 적용되는 것이며, 음수를 없애주기 위한 상수 60은 total index에 대해서만 적용이 되는 것이다. 따라서 부분적인 index 산출의 경우에는 이 상수를 적용치 않는다.

각 Zone의 평균 ARM은 다음과 같다.

Zone A : 309 inch, Zone U/D : 680 inch, Zone B+C : 928 inch,
Zone D : 1,483 inch, Zone E : 2,001 inch

각 Zone의 평균 ARM을 이용하여 1인당 index 변화를 산출해 보자.
(1인당 160 LB 기준)

$$\text{Zone A : index} = \frac{160 \times (309 - 1323.6)}{550{,}000} = -\ 0.29$$

위와 같은 방법으로 각 Zone마다 1인당 index 변화를 구한다.

```
Zone U/D : index = - 0.19
Zone B + C : index = - 0.12
Zone D : index = + 0.05
Zone E : index = + 0.20
```

여기에서 운항하는데 기본적인 중량이 되는 SOW를 100,000 LB, 이때의 I.U.를 69.8이라 가정하자. 그리고(Zone A : 10명, Zone U/D : 30명, Zone B + C : 100명, Zone D : 80명, Zone E : 100명) 도합 320명의 승객이 탑승했다면 중량 및 중심이 어느 정도 변동하는가를 알아보자.

```
승객의 중량 : 160 LB/명 × 320 명 = 51,200 LB
변화된 총중량 : 400,000 LB + 21,200 LB = 451,200 LB
```

각 Zone별 Index 변화는 다음과 같다.

```
Zone A : - 0.29 × 10 = - 2.9
Zone U/D : - 0.19 × 30 = - 5.7
Zone B + C : - 0.12 × 100 = - 12.0
Zone D : + 0.05 × 80 = + 4.0
Zone E : + 0.20 × 100 = + 20.0
```

따라서 승객 320명이 위와 같이 탑승했을 경우의 total index 변화는 다음과 같다.

```
69.8 + (- 2.9 - 5.7 - 12.0 + 4.0 + 20.0) = 81.2
```

이상에서와 같이 승객 320명이 탑승할 경우, 중량은 51,200 LB 증가하고, index는 11.4 증가한다는 사실을 알 수 있다. index가 증가한다는 것은 중심이 뒤쪽으로 움직인다는 것이다.

3) 화물 탑재에 의한 변동

이것도 화물 탑승에 의한 중량 및 중심의 변동과 같은 원리로서 산출할 수 있다. 대부분의 항공기에는 하나 혹은 그 이상의 화물실(Cargo Compartment)이 있다. 각 Compartment에 대한 중심 ARM은 WEIGHT & BALANCE MANUAL 등에서 찾을 수 있으며 이 ARM을 이용하여 단위 중량에 대한 index를 산출한다. 이를 통해 각 Compartment 탑재량에 대한 중량 중심의 변동을 확인 산출할 수 있다.

(1) LINEAR LOAD LIMIT

항공기 구조상 탑재할 수 있는 중량한계 설정의 한 방법으로, 길이의 단위에 의하여 탑재가 허용되는 중량한계를 말한다.

(2) FLOOR LOAD LIMIT

면적에 대한 탑재 허용방법을 말한다.

■ 구조적 강도와 동체 강도한계(STRENGTH LIMIT)

항공기가 안전하게 운항하기 위해서는 탑재 시 FLOOR의 강도와 전체 동체 강도 한계를 초과하지 않도록 화물이 배분되어야 한다.

① 과도한 무게의 화물이 탑재될 때 축(POVOT) 위의 MOMENTS가 동일하다 할지라도 막대가 휘거나 부러질 경우가 발생한다.

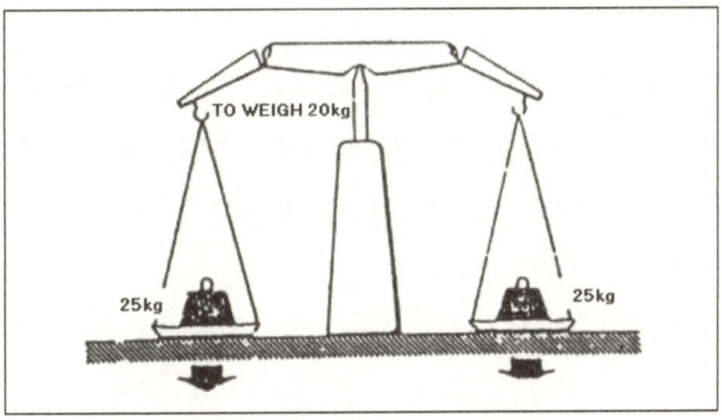

[그림 9-16]

항공기 동체에 탑재할 수 있는 화물의 양은 동체 강도에 달려 있다.

CABIN과 HOLD FLOOR는 BEAM을 엮어 놓은 다음 그 위에 FLOOR PANEL로 덮어놓은 것이다.

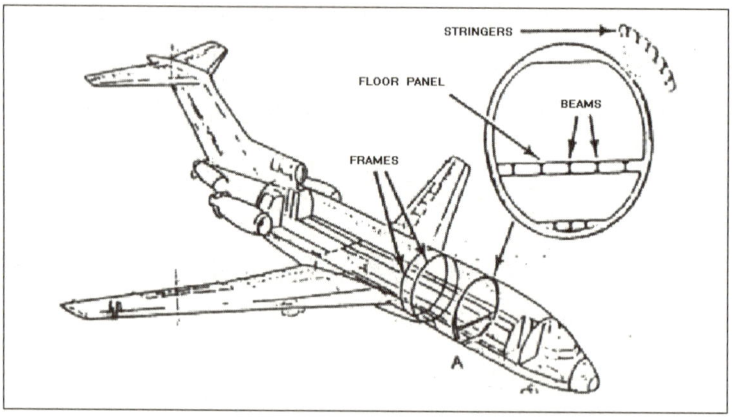

[그림 9-17]

② 일반 DESIGN LIMIT

FLOOR PANEL 위에 탑재된 화물의 무게가 주 동체구조로 전달된다. 제작자가 설정해 놓은 LIMIT를 준수한다면 탑재된 화물은 비행 중에는 날개의 양력에 의해 지지되고, 지상에 있을 때는 LANDING GEAR로 충분히 지지될 수 있도록 항공기는 제작되어 있다.

③ 동체 한계

항공기 제작자는 날개 전·후방 각 부분에서 허용될 수 있는 탑재량 한계를 정해 놓았다. 일반적으로 날개 근처의 동체 부분이 가장 견고하기 때문에 무거운 탑재물 일수록 이 부분에 탑재하고, 날개에서 멀어질수록 가벼운 화물을 탑재한다.

다음의 그림은 같은 탑재량을 2가지 방법으로 배분한 경우인데 [그림 9-18]의 b)는 잘못된 경우를 보여준다.

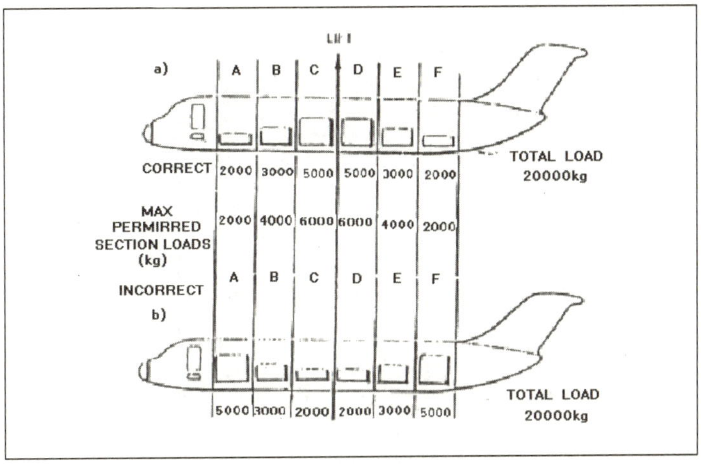

[그림 9-18]

전체 무게와 균형이 같고 중심도 안전 범위 내에 있지만 A와 F SECTION의 구조 강도를 초과하여 동체파괴를 초래할 수 있다.

④ CABIN HOLD별 COMBINED LIMIT(또는 CUMULATIVE LIMIT)

기종에 따라 동체부분에 COMBINED WEIGHT LIMIT이 설정되어 있는 항공기가 있다. 이는 화물이 탑재되는 HOLD와 바로 위의 CABIN COMPARTMENT의 TOTAL WEIGHT의 MAXIMUM WEIGHT를 설정하여, 위쪽 COMPARTMENT 혹은 아래쪽 HOLD에 너무 무겁게 탑재물이 실릴 경우 아래쪽이든 위쪽이든 어느 한쪽에는 가벼운 탑재물을 실어야 한다. 이러한 제한사항이 있는 항공기의 탑재 계획을 세울 때는 관련 항공기의 WEIGHT & BALANCE MANUAL을 참고하여야 한다. [그림 9-19]는 화물이 거의 FULL인 경우 항공기의 제한사항을 준수하면서 탑재한 경우이다.

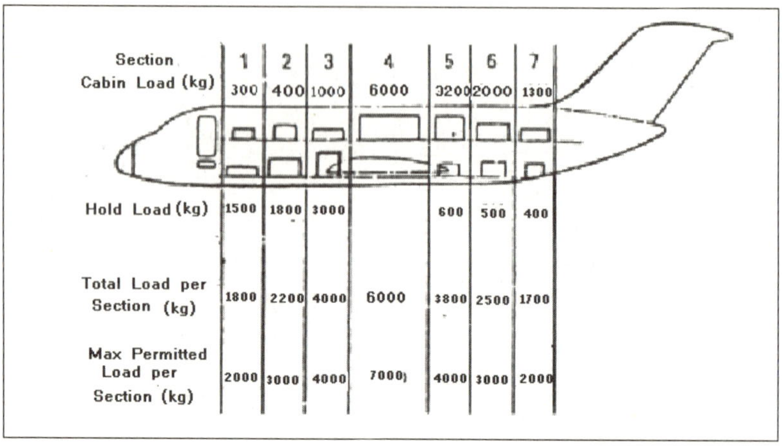

[그림 9-19]

여기서 주의해야 할 점은 각 COMPARTMENT의 MAXIMUM CAPACITY의 합계가 항공기 전체의 탑재 가능량은 아니다.

⑤ LOCAL STRENGTH (부분 강도)

[그림 9-20]에서 탑재물과 팬의 접촉 면적이 넓은 때는 팬은 충분히 무게를 지탱할 수 있다.

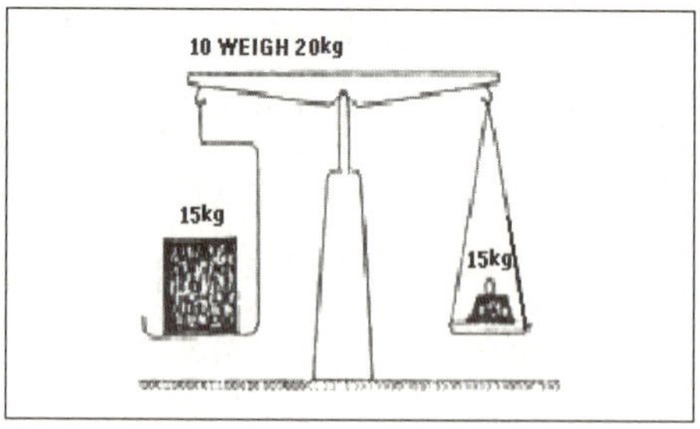

[그림 9-20]

[그림 9-21]은 15KG의 쇠공을 놓을 때 저울 막대의 전체 강도 한계는 벗어나지 않았으나 팬은 찌그러진다.

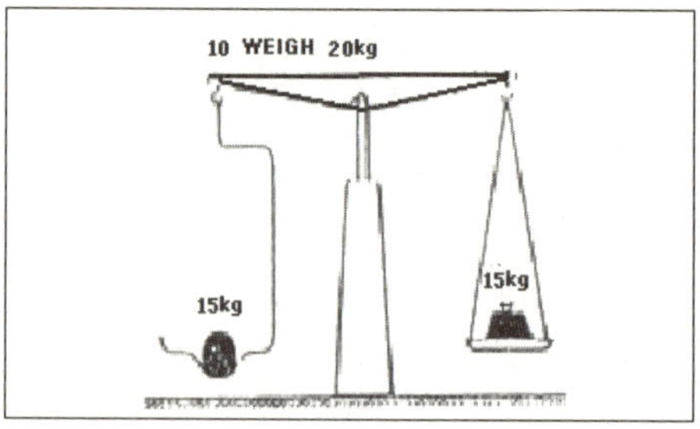

[그림 9-21]

[그림 9-22]는 두꺼운 나무판 위에 쇠공을 올려 팬의 한부분에 치우친 힘을 분산시키면 안전하게 탑재할 수 있다.

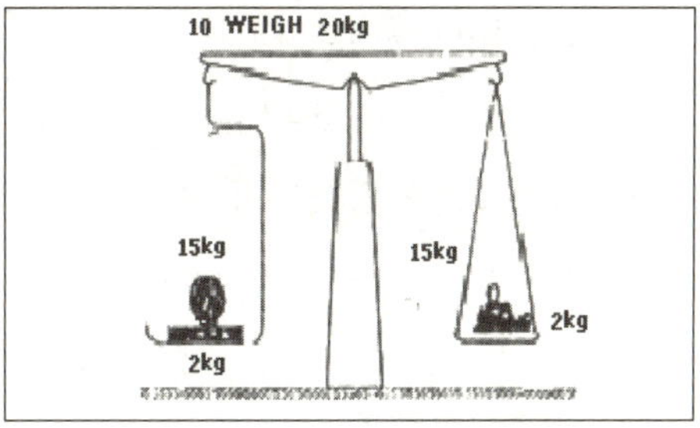

[그림 9-22]

마찬가지로 항공기의 HOLD FLOOR의 SQUARE FEET 혹은 METER 당 설정되어 있는 MAXIMUM CAPACITY는 WEIGHT & BALANCE MANUAL에 나타나 있다. 부피가 작으면서 무거운 화물이 HOLD별 제한 중량을 초과하지는 않았지만 FLOOR PANEL의 구조강도를 초과하게 될 때 화물의 접촉면적을 확장시키기 위해 스프레드를 사용한다.

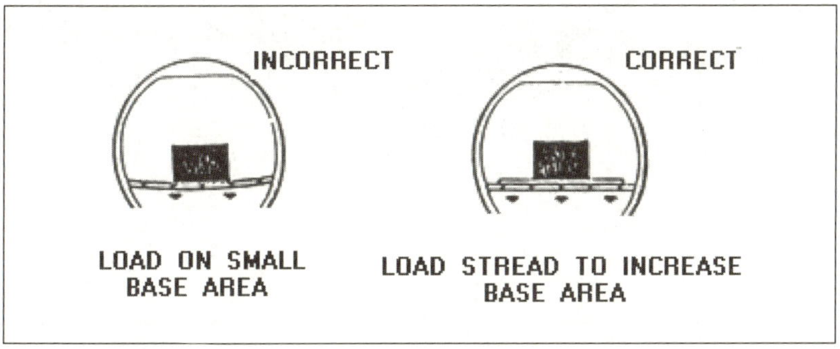

[그림 9-23]

4) 연료 탑재에 의한 변동

연료 탱크는 거의 날개(main wing)에 장착되어 있으며, 현재 운송용 항공기로 사용되고 있는 대형기의 경우 날개의 모양이 직사각형인 것은 거의 없고, 일정한 각도로서 뒤로 젖혀진 sweep back 모양이 대부분이다. 동체와 직각으로 날개가 장착되었다면 연료 탱크의 ARM은 항상 일정할 것이다.

즉, 연료탑재량에 따라 ARM은 변하지 않을 것이다. 이러한 경우라면 연료에 대한 index 산출이 용이하지만, 현대 항공기의 경우 거의 모든 항공기의 날개, 즉 연료 탱크는 sweep back형이기 때문에 연료를 탑재하는데 따라 ARM은 항상 변하게 된다. 따라서 연료에 의한 중심변동, 즉 index의 변화는 간단하게 계산되지 않는다.

[그림 9-24]는 당사에서 보유하고 있는 B747-400 항공기의 연료 탱크의 도해이다. 그림에서 알 수 있듯이 Center 탱크의 ARM이 Main이나 Reserve 탱크의 ARM 보다 작다. 즉, 더 앞쪽에 있다는 것이며, 같은 탱크라도 탑재량에 따라서 ARM이 달라진다.

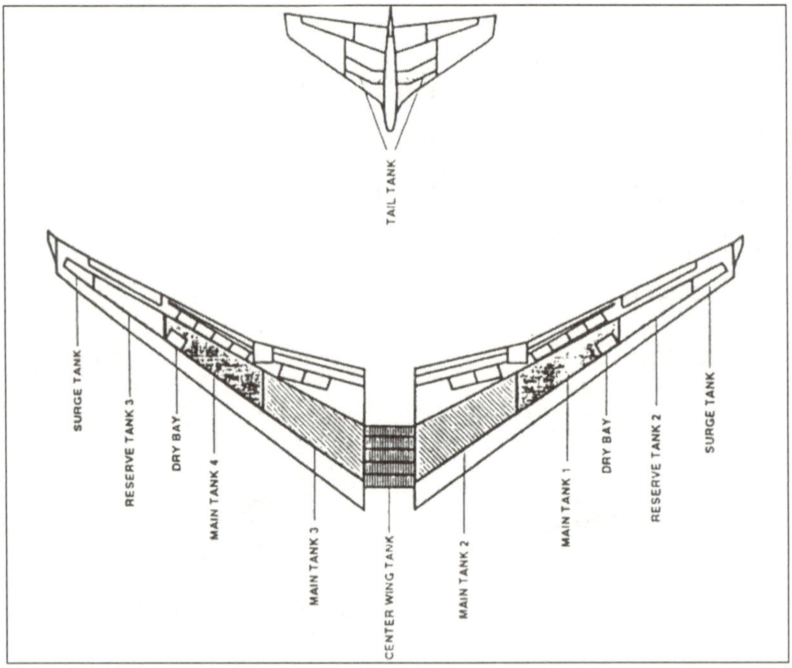

[그림 9-24]

연료를 탑재하는 방식에 따라 연료의 중량변화에 의한 index가 달라진다. 각각의 항공기에 연료 탑재하는 방식이 정해져 있는데, 통상적으로 Wing Tank 탑재 후 Center Rank, Tail Tank의 순이다. 그리고 모든 항공기는 연료 탑재시 좌우의 탑재량을 항상 같게 하는 것이 가장 중요하다.

각 탱크 연료량에 따른 ARM은 WEIGHT & BALANCE MANUAL에서 찾을 수 있으며, 전체 연료량에 따른 ARM도 구할 수 있다. 그러면 각 연료 탑재량에 따른 index 변화를 도출하게 된다.

[그림 9-25]는 연료 탑재량에 따른 index의 변화량을 나타내고 있다.

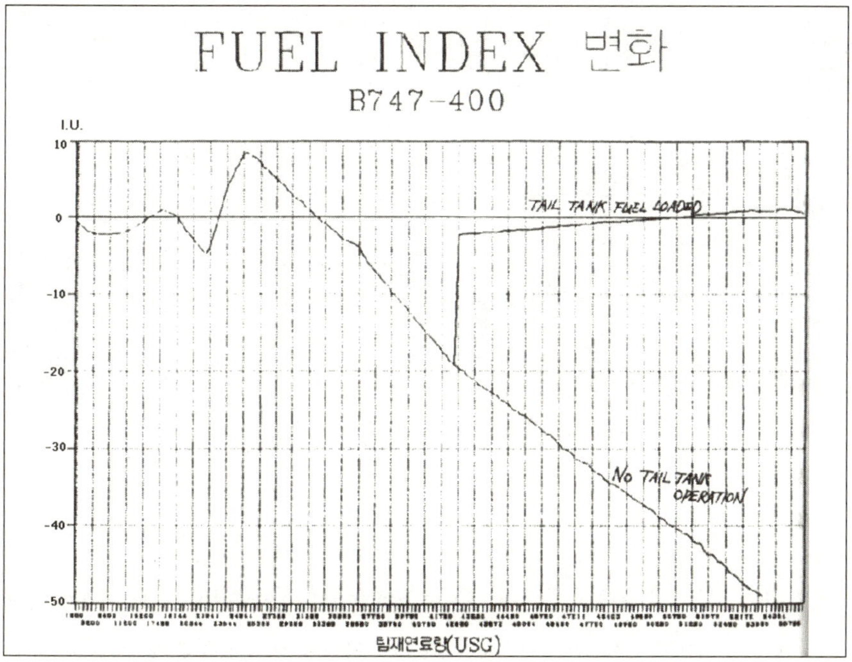

[그림 9-25]

5) STABILIZER TRIM SETTING

이륙 전에 C.G. 위치를 결정하고 이 C.G. 위치에 따라서 Stabilizer Trim을 Set 하여야 한다. 부적절한 Trim Set를 하였을 경우는 Elevator로 Control 할 수 없는 경우가 발생하여 이륙 중 VR 속도에서 Nose Up이 불가능해지거나, 조작 불능상태로 Nose가 Pitch 될 수도 있다.

Horizontal Stabilizer의 위치에 따라 항공기의 기수를 들어주는 힘이 결정되는데, 이것을 결정하는데 직접적인 관련이 있는 것이 중심의 위치이다. 즉, 중심이 앞쪽에 위치한다면 기수를 더 많은 힘으로 들어야 하고 뒤쪽에 있다면 적은 힘으로 들어 주어도 된다.

이륙 후의 Trim Set는 조종사가 Min Control Pressure로 비행을 할 수 있으며, 이륙 시는 이륙 전에 C.G. 위치에 따라서 Trim Set를 하여야 한다.

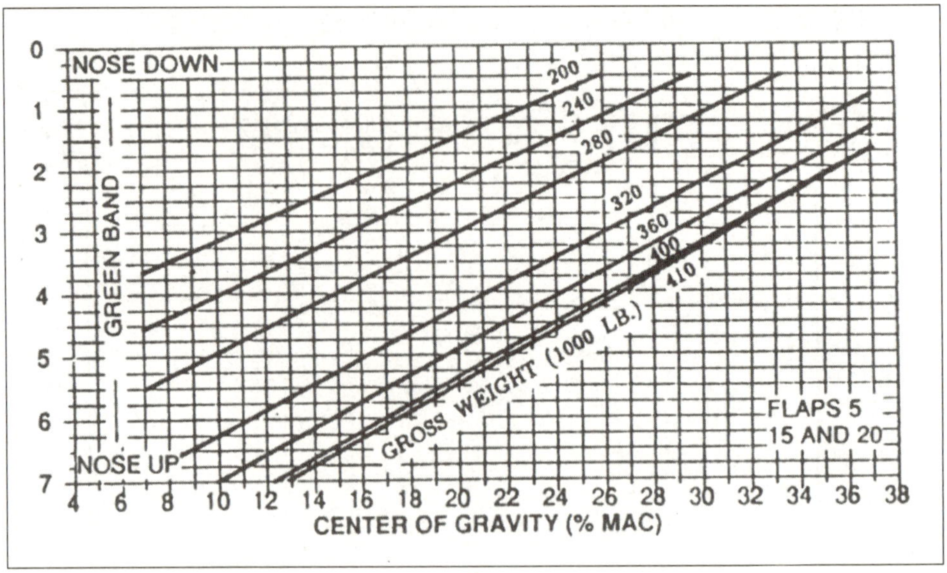

[그림 9-26]

[그림 9-26]은 B767-300 항공기의 Trim Setting을 항공기의 무게중심에 대해서 나타낸 것이다. 중심이 20 % MAC이고 이륙중량이 280,000 LB일 경우, Take-off Trim은 3에 Setting 해야 한다.

이륙시 Horizontal Stabilizer의 Trim Setting을 할 경우에 계산된 항공기 중량과 실제 항공기 중량 사이의 오차는 ±0.5 %MAC까지는 허용된다.

제 10 장

INCAPACITATED PASSENGER

1 INCAPACITATED PASSENGER

1) 정의

Incapacitated Passenger란, 승객의 육체적·의학적 또는 정신적 상태가 항공기 탑승, 하기 시 및 기내에서 일반 승객에게는 제공되지 않는 개인적인 도움이 필요한 승객을 말한다. 즉, 신체적 혹은 의학적 상태가 항공사의 특별한 도움이나 배려를 필요로 하는 승객을 통칭하며 임산부를 포함, 노약자, 병약한 자, 장애자 및 일반 환자승객 등을 포괄한다.

■ IATA PSC Recommend Practice 1700 1.1.1

> Incapacitated Passengers shall be defined as those with physical or mental disability ; or with a medical condition, who require individual attention or assistance on enplaning/deplaning, during flight and during ground handling which is normally not extended to other passenger.
> This requirement will become apparent from special requests made by the passengers and/or their family or by a medical authority, or from obvious abnormal physical or mental conditions observed and reported by airline personnel or industry-associated persons (travel agents, etc.)

2) 분류

AIRIMP Code에 의한 분류

(1) MEDA(Medical Case)

항공 여행을 위해 해당 항공사로부터 사전 의학적 허가를 득해야 하는 경우의 승객

(2) STCR(Strecher Passenger)

정상적으로 승객 좌석을 이용할 수 없는 경우로 항공 침대(Strecher)를 이용해야 하는 승객

(3) OXYG(Oxygen)

기내에서 산소통을 사용해야 하는 승객

(4) WCHR, WCHS, WCHC

구 분	내용 설명	
WCHR	For Ramp	자력으로 항공기 탑승, 하기 가능, Ramp 이동 시, Wheelchair SVC 필요 승객
WCHS	For Step	자력으로 기내 왕래는 가능, Ramp 이동 시와 항공기 Step 이동 시, Wheelchair SVC 필요 승객
WCHC	For Cabin	자력으로 전혀 이동이 불가한 상태, 기내에서도 Wheelchair SVC 필요 승객

(5) BLND(Blind Passenger) : seeing eye dog 동반

■ BLND의 구분

① Accompanied Blind Passenger(동반맹인) : 성인에 의하여 동반되는 맹인은 일반 손님으로 간주된다.

② 맹인견(Seeing Eye Dog)에 의해 동반되는 맹인 : 맹인견은 별도의 요금 징수 없이 다음 조건 하에서 운송이 가능하다.

- 공인된 기관의 인증서(ID)를 소지한 경우
- 하네스(Harness)를 착용한 경우
- 목적지 국가 또는 경유지 국가의 검역절차 기준에 부합
- 장거리 여행일 경우 연결지에서 음식공급이 가능하며 음식물의 준비 및 비용 처리는 손님에 의해 이루어져야 한다.
- 비행 중 손님의 발아래에 위치

③ 비동반 맹인(Unaccompanied Blind Passenger)은 다음의 조건이 만족되는 경우에만 운송을 허가한다.

- 스스로 보행이 가능해야 한다.

- 제3자의 도움 없이 식사 및 개인의 용무가 가능해야 한다.
- 출/도착지 공항에서 해당 손님을 보조/지원할 수 있는 보호자가 있어야 한다.
- 이원여정이 있는 비동반 맹인의 운송은 우선 receiving carrier의 운송 승인 여부가 확인된 후 운송한다.

(6) DEAF(Deaf Passenger) : Hearing Dog 동반

3) 운송 제한, 거절 승객

아래와 같은 경우 항공사는 승객의 운송을 제한 또는 거절할 수 있다.

① 여객이 인명 또는 재산의 안전을 위한 정부기관 또는 항공사의 지시나 요구에 따르지 않는 경우

② 정부의 적용 법률, 규정 또는 명령의 준수를 위하여 필요한 경우

③ 여객 또는 수하물의 운송이 타여객이나 승무원의 안전, 건강에 위해를 끼치거나 안락에 상당한 영향을 미칠 수 있는 경우

④ 주류, 약물로 인한 손상을 포함하여 여객의 정신적·신체적 상태가 여객 자신, 타 승객, 승무원 또는 재산에 유해하거나 위험을 초래할 수 있는 경우

⑤ 여객이 이전의 어느 항공편 탑승 중 부당 행위를 하고 항공사가 그러한 행위가 다시 발생할 수 있다고 판단할 충분한 이유를 가진 경우

⑥ 여객이 항공권의 명의인과 동일인 여부 확인 목적으로 항공사 또는 그의 지정 대리인이 요구하는 신분증 제시를 거부하거나 본인임을 스스로 증명하지 못하는 경우

⑦ 여객이 신체 또는 소유물에 대한 보안 검색을 거부하는 경우

⑧ 여객이 통과지 국가 또는 서류가 미비된 국가에 입국시도 목적으로 여행 서류를 파기, 변경, 위조하거나 확인증 발급 조건으로 항공사가 보관을 위하여 요구하는 여행서류의 제출을 거부하는 경우

⑨ 여객이 불법적으로 취득하였거나 항공사 또는 그의 임명 대리점 이외의 자를 통하여 구입했거나 분실, 도난 신고되었거나 위조된 항공권을 제시하는 경우

- 단, 선천성 지체부자유자, 아자(啞者), 청각장애인은 제외되며 행동이 정상적이고 항공여행에 불편이 없다고 판단되는 경우에는 일반승객과 동일하게 취급된다.
- 비동반, 장애자, 임산부, 질환자. 이같은 여객은 사전에 항공사로 통보하여 운송이 수락된 후에 탑승이 가능하다.

4) Medical Auth(의학적 허가)

Incapacitated Passenger의 안전한 운송을 위해 예약 시 사전에 항공사로부터 승객의 Medical Auth를 득해야 하는 경우가 있다.

(1) 필요한 경우

① 걷지 못하고 움직일 수 없는 마비가 있는 승객
② 정신질환자, 약물중독자
③ 비행 중 주사나 산소공급 등의 특별 처치가 필요한 승객
④ STCR 승객
⑤ 심근경색, 협심증, 심부전 등의 심혈관계 질환이 있는 환자 및 심장수술을 받은 경우
⑥ 만성 폐쇄성 폐질환, 천식, 폐렴, 폐수종, 기흉 등의 호흡기계 질환이 있는 경우
⑦ 최근 수술을 받은 경험이 있는 경우
⑧ 32주 이상의 임산부
⑨ 생후 1주 이내의 신생아 등

(2) 필요하지 않은 경우

① 공항에서 걸을 수 없는 승객으로 Wheelchair를 요청하는 경우
② 시청각 장애자
③ 약한 장애(Handicaps)를 가진 승객으로 특별한 좌석 배정이나 기타의 배려를 필요로 하는 경우
④ MEDA Handling은 필요하지 않으나 항공기 탑승전 상태 확인을 통해 필요 시 의학적 조언을 구해야 하는 승객

⑤ 32주 이상 임신상태에 있는 승객

⑥ 2주 미만의 신생아

5) Incapacitated Passenger Handling 절차

(1) 운송 조건

① INCAD Form(병약승객 운송 신청서) 작성

② 서약서 작성

③ 보호자 동반 : 여행 중 승객을 보호할 보호자나 의사, 간호사가 동반해야 한다.

■ 보호자 미동반 시

- 승객이 보호자 없이도 여행이 가능하다는 것을 의사가 보증하는 경우
- 환자의 상태가 심각하거나 위중하지 않을 경우
- Wheelchair를 사용하는 환자가 거동불편(Handicap) 승객

(2) 업무 절차

① 판매 점소

- INCAD 3부 및 환자 승객 건강상태 Check-List 접수
- 서약서 접수
- 운송 승인요청 Message 발송
- 관련부서의 허가를 득한 후 "INCAD Travel Information" Message 발송

② 출발지 공항

- 전담직원 편성, Seat Block, 관련 서류/양식 준비, 필요 시 CIQ 협조
- 승객 Show-Up 시 승객의 건강상태 및 여행 가능여부 재확인
- Wheelchair, STCR 등 의료 보조장비 준비, 기내 사무장에게 내용 고지
- 항공기 출발 후 도착지/경유지 공항 및 관련 부서로 Message 송부

(3) 병약 승객 Pre-screen 절차

① 사전 Medical Auth를 득한 승객이거나 WCHR, WCHC 신청 승객은 수속 시 반드시 관리자에 의해 승객 건강상태를 확인한다.

② 탑승 수속 및 탑승 시 건강상태가 좋지 않은 승객은 질환 여부 및 현재 상태에 대해 문진을 실시한다.

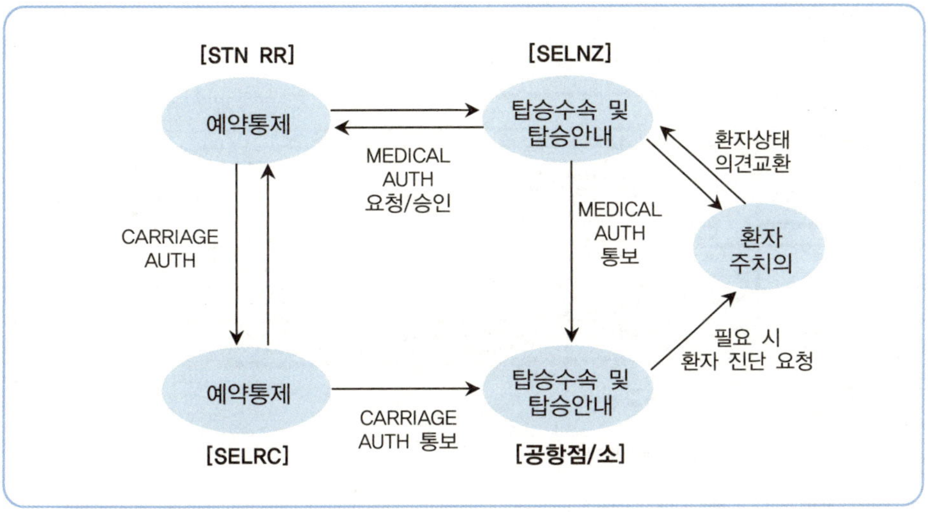

[그림 10-1] 정상 예약 승객 처리 절차

[INCAD Part 1]

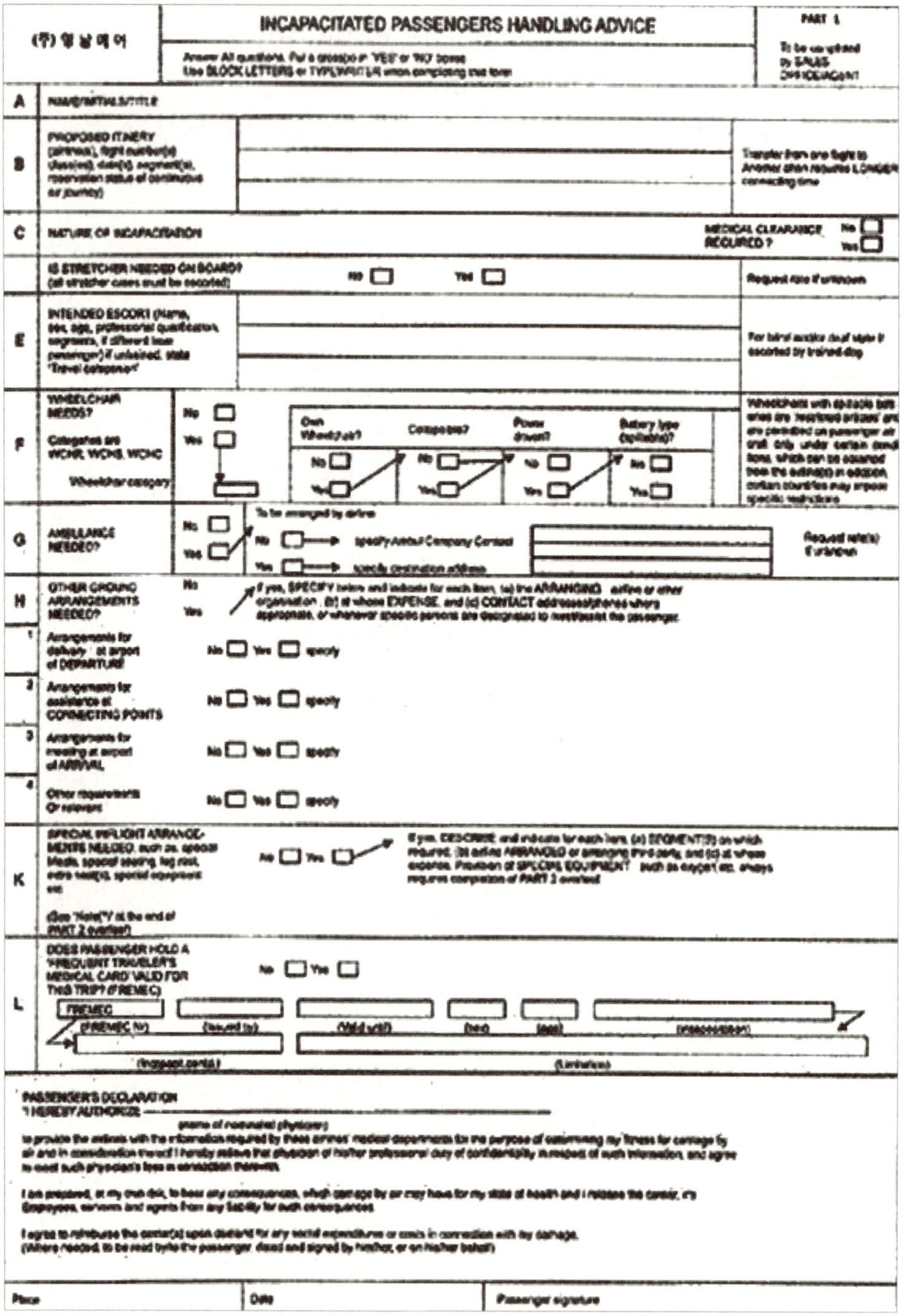

INCAPACITATED PASSENGERS HANDLING ADVICE

PART 1

Answer All questions. Put a cross(x) in 'YES' or 'NO' boxes
Use BLOCK LETTERS or TYPEWRITER when completing this form

To be completed by SALES OFFICE/AGENT

A. NAME/INITIAL(S)/TITLE

B. PROPOSED ITINERARY (airline(s), flight number(s), class(es), date(s), segment(s), reservation status of continuous air journey) — Transfer from one flight to another often requires LONGER connecting time

C. NATURE OF INCAPACITATION — MEDICAL CLEARANCE REQUIRED? No / Yes

IS STRETCHER NEEDED ON BOARD? (all stretcher cases must be escorted) No / Yes — Request rate if unknown

E. INTENDED ESCORT (Name, sex, age, professional qualification, segments, if different from passenger) If untrained, state 'Travel companion' — For blind and/or deaf state if escorted by trained dog

F. WHEELCHAIR NEEDS? No / Yes — Categories are WCHR, WCHS, WCHC — Wheelchair category — Own Wheelchair? No / Yes — Collapsible? No / Yes — Power driven? No / Yes — Battery type (spillable)? No / Yes — Wheelchairs with spillable batteries are 'restricted articles' and are permitted on passenger aircraft only under certain conditions, which can be obtained from the airline(s). In addition, certain countries may impose specific restrictions

G. AMBULANCE NEEDED? No / Yes — To be arranged by airline — No → specify Ambul Company Contact — Yes → specify destination address — Request rate(s) if unknown

H. OTHER GROUND ARRANGEMENTS NEEDED? No / Yes — If yes, SPECIFY below and indicate for each item, (a) the ARRANGING airline or other organisation, (b) at whose EXPENSE, and (c) CONTACT addresses/phones where appropriate, or whenever specific persons are designated to meet/assist the passenger.

1. Arrangements for delivery at airport of DEPARTURE — No / Yes / specify
2. Arrangements for assistance at CONNECTING POINTS — No / Yes / specify
3. Arrangements for meeting at airport of ARRIVAL — No / Yes / specify
4. Other requirements Or relevant — No / Yes / specify

K. SPECIAL INFLIGHT ARRANGEMENTS NEEDED, such as special Meals, special seating, leg rest, extra seat(s), special equipment etc. (See 'Note(*)' at the end of PART 2 overleaf) — No / Yes — If yes, DESCRIBE and indicate for each item, (a) SEGMENT(S) on which required, (b) airline ARRANGED or arranging third party, and (c) at whose expense. Provision of SPECIAL EQUIPMENT such as oxygen etc. always requires completion of PART 2 overleaf

L. DOES PASSENGER HOLD A 'FREQUENT TRAVELER'S MEDICAL CARD' VALID FOR THIS TRIP? (FREMEC) No / Yes — FREMEC (FREMEC Nr) (Issued by) (Valid until) (sex) (age) (incapacitation) (Instant cards) (Limitation)

PASSENGER'S DECLARATION
"I HEREBY AUTHORIZE ______________________
(name of nominated physician)
to provide the airlines with the information required by these airlines' medical departments for the purpose of determining my fitness for carriage by air and in consideration thereof I hereby relieve that physician of his/her professional duty of confidentiality in respect of such information, and agree to meet such physician's fees in connection therewith.

I am prepared, at my own risk, to bear any consequences, which carriage by air may have for my state of health and I release the carrier, it's Employees, servants and agents from any liability for such consequences.

I agree to reimburse the carrier(s) upon demand for any special expenditures or costs in connection with my carriage.
(Where needed, to be read by/to the passenger, dated and signed by him/her, or on his/her behalf)

Place	Date	Passenger signature

[INCAD Part 2]

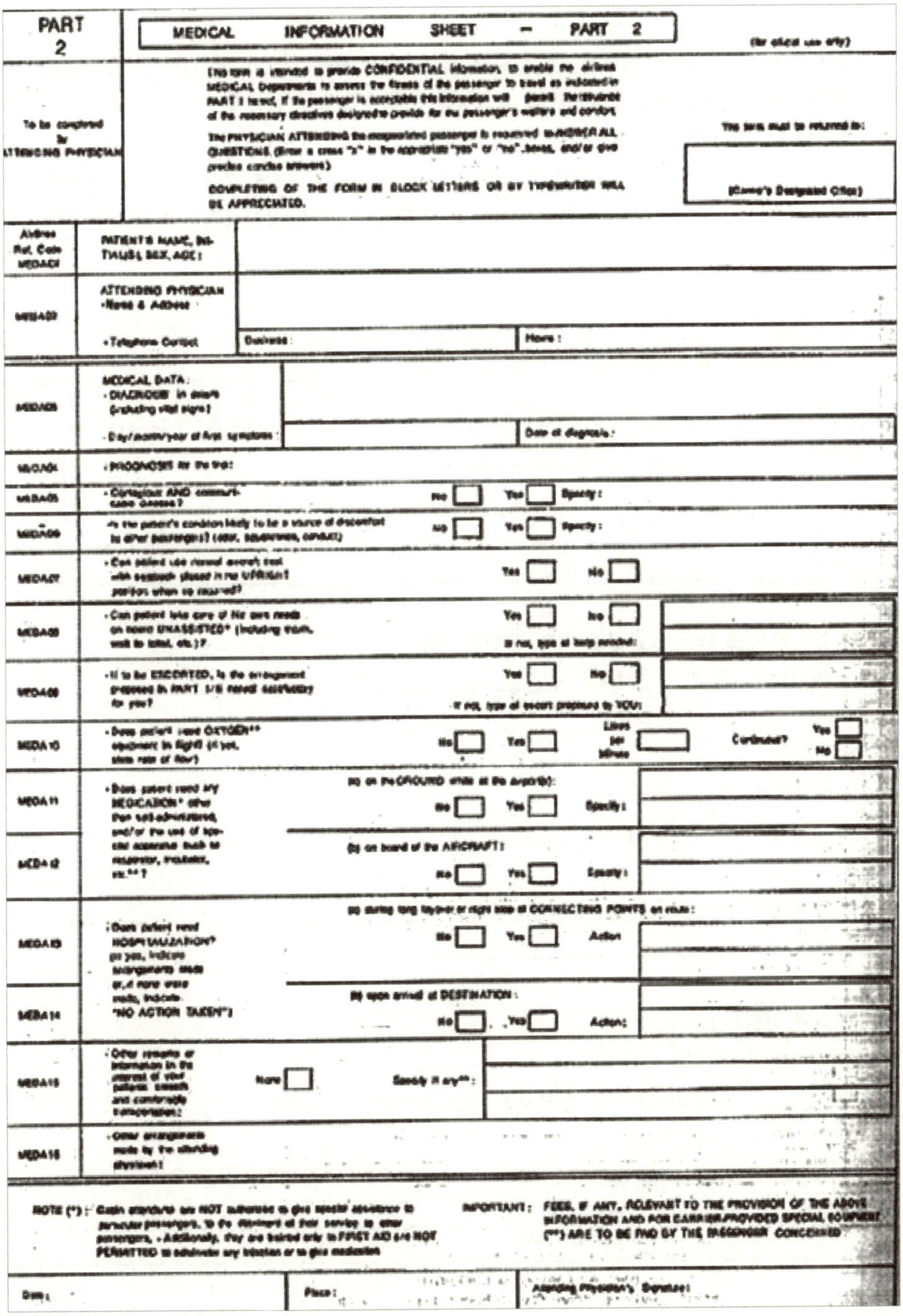

PART 2 | MEDICAL INFORMATION SHEET – PART 2

To be completed by ATTENDING PHYSICIAN

COMPLETING OF THE FORM IN BLOCK LETTERS OR BY TYPEWRITER WILL BE APPRECIATED.

(Carrier's Designated Office)

Airline Ref. Code MEDA01	PATIENT'S NAME, INITIALS, SEX, AGE :	
MEDA02	ATTENDING PHYSICIAN · Name & Address · Telephone Contact	Business : / Home :
MEDA03	MEDICAL DATA : · DIAGNOSIS in details (including vital signs) · Day/month/year of first symptoms :	Date of diagnosis :
MEDA04	· PROGNOSIS for the trip :	
MEDA05	· Contagious AND communicable disease?	No ☐ Yes ☐ Specify :
MEDA06	· Is the patient's condition likely to be a source of discomfort to other passengers? (odor, appearance, conduct)	No ☐ Yes ☐ Specify :
MEDA07	· Can patient use normal aircraft seat with seatback placed in the UPRIGHT position when so required?	Yes ☐ No ☐
MEDA08	· Can patient take care of his own needs on board UNASSISTED* (including meals, walk to toilet, etc.)?	Yes ☐ No ☐ If not, type of help needed :
MEDA09	· If to be ESCORTED, is the arrangement proposed in PART 1/8 MEDA satisfactory for you?	Yes ☐ No ☐ If not, type of escort proposed by YOU :
MEDA10	· Does patient need OXYGEN** equipment in flight? (if yes, state rate of flow)	No ☐ Yes ☐ Litres per Minute ☐ Continuous? Yes ☐ No ☐
MEDA11	· Does patient need any MEDICATION* other than self-administered, and/or the use of special apparatus such as respirator, incubator, etc.**?	(a) on the GROUND while at the airport(s) : No ☐ Yes ☐ Specify :
MEDA12		(b) on board of the AIRCRAFT : No ☐ Yes ☐ Specify :
MEDA13	· Does patient need HOSPITALIZATION? (if yes, indicate arrangements made or, if none were made, indicate "NO ACTION TAKEN")	(a) during long layover or night stop at CONNECTING POINTS en route : No ☐ Yes ☐ Action :
MEDA14		(b) upon arrival at DESTINATION : No ☐ Yes ☐ Action :
MEDA15	· Other remarks or information in the interest of your patient's smooth and comfortable transportation :	None ☐ Specify if any** :
MEDA16	· Other arrangements made by the attending physician :	

NOTE (*) : Cabin attendants are NOT authorized to give special assistance to particular passengers, to the detriment of their service to other passengers. Additionally, they are trained only in FIRST AID and are NOT PERMITTED to administer any injection or to give medication.

IMPORTANT : FEES, IF ANY, RELEVANT TO THE PROVISION OF THE ABOVE INFORMATION AND FOR CARRIER-PROVIDED SPECIAL EQUIPMENT (**) ARE TO BE PAID BY THE PASSENGER CONCERNED.

Date :	Place :	Attending Physician's Signature :

환자승객 건강 상태 CHECK LIST

이 서식은 환자 승객의 건강상태를 정확히 파악하고자 함에 있으며, 환자승객의 항공호송과 관련된 업무에만 사용됩니다. 주치의께서 항공사에 제공한 의학적 정보에 근거하여, 항공사 의무부서는 환자승객의 항공여행 적합여부를 판단합니다. 아울러 건강상태의 변화 없이 목적지에 도착하도록 하고, 승객의 안전과 편안한 항공여행이 되도록 하기 위하여 세심한 배려를 기울이고 있습니다. 아래의 해당사항이 있는 문항에 대하여 주치의께서 직접 작성하여 주시기 바랍니다. 감사합니다.

1) 환자명 ________ ________________________

2) 의식상태 예) Coma, Drowsy, Alert...... ________________________

3) 활력징후

혈압	mmHg
맥박	회
호흡	회
체온	℃

4) 진단명 외의 다른 동반질환 여부, 합병증 유무

☐ 아니오 ☐ 예 구체적으로 ________________________

발병일 ________________________

5) 수술여부

☐ 아니오 ☐ 예 수술일 ____________ 수술명 ____________

6) 주 증상 ________________________

____

7) 현재 입원치료 여부

☐ 아니오 ☐ 예

구체적으로 ☐ 중환자실 ☐ 일반병실 ☐ 기타

8) 최근 응급실 방문경험 유무

☐ 아니오 ☐ 예 구체적으로 ________________________

9) 혈액 내 산소 포화도 혹은 동맥혈 산소분압 결과 (검사 시행시 기재)
SaO2 ______ %   산소사용 여부 □ 아니오 □ 예
PaO2 ______ mmHg   산소사용 여부 □ 아니오 □ 예

(정상좌석을 이용하는 승객의 경우: NO.10 ~ 12)

10) 장시간 앉아 있을 수 있습니까?
□ 아니오 □ 예
11) 걸을 수 있습니까?
□ 아니오 □ 예
12) 항공기 이착륙 동안 좌석 등받이를 똑바로 세운 상태로 있을 수 있습니까?
□ 아니오 □ 예
13) 비행 중 의약품 사용 여부
□ 아니오 □ 예
구체적으로 □ 경구약 □ 주사 □ 기타
약품명 ______________________

____

** IV용 수액제 사용 시는 비닐백으로 준비하여 주시기 바랍니다.

14) 비행중 의료장비 사용 여부 (배터리 타입만 사용 가능)
□ VENTILATOR □ SUCTION KIT □ INFUSION PUMP □ L-TUBE
□ FOLEY □ SPLINT □ CAST □ BRACE
□ INCUBATOR □ NEBULIZER □ TRACHEOSTOMY □ INTUBATION
□ OTHER ______________

** Ventilator 사용시 영남에어에서 제공하는 의료용 산소와 연결가능 여부 확인이 반드시 필요합니다.

15) 의료인 동반여부
□ 아니오 □ 예
구체적으로 □ 의사 □ 간호사 □ 기타 ______________

16) 기내에서 응급상황 발생가능성 여부
□ 아니오 □ 예
예상되는 응급상황을 구체적으로 기술해 주십시오.

17) 발병 이후, 항공여행 경험 유무

☐ 아니오 ☐ 예

구체적으로 ______________________________

18) 환자 호송시 주의사항 유무

☐ 아니오 ☐ 예

구체적으로 ______________________________

(산소를 사용하는 승객: NO. 19 ~ 21)

19) 환승 공항에서 산소사용 필요 여부

☐ 아니오 ☐ 예

20) 산소를 지속적으로 사용하지 않는다면, 비행시간 동안 산소를 몇 시간 사용할 것으로 예상됩니까? 여러 구간을 여행하는 경우 구간별로 기록하여 주십시오.

(1)__________ 시간 (2)__________ 시간

21) 산소를 사용하는 승객이 필요한 산소 마스크 타입

☐ NASAL CANNULA ☐ MASK ☐ 기타

(간질환 환자의 경우: NO.22 ~ 25)

22) 식도정맥류 유무

☐ 아니오 ☐ 예

23) 간성 혼수 유무

☐ 아니오 ☐ 예

24) 복수 유무

☐ 아니오 ☐ 예

25) 혈액검사 결과 (검사 시행 시 기재)

HgB		AST	
WBC		ALT	
PLT		ALBUMIN	

PT		BILIRUBIN	

(암환자 경우: NO.26 ~ 27)

26) 전이여부

☐ 아니오 ☐ 예

구체적으로 ______________________________

27) 최근 항암치료 여부

☐ 아니오 ☐ 예

항암치료시기 ______________________________

건강상태 파악에 참고가 될 수 있는 의사소견서(MEDICAL REPORT)를 소지하고 있다면 예약지점으로 송부하여 주시기 바랍니다.

작성일 ______________ 주치의 서명 ____________________

6) Incapacitated Passenger를 위한 지원

(1) 항공사 지원 가능품목

① STCR(Stretcher, 항공침대)

② Wheelchair

③ 당뇨식이, 전염식이 등의 특별 식이

④ 의료용 산소

- 의료용 산소 사용 승객이 있을 경우에는 항공기 내 탑재 여부를 반드시 확인한다.
- 탑재된 산소의 용량이 1800PSI 이상인지 여부와 잠금장치를 확인한다.

■ 의료용 산소

① GMP, ICN에서만 탑재 가능
② 비행 기산에 따라 탑재되는 산소 bottle의 수량 결정
③ 산소 탑재 시 발생 비용은 승객 부담
④ 항공기 당 산소 최대 6BTL까지 탑재 가능
⑤ 당사 의료용 산소는 분당 2L~8L까지 사용 가능

(2) 항공사 지원 불가품목

① 승하기 시 T/S시 승객이 사용하게 될 산소

② 기내에서 승객이 사용하게 되는 의약품 및 의료기기

- 기내 탑재 의료기기는 반드시 Battery type으로 준비
- 비행시간에 따라 추가의 Battery 필요 시 당사 규정에 맞는지 여부 확인

■ Battery 탑재 규정

3.9 Batteries for the Use of Medical Aids during flight
3.9.1 conditions for carriage
: With approval of YNA, carriage of batteries in cabin will be exceptionally if its purpose and conditions are as follows.
- a companion must be traveled with the invalid passenger who is in need of battery-powered medical aids

- for the purpose of using battery-powered medical aids (such as ventilator, pace maker, incubator, etc.) during for the invalid passenger
- Non-Spillable battery (leakage-free, sealed type)
- marked with Non-Spillable label
- allowable maximum weight & size : 30kg each / 110 cm (50×40×20)
- the number of allowable batteries will be determined considering its figures of the equipments and the flying time
- unused battery terminals must be insulated to prevent accidental short circuits and fixed securely unuder seats or in a coat room
- the invalid passengers can not be assigned in emergency exit seats or in certain seats that could be obstacle in case of emergency evacuation
- it is the passenger's responsibility to manage the batteries during the whole flight and a companion must be assigned together with the invalid passenger

3.9.2 Others

: carriage of batteries for the use of medical aids during flight is exceptionally permitted and its carriage must be notified to captain and flight attendants

2 유형별 HANDLING 절차

1) Stretcher Passenger(STCR)

(1) 운송 조건

① 의사 또는 간호사 1명이 동반함을 원칙으로 하지만 INCAD에 의료진 동행이 불필요하다고 명시되어 있는 경우에는 항공사 승인을 득한 후 성인보호자만으로도 여행이 가능하다.

② 의사 또는 간호사는 승객이 사전에 확보하여야 한다.

(2) 예약 및 적용운임

예약 시점	운 임	동반자	무료수하물 허용량
해당 항공편 출발 72시간 이전	성인편도 EY/CLS 정상 운임의 6배	국제선 : 적용가능운임 별도	해당 구간 EY/CLS 허용량의 6배
		국내선 : 1명 무료	

(3) 운송 절차

① 해당일 공항에서 환자의 상태 재확인 후 운송여부 판단

② STCR 전용 장착석에 Seat Block(Extra Editing) 조치 후 탑승 수속

③ 도착/경유지 공항 및 관련부서로 Message 송부

2) Unaccompanied Minor(UM : 비동반 소아)

(1) 운송 조건

① 만 5세 이상 만 12세 미만의 소아가 성인승객의 동반 없이 여행하는 경우이며, 생후 5세 미만은 어떤 조건에서도 UM으로 여행할 수 없다.

② 비동반 소아 운송 신청서 및 서약서 제출

③ 비동반 소아의 인도 : 부모 또는 보호자가 출발지 공항까지 동반해야 하며 도착지 공항에도 보호자가 출영해야 한다.

(2) 예약 및 적용 운임

<표 10-1> 연령별 운송조건 및 운임

<table>
<tr><th colspan="2">연령별</th><th>보호자</th><th>서약서</th><th>운송 신청서</th><th>1일전 예약</th><th>운임</th></tr>
<tr><td colspan="2">5세 미만</td><td colspan="5">운송 불가</td></tr>
<tr><td rowspan="2">비동반 소아</td><td>5~8세</td><td>O</td><td>O</td><td>O</td><td>O</td><td>성인 정상 운임</td></tr>
<tr><td>8~12세</td><td>O</td><td>O</td><td>O</td><td>O</td><td>소아요금 적용</td></tr>
<tr><td colspan="2">12세 이상</td><td colspan="5">성인 취급</td></tr>
</table>

(3) 운송 절차

① UM 전담 직원을 임명하고 사전 좌석 배정 조치

② 여행서류 및 구비서류 확인 "UM Badge" 패용토록 하고 출국 수속 도움

③ 도착/경유지 공항에 전문 조치 : 타 항공사 포함 여정 시에는 반드시 해당 항공사로부터 사전 허가를 받아야 한다.

3) 임산부

일반적으로 임산부는 Incapacitated Passenger로 간주되지 않으나 출산예정일 기준 8주 내 여행이거나 출산에 따른 합병증 예상 등의 경우에는 필요시 의학적 조언을 받아야 하는 Case로 분류된다.

■ IATA PSC Recommend Practice 1700a

> Expectant mothers, as such, shall not be regarded as Incapacitated Passengers. Nevertheless, the following general rules should be applied.
> 1. It should be discreetly suggested to expectant mothers to volunteer information about uncertainty of progress of pregnancy, time of confinement, expected complications in delivery, or previous multiple births.
>
> \# 중략 #
>
> 4. Air travel is not recommended for :
>
> 4.1 women within the last seven days prior to confinement and within the first seven days after delivery.

(1) 운송 조건

① 건강진단서 1부 : 항공편 출발 72시간 이내에 산부인과 의사가 작성하여 발급한 진단서

② 서약서 2부

(2) 운송 절차

① 승객의 건강상태 확인, 항공 운송 가능여부를 판단하고 여행 불가시에는 사유를 설명하고 운송을 거절한다.

- IATA 기준에 의하면 37주 이상의 임산부는 원칙적으로 탑승이 불가
- 운송 가능여부 판단을 위해서는 승객의 현 상태 및 운송 구간을 확인한 후 최종 탑승여부를 결정한다.

② 확인사항

- 분만 예정일 확인 : 분만 예정일 지난 경우 육로여행을 권유
- 인적사항 확인 연령, 초산 또는 경산부
- 마지막 진찰시기, 진료결과(산모와 태아 상태), 합병증 유무
- 분만 징후가 있는지 여부 : 하복부 통증, 이슬, 양수, 출혈 등
- 임신상태에서 항공여행 경험 : 있었다면 여행 시 문제가 없었는지
- 지병 확인 : 고혈압, 당뇨 등
- 보호자 동반 여부 확인

③ 도착/경유지 공항에 전문 조치

서 약 서

00항공 귀하

본인은 년 월 일 00항공 편으로 에서 까지 여행함에 있어서 ____________으로 인하여 귀사 항공기에 탑승 시나, 탑승용 혹은 탑승 후에 건강상 유쾌한 결과가 발생한다 하더라도 귀사 및 귀사 직원에 대해서 일체의 책임을 묻지 않겠으며 이로 인하여 00항공이 취한 모든 조치를 검수 하겠으며 또한 이에 따라 발생될 수 있는 모든 제반 경비 및 00항공 또는 제 삼자에 끼친 손해를 보상하겠음을 서약합니다.

- 탑승자 성명 :
- 탑승자(혹은 보호자) 서명 :
- 보호자 성명 :
- 전화번호 :
- 주 소 :
- 일 자 :

㈜ 00항공

4) Unexpected Passenger

(1) Unexpected Passenger의 정의

사전에 의학적 고려가 없었던 승객으로 갑작스럽게 공항에 Show-Up한 승객

(2) Unexpected Passenger의 운송 절차

① 확인사항

- 구간, 현재 위치
- 병명, 과거력, 투약, 현재 상태
- 의사 소견서 소지 여부 등

② 필요 시 공항 의료진 혹은 인근 병원 의사의 소견을 구할 것

③ 항공운송에 대한 적부판단은 항공 보건팀이 함을 원칙으로 함.

④ 환자의 안전한 항공운송을 확신하기 어려울 경우, 필요시 MEDA Handling

※ 환자의 상태가 안전 운항에 저촉된다고 판단 시 항공사는 운송을 거절할 수 있다.

(3) 환자상태 평가사항

① 거동이 불편한지 여부

② 호흡곤란 증상이 있는지 여부

③ 식은땀이나 혈색이 창백한지 여부

④ 타승객에게 불쾌감을 줄 정도의 심한 기침, 출혈, 외상, 악취

⑤ 시간, 장소, 사람에 대한 오리엔테이션

제 11 장

비정상 운항

1 FLIGHT IRREGULARITY

1) 비정상 운항 유형

유 형	주요 원인	공통 조치 사항
지연(Delay)	기상, 정비, APO시설, A/C SKD 조정, 연결승객 접속	안내문 게시, 안내방송 실시 필요 시 승객 H/D 전담인력 운영, SPCL PAX H/.D 계획수립 연결편 승객 포함, SKD 재조정 (필요 시 INVL R/R or OAL ENDS) 환불
결항(Cancel)	기상, 정비, APO시설	
경로 변경(Diversion)	기상, 정비, 기내 응급환자	
회항(Return)	정비, 기상	

2) 세부 조치사항

(1) Flight Handling계획 수립

승객 규모, 지연시간 등을 감안하여 필요 시 승객 안내 위한 대책반 운영

(2) 대체편 확보(장시간 지연 예상 시)

① 여객이 회사의 동일노선상에 있는 타항공편에 탑승코자 할 경우에는 좌석의 여유가 있는 경우 다음 항공편으로 변경한다.

② 중간지점에서 타항공편으로 목적지로 운송(타항공사 항공편 포함)
당해 지점에서 목적지까지 대체 항공편 이용이 가능한 경우 당해 구간을 운임추징 없이 운송한다.

③ 중간지점에서 경로 변경하여 목적지로 운송 – 당해 지점에서 대체 항공편이나 타 운송수단 이용가능성이 불확실하다고 인정되는 경우는 출발 당일에 목적지로 계속 여행 가능한 타항공편으로 운임 추징 없이 경로 변경할 수 있다. 단, 당해 지점에서 목적지로 운행하고, 항공편의 경로변경 시보다 목적지 도착시간이 빠른 타운송 수단이 있는 경우는 상기와 같은 경로변경은 불가하다.

(3) 승객 하기 여부 결정(지연 운항 시)

국내선 : 1시간 이상 지연 시 하기, 국제선 : 2시간 이상

(4) 의무 서비스 제공

당사의 귀책사유로 인한 비정상 운항일 경우 IASM 규정에 의거 제공하며 당사의 미귀책 사유로 인한 비정상 운항일 경우는 "비정상 운항 시 고객 처리 및 Recovery Service 보완지침"에 의거 서비스 제공

3) 비정상 운항 시 고객 처리 및 Recovery Service 보완지침

(1) Recovery Service의 정의

Recovery Service란 당사가 법적으로 책임을 지지 아니하는 비정상 운항 상황의 경우에 고객에게 제공되는 식음료, 통신, 숙박, 지상 교통편 등의 제반 서비스를 말한다. 당사의 고의, 과실로 인한 비정상 운항 상황에서 고객에게 제공되는 의무서비스(Obligatory Service)와 구분되나 서비스 제공 내역은 동일하다.

(2) 기본 원칙

① 정비, 항공기 접속, 기상악화로 인한 비정상 운항의 경우는 Recovery Service를 제공하지 않음을 원칙으로 함

- 정비, 항공기 접속으로 인한 비정상 운항의 경우 해당 항공편의 탑승 수속을 개시하여, 해당 항공편 예약 확약 및 항공권 구매 완료하고 수속 마감시각 이전에 출발지 공항에 도착한 고객에 한해 서비스 제공
- 기상으로 인한 비정상 운항의 경우 통과여객 및 공항 지점장 판단 하에 UM, 보호자 없이 여행하는 미성년자 및 중증장애 승객에 한해 서비스 제공

② 유형별 세부처리 지침에 의거 지점장 개별 판단에 따른 의사결정 지양

③ 당사 책임을 추가로 유발시킬 수 있는 고객처리 방법 지양

- 육로수송의 경우 전세버스 제공이 아닌 수배 형식으로 사전 준비하고 비용은 지급된 교통비로 고객이 직접 지불하는 형식으로 운영

(3) 세부 운영지침

출발지 공항은 하기 기준에 의한 승객서비스를 제공한다.

<table>
<tr><th>이례발생원인
서비스 종류</th><th colspan="2">-기상, 천재지변
-전쟁, 소요, 폭동, 반란</th><th colspan="2">항공기 사정</th></tr>
<tr><td rowspan="3">식사,
음료제공</td><td>CHECK-IN 전</td><td>제공 불가</td><td>1시간 미만</td><td>제공 불가</td></tr>
<tr><td rowspan="2">CHECK-IN 후</td><td rowspan="2">점소장 판단에 의해 서비스 제공가</td><td>1시간 이상 ~2시간 미만</td><td>음료 또는 스낵</td></tr>
<tr><td>3시간 이상 ~6시간 미만</td><td>음료, 스낵, 식사, 시내관광</td></tr>
<tr><td rowspan="2">숙박제공</td><td>CHECK-IN 전</td><td>제공 불가</td><td rowspan="3">6시간 이상 지연 또는 결항</td><td rowspan="3">음료, 스낵, 식사, 시내관광 또는
• 호텔 Day-Use, Hotel Lay-over(세면도구 제공-치약, 칫솔, 면도기, 샴푸)
• 전화(3분 이내 시외 전화 1통화 3분 이내 시내전화 3통화)</td></tr>
<tr><td>CHECK-IN 후</td><td>점소장 판단에 의해 서비스 제공가</td></tr>
<tr><td>통신수단
제공</td><td colspan="2">제공불가</td></tr>
</table>

2 PASSENGER IRREGULARITY

1) 주요 원인

(1) 초과예약(Overbooking)

Overbooking은 No-Show 승객으로 인한 Seat Loss를 방지하여 수입 제고를 도모하며 고객의 예약 기회 확대를 통한 예약서비스 증대를 위해 실제 항공기 좌석 숫자보다 예약을 초과하여 받는 경우이다. Overbooking율은 오랜기간 동안의 평균 No-Show율, 과거 예약의 흐름, 단체 예약자수, 예약 재확인을 실시한 승객수 등 여러 가지 요소를 고려하여 신중히 결정된다.

(2) 항공기 기종변경(A/C Change)

항공기 정비, 운항 SKD 조정, 예약 수급고려 등 항공사 측의 여러 가지 요인으로 인해 최초 계획된 기종에서 여타 기종으로 변경하여 운항을 하는 경우를 말한다. 이 경우 기종별로 판매가능 좌석(Salable Configuration)이 대체로 상이하며 국제선의 경우 Class별 판매가능 좌석수의 차이가 발생하는 경우가 있다.

해당일 운항편의 기내 허용 탑재량이 여러 가지 요인으로 인해 계획 대비 축소 운영되어야 할 경우가 있다.

2) IRR 유형

(1) I/U(Involuntary Upgrade)

항공사측 사유로 인해 승객이 소지한 항공권의 탑승 Class가 아닌 차상급 Class로 좌석배정을 해주는 경우

(2) INVL D/G(Involuntary Downgrade)

항공사측 사유로 인해 승객이 소지한 항공권의 탑승 Class가 아닌 차하위급 Class로 좌석배정을 해주는 경우

(3) 탑승 불가(offload)

항공사측 사유로 인해 승객이 예약한 항공기에 좌석배정을 해주지 못하는 경우

3) 유형별 처리 규정

(1) Involuntary Up-Grade Priority

① Duty Cockpit Crew

② 3S Personage(A3, A2 Only, Including Spouse)

③ Passenger Holing Normal Full Fare Ticket

④ FFP 우대 Passenger

⑤ GTR, IVR

⑥ Personnel For Official Trip(Formal Customs)

⑦ OAL Personnel For Official Trip(Formal Customs)

⑧ KKZ/KKU 판단 하에 적합한 자

※ 주의사항

- U/G 후 해당 Class 총좌석의 80%
- GO-SHOW, SUBLO Ticket Holder, INF/CHD 동반승객 제외
- 동일한 우선순위 경우에는 Shorter Portion, High Miller 승객 우선
- 무료 수하물 허용량 및 ANYPASS Mileage는 최초 Class 적용

(2) Involuntary Down-Grade

① Non-Revenue Passenger

② Passenger with Discount Ticket

③ No-Record Passenger

※ 주의사항

- VIP, CIP, ANYPASS member, GTR, RPA, UM, 혼자 여행하는 노약자 등은 대상에서 제외
- MCO 또는 Refund Application Form 발행
- SHR에 반영 후 Special Care

(3) Offload

① SUBLO Ticket 소지자

② Local Revenue GHS 승객

③ NOSUB Ticket 소지자

Transit 승객보다 Local Boarding 승객이 우선적으로 Offload

4) DBC 규정

해당 항공편 초과 예약이나 항공사 귀책 사유로 인해 탑승이 거절된 예약 확약 승객에 대한 보상제도

(1) DBC 규정

① 적용지역 : 국제선 전 공항지점

② 적용대상

- 초과 예약으로 인하여 Offload된 예약 확약된 유효 항공권 소지 여객
- ACL 제한 및 항공기 교체로 발생된 Offload 승객
- No-Record 여객

※ 적용 예외

- 해당 항공편의 취소
- 출발 예정 40분 전까지 CHK-IN Counter에 도착하지 않은 경우
- 도착 예정시각 기준 1시간 이내 대체편 제공 시
- 일반에게 비적용되는 50% 이상 할인 항공권 및 무임 항공권 소지 승객

③ 보상기준

- Denied Boarding 발생 지점, 승객의 Service Class 및 대체편의 도착시간에 따라 규정된 DBC Amount 지급
- 단, DBC 기준액이 해당 구간 편도 공시 요금을 초과하는 경우 DBC Amount는 편도 공시요금 지급
- 승객의 도착 지연시간은 STA 기준으로 산정

〈표 11-1〉 표준 DBC

운항시간	도착 지연 시간	F CLASS	C CLASS	Y CLASS
4시간 이내	4시간 미만	$ 200	$ 150	$ 100
	4시간 이상	$ 400	$ 300	$ 200
4시간 이내 ~ 8시간 미만	4시간 미만	$ 300	$ 225	$ 150
	4시간 이상	$ 600	$ 450	$ 300
8시간 이상	4시간 미만	$ 400	$ 300	$ 200
	4시간 이상	$ 800	$ 600	$ 400

④ DBC 지급 절차

- MCO 또는 현금(MCO에 의한 환불)으로 지급
- 승객이 동의하는 경우, 대체 항공편의 On-line 구간에서의 차액 없이 차상위 Class로의 Up-Grade 탑승조치
- Final Settlement And Release Form에 승객 서명 확보

※ IATA PSC Recommend Practice 1799

1. Passenger who are denied boarding on a scheduled flight are entitled to compensation. In order to qualify, such passengers must be in possession of a valid ticket with a confirmed reservation for the particular flight shown on that ticket. They must also have presented themselves for check in within the stipulated time limits and be in possession of the necessary travel documents, according to the General Conditions of Carriage.
2. The rules which are followed for boarding in the event that all passengers booked cannot be accommodated on a flight, will give first priority to handicapped passengers and unaccompanied children.
3. Before denying boarding to ant passenger, the airline concerned, or its handling agent, may call for volunteers not to board such flight. Any passenger who accepts the denied boarding compensation does so as full settlement of any and all claims against the airline

(2) Involuntary Down-Grade 승객에 대한 DBC 보상 규정

① 적용지역 : 국제선 전 공항지점

② 적용대상 : 초과 예약으로 인해 Involuntary Downgrade된 예약 확약된 유효 항공권 소지 여객

※ 적용 예외

- 해당 항공편의 취소
- 공시된 SKD에 의해 해당 노선 Class 운영이 변경된 경우
- 대체편 제공 시
- 출발 예정 40분 전까지 CHK-IN Counter에 도착하지 않은 경우
- 일반에게 비적용되는 50% 이상 할인 항공권 및 무임 항공권 소지 승객

③ 보상기준

운항시간	Down Graded Class	
	F → C, Y	C → Y
4시간 미만	$ 200	$ 150
4시간 이상 ~ 8시간 미만	$ 300	$ 225
8시간 이상	$ 400	$ 300

- 승객의 예약 확약된 Class에 해당하는 DBC Amount 보상(지연시간 최소)
- 단, DBC Amount가 해당 구간 공시 요금을 초과하는 경우 DBC Amount는 편도 공시요금 지급(요금 차액 환불과는 별도)

④ 보상방법 : DBC 지침에 준함

제 **12** 장

객실업무

1 객실서비스의 의의와 구성

1) 객실서비스의 의의와 구성

(1) 객실서비스(cabin service)란?

기내에서 탑승객들에게 제공되는 모든 물적·인적 서비스

① 물적 서비스(physical service) : 여행자가 항공기를 탑승하여 하기(下機)할 때까지 각종 시설물과 서비스 물품을 탑재하여 편의를 제공하는 업무

② 인적 서비스(personal service) : 승객으로 하여금 안전하고 쾌적한 여행을 할 수 있도록 기내에 비치된 물품이나 장치를 이용하여 대인적으로 돕는 업무

(2) 서비스 태도의 4S

미소(Smile), 민첩성(Speed), 세련된 행동(Smartness), 성실성(Sincerity)

(3) 서비스 만족도의 결정요인

① 유형성 : 쾌적한 환경, 편리한 시설

② 안전성 : 신체적 안전, 재산적 안전, 프라이버시

③ 신뢰성 : 약속한 서비스를 믿을 수 있고 정확히 수행하는 능력

④ 신용성 : 서비스 담당자의 신뢰성, 정직성

⑤ 신속한 대응 : 고객요구사항의 민첩한 해결과 신속한 서비스의 제공

⑥ 능력 : 필요한 기술과 업무를 수행할 수 있는 지식수준

⑦ 예절 : 서비스 담당자의 정중함, 존경, 배려 및 친근감

⑧ 접근 : 접근가능성과 용이성

⑨ 커뮤니케이션 : 고객의 의견에 대한 진지한 청취와 알기 쉬운 설명

⑩ 고객 이해 : 고객의 요구(need)를 파악하여 만족시키려는 노력

(4) 객실서비스 업무의 흐름

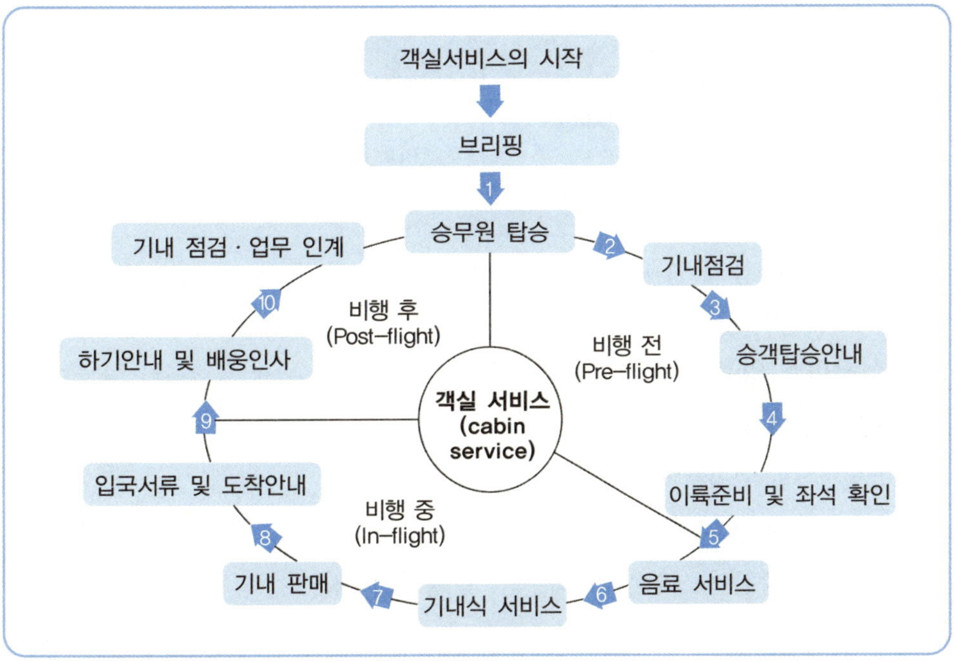

(5) 객실서비스 업무의 구성

비행 전 서비스 (Pre–flight)
- 브리핑(briefing)
- 기내품목 탑재(catering) 확인
- 기내상태 점검
- 승객탑승 안내
- 안내방송 및 이륙준비

비행 중 서비스 (In–flight)
- 음료서비스
- 기내식서비스
- 기내 판매
- 승객요구에 의한 서비스
- 입국서류작성 안내 등

비행 후 서비스 (Post–flight)
- 안내방송 및 하기 안내
- 서류인계
- 기내점검 및 인수인계

[그림 12–1] 운항단계별 객실서비스의 구성

(6) 객실서비스 업무의 구성

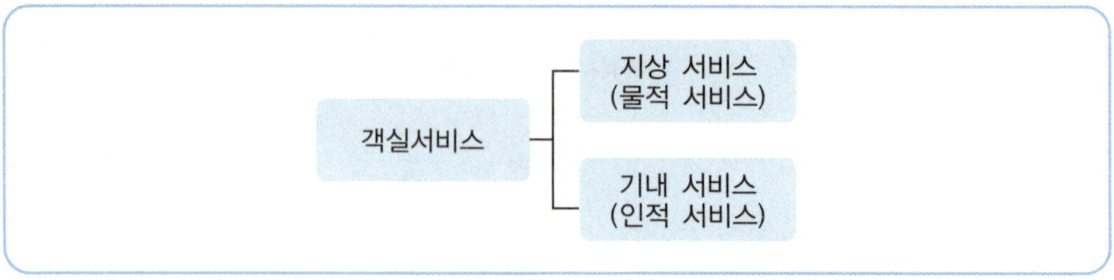

[그림 12-2] 서비스의 장소를 기준으로 한 객실서비스의 구성

(7) 객실서비스 업무의 관리책임

① 운항업무의 관리책임 : 기장

② 객실업무의 관리책임 : 객실사무장

③ 해외체류 객실승무원의 지휘책임 : 객실사무장

④ 승객의 탑승관련 책임 : 객실사무장 및 공항지점장

(8) 객실서비스의 기본 매너

① 모든 승객에게 예절바르고 공평한 태도로 응대한다.

② 용모 복장은 항상 청결하고 단정하게 한다.

③ 승객을 맞이할 때는 승객의 얼굴을 보고 밝은 표정으로 시선을 맞추어(eye contact) 환영의 인사말과 함께 허리를 굽혀 인사한다.

④ 승객에게 다가갈 때는 미소로 표정인사를 하며, 승객에게서 물러날 때도 미소로 표정인사 후 물러난다.

⑤ 승객 응대시 승객에게 친근감을 주는 밝은 표정을 유지하며, 승객의 기분이나 상황 등에 맞추어 적절한 표정관리를 한다.

⑥ 말씨는 표준어와 경어를 사용한다.

⑦ 상위 클래스에서는 승객의 이름이나 직함을 호칭한다.

⑧ 승객의 가시권에서의 자세와 동작은 바르고 공손하게 한다.

2 객실과 객실승무원

1) 객 실

(1) 좌석 등급(seat class)

① 일등석(first class ; FR/CL)

② 비즈니스석(business class ; PR/CL

③ 일반석(economy class; EY/CL)

→ 좌석등급의 구성은 운항거리나 취항노선의 경쟁상태, 경기의 변동 등에 따라 변경됨

(2) 객실 구분(zone)

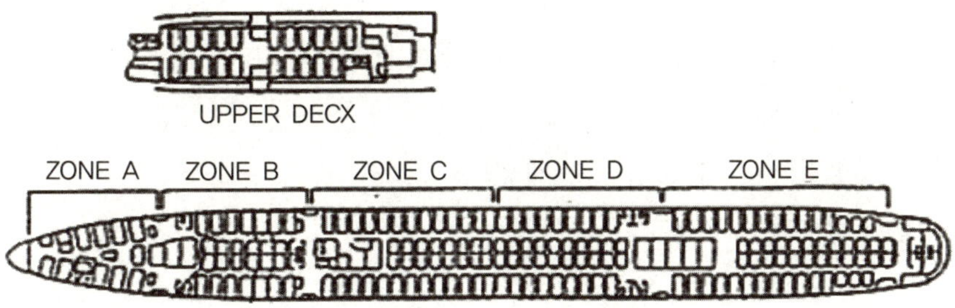

[그림 12-3] 객실 등급과 좌석 구성(B747-400)

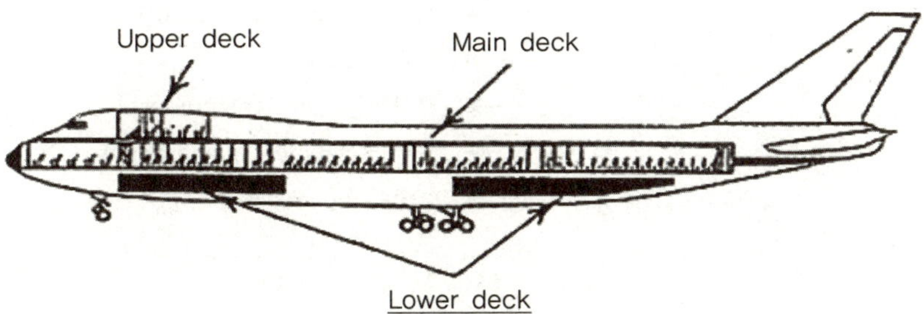

[그림 12-4] 객실과 화물칸의 구조(B747-400)

2) 객실 구성

(1) 객실 구성

① Wet Galley, Dry Galley

② 선반-승객의 가벼운 짐과 베개, 담요 등 서비스용품 및 비상장비 보관

③ 화장실(lavatory)

④ 산소마스크(oxygen mask)

⑤ 도어(door)

⑥ 영화상영 및 비디오/오디오 장치

3) 객실승무원

(1) 객실승무원의 역할

① 항공사와 소속국가에 대한 이미지 형성

② 업무의 특수성으로 인한 사회적인 주목의 대상

③ 여러 상황에 대처할 수 있는 업무 수행

④ 승객과 항공사 간의 우호적 관계 형성

⑤ 다양한 감성과 지성을 갖춘 고객의 욕구 충족

(2) 객실승무원의 구성

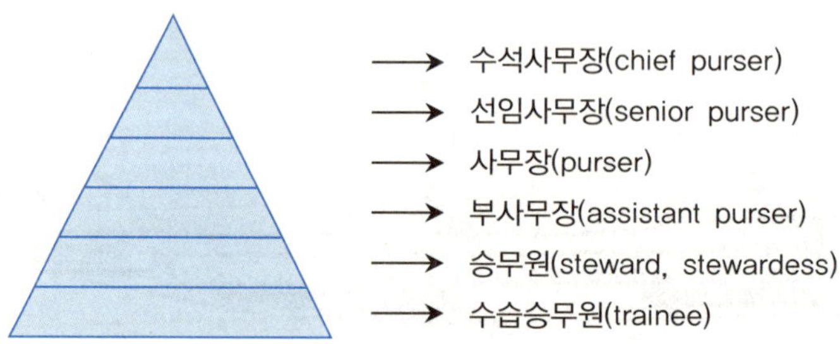

(3) 객실승무원의 구성

〈표 12-1〉 주요 기종별 객실승무원 탑승인원

기 종	남승무원(steward)	여승무원(stewardess)	계
B747-400/300	3	15	18
B777-300	3	13	16
A330-300	3	10	13
A300-600	3	6	9
B737-800	2	5	7

(4) 객실승무원의 교육훈련(training & education)- 신입사원 교육훈련

<table>
<tr><th rowspan="2">교육기간</th><td colspan="2">전반기교육(국내선과정)</td><td colspan="3">실습훈련(국내선)</td><td colspan="2">후반기교육(국제선과정)</td></tr>
<tr><td colspan="2">220시간</td><td colspan="3">OJT 4~5주</td><td colspan="2">220시간</td></tr>
<tr><th rowspan="2">교육내용</th><td>예절</td><td>의식</td><td>직무</td><td>안전</td><td>외국어</td><td>방송</td><td>기타</td></tr>
<tr><td>65시간</td><td>50시간</td><td>98시간</td><td>91시간</td><td>75시간</td><td>28시간</td><td>33시간</td></tr>
</table>

(5) 보수교육

F/C 서비스 교육 : 상위클래스(1등석 등)의 객실 서비스 업무
↓
F/C 리더십 교육 : 상위클래스 담당승무원의 리더십
↓
T/S 과정 : 선임승무원(team senior) 교육
↓
T/A 과정 : 부사무장(team assistant) 교육
↓
팀장 과정 : 팀장(team leader)의 리더십 · 직무 교육

[그림 12-5] 객실승무원의 정규보수교육체계(例)

(6) 객실승무원의 근무

① 객실승무원 근무규정 : 객실승무원의 근무, 휴식 및 휴일, 편승(extra flight), 대기(stand-by)로 나누어 각각 근무의 기준을 규정

② 근무의 구성 : 브리핑, 승무, 편승, 지상근무, 공항 대기 및 교육훈련 등으로 구성. 근무할당표에는 승무, 편승, 공항대기, 지상근무, 휴일 및 휴가, 자택대기, 교육 등이 포함

(7) 객실승무원의 주요업무

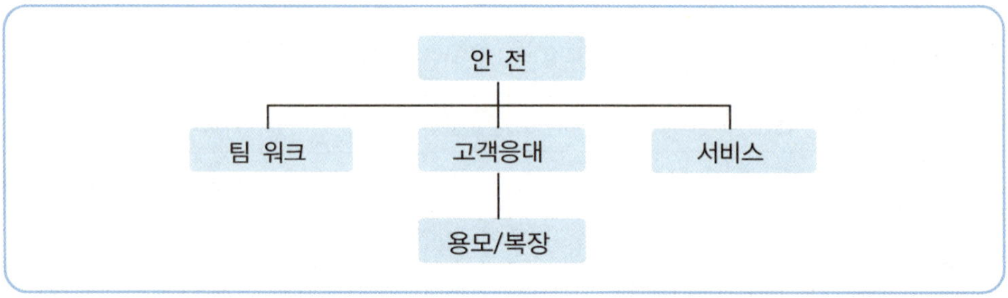

[그림 12-6] 객실승무원의 업무기준 분야

(8) 탑승전 업무

① 비행전 학습

- 출근전 확인사항
  - 휴대품
  - 여행용품
  - 용모체크시간(appearance check time)
  - 비행스케줄
- 사전 학습내용
  - 기종/좌석등급(class)
  - 항공기 장비/시스템
  - 비상사태 처리 절차
  - 출입문(비상구 exit door) 작동법

- 객실 설비
- 기내서비스 절차
- 목적지 정보(시차, 면세기준, 입국서류, 보세품 처리 등)

② 브리핑(briefing) 기본사항

- 보안 고려사항 및 계획된 비행시간, 고도, 항로
- 여객 및 화물에 대한 정보
- 사용비행장의 시설
- 해당 지역별 운용법규 및 최신 비행정보
- 비행시간, 연료, 순항고도, 이륙중량 등의 비행계획
- 항로상, 목적지 기상
- 해상비행 시 필요한 승객 브리핑(briefing)
- 화물상황
- Sterile Cockpit 절차 및 조종실 출입절차
- 안전 고려사항
- 비상 절차
- 기장과 객실승무원 간의 협조사항
- 비행 중 기장에게 통보되어야 할 각종 비정상적(irregular) 사항

③ 항공기 탑승 및 비행전 점검(pre-flight check)

- 응급조치 장비
- 화재진압 장비
- 안전 장비
- 비상탈출 및 착수장비
- 객실 산소 공급시스템
- 커뮤니케이션 시스템
- 객실 조명시스템

④ 승객탑승(passenger boarding)의 안내 순서

- 간이침대로 이동하는 승객(stretcher)
- 비동반 소아(unacompanied minor;UM), 제한승객

- 노약자, 유아 동반 승객
- VIP, CIP
- 일등석(FR/CL) 승객
- 우대석(PR/CL) 승객
- 일반석(EY/CL) 승객

→ 단, VIP, CIP를 포함한 일등석 및 우대석 승객은 stretcher, UM, 제한승객의 탑승 이후에는 원하는 대로 탑승이 가능

⑤ 비행 중 업무

- 타월(towel service)
- 음료수(beverage service)
- 기내식(meal service)
- 승객 취침과 영화상영
- 기내 판매
- 입국서류 배포와 작성안내
- 기타 승객의 요구에 의한 서비스

⑥ 비행 후 업무

- 안내방송 및 하기 안내
- 서류인계
- 기내 점검 및 도착 후 업무

(9) 객실서비스 체크리스트

상시(常時)

- ☐ 최신 서비스 매뉴얼 유지
- ☐ 비행 전 학습 실시
- ☐ 서비스 매뉴얼에 명시된 규정 및 지침 이행
- ☐ 비행에 필요한 서류 소지

승객 탑승 전

- ☐ 비행 준비

- ☐ 객실브리핑 참석
- ☐ 승무원 짐 정리
- ☐ 합동브리핑 참석
- ☐ 비상장비 점검
- ☐ 오디오(P.A) 및 인터폰 상태 점검
- ☐ 비행서류 내용물 확인
- ☐ 객실관리시스템 점검

객실서비스 체크리스트

- ☐ 통제장치(passenger control unit) 점검
- ☐ 객실 설비 점검
- ☐ 반입품목(catering items) 점검
- ☐ 주방(galley) 준비
- ☐ 신문, 잡지 준비
- ☐ 화장실 점검
- ☐ 음료(welcome drink) 준비
- ☐ 객실 청소상태 점검
- ☐ GIVEWAY 탑재 확인
- ☐ OAG, TIM 탑재 확인
- ☐ HANGER 준비
- ☐ SEAT POCKET ITEMS 준비
- ☐ 기내음악(boarding music) 작동

승객탑승/이륙

- ☐ 유니폼 착용
- ☐ 용모
- ☐ 환영 인사
- ☐ 기내방송 실시
- ☐ 좌석 안내
- ☐ 휴대 수하물 보관상태 확인
- ☐ 신문, 잡지 제공
- ☐ 음료(welcome drink) 제공(상위클래스)
- ☐ 타월(hot towel) 제공(상위클래스)
- ☐ 안전 관련 업무 수행
- ☐ 이륙 준비 상태 확인
- ☐ 좌석(jump seat) 착석
- ☐ '30 Second Review' 실시

비행 중

- ☐ 기내방송 실시
- ☐ 서비스 브리핑 실시
- ☐ 좌석배치표(seat chart) 작성
- ☐ 중요 및 특별 승객의 관찰 · 보호(care)
- ☐ 비디오 상영
- ☐ 화장실 점검
- ☐ 이어폰 제공
- ☐ 메뉴북(menu book) 제공
- ☐ 음료 제공
- ☐ 식사 제공
- ☐ 음료수(hot beverage) 제공
- ☐ 탑승기념품(giveaway) 제공
- ☐ 객실 청결 유지(cabin cleaning)
- ☐ 승객 입국서류 배포
- ☐ 기내 판매
- ☐ 영화 상영(crew rest 실시/간식 서비스 실시)
- ☐ 15Min Walk Around 실시
- ☐ 독서물 제공
- ☐ 서비스 품목 제공
- ☐ 쾌적성 배려
- ☐ 승객 개별 요구의 응대(personal touch)
- ☐ 특별한 도움이 필요한 승객 서비스
- ☐ 도착 전 음료 제공

착륙 전

- ☐ 안전 관련 업무 수행
- ☐ 방송 실시
- ☐ 도착 안내
- ☐ 승객 입국서류 재확인
- ☐ 코트(coat)와 보관품 반환
- ☐ 기내도서 회수
- ☐ 잡지 회수, 보관
- ☐ 베개, 모포정리
- ☐ 비디오 테이프 보관
- ☐ 서비스 용품 정리
- ☐ 입국서류 작성 확인

도착 후

- ☐ 기내 방송 실시
- ☐ 도착음악(boarding music)작동
- ☐ 지상지권에게 필요 서류 인계
- ☐ 승객 하기 안내 및 인사(farewell)
- ☐ 특별한 도움이 필요한 승객에게 도움 제공
- ☐ 기내 점검
- ☐ 지상 직원과의 인수 · 인계
- ☐ 도착 보고

※ 30Second Review : 현재상태에서 발생 가능한 비상상태를 스스로 가상하고 자신이 취할 행동을 약 30초 동안 정리(review)하는 것.

3 식음료서비스

1) 식음료서비스의 기본원칙

① 식음료 주문

- 승무원은 식음료서비스 시 승객에게 친절한 조정자(coordinator)로서 승객의 요청에 의한 수동적인 태도가 아니라 승객의 기호와 취향에 맞도록 적극적으로 권유한다.
- 모든 승객에게 차별 없이 정중하게 응대한다.

(이하 생략)

② 식음료 제공

- 창가 안쪽 승객부터 승객에게 먼저 주문받고 먼저 제공한다.
- 남녀 승객이 같이 앉아 있는 경우는 여자 승객에게 먼저 주문받고 먼저 제공한다.

(이하 생략)

③ 식음료 회수

- 회수는 제공한 순서(flow)와 동일한 순서로 회수하는 것을 원칙으로 하되 승객이 요구할 때는 먼저 회수하며 식사가 일찍 끝난 승객에게는 승객의 의향을 물어 먼저 회수한다.

(이하 생략)

④ 상위 클래스 주문서의 기입

- 승객탑승 시 객실사무장으로부터 S.H.R을 인수받아 주문서에 개별 승객의 좌석번호, 성함, 품목 등을 기입한다.

(이하 생략)

2) 기내음료(機內飮料)

(1) 음료서비스의 일반원칙

	식전(食前)	식사 중	식사 후
음료	전채 (前菜 ; aperitif)	식사의 내용에 따라 와인이나 기타 음료	커피와 차 종류
주류	dry type의 와인 와인이 혼합된 술 칵테일, 와인, 맥주, 샴페인 등	와인, 맥주 등	위스키, 브랜디 리큐어(liqueur) 포르트와인 (port wine)

(2) 제조방법에 따른 분류

① 양조주

② 와인, 샴페인, 맥주, 청주 등

③ 증류주

④ 위스키, 진(gin), 보드카, 브랜디 등

⑤ 혼성주

⑥ 각종 리큐어(liqueur)

(3) 기내 알코올 음료의 종류

① 위스키(Whisky) : 옥수수, 호밀, 보리 등의 곡물을 발효시켜 주류한 것을 오크(oak)통 속에서 숙성시켜 만든 것이다.

② 진(Gin) : 보리, 호밀, 귀리, 옥수수 등의 곡물을 원료로 하고, 맥아(麥芽)를 당화하여 발효시킨 다음, 노간주나무 열매(Juniper Berry)를 넣어 증류시킨 술이다.

③ 보드카(Vodka) : 러시아의 농촌에서 탄생한 술로서 감자, 옥수수, 귀리, 호밀 등 곡물을 발효시킨 다음 증류하여 만들어진다.

④ 럼(Rum) : 사탕수수를 짠 즙에서 사탕의 성분을 분리하고 나머지 당밀을 이용하여 만든 증류주이다.

⑤ 리큐어(Liqueur) : 중세의 연금술사들이 증류주를 만드는 기법을 터득한 다음에 여기에 약초, 향초, 과일, 커피, 코코아 등을 넣어 향을 가미한 술이다.

⑥ 와인(Wine) : 과일을 발효시켜 만든 술을 의미하지만, 일반적으로 포도를 발효시켜 만든다.

⑦ 브랜디(Brandy) : 와인을 증류하여 오크통 속에서 숙성시킨 술이다.

⑧ 칵테일(Cocktail) : 칵테일은 한 가지 술에 다른 종류의 술을 섞기도 하고, 혹은 과일즙이나 탄산음료 등을 혼합하여 만드는 혼합주

(4) 비알코올 음료(non-alcoholic beverage)

각종 주스류 및 콜라, 탄산음료 등 청량음료와 차(茶) 종류가 제공

① 냉음료(cold type)

- 생수(mineral water)
- 주스
- 우유
- 각종 캔음료

② 온음료(hot type)

- 커피
- 홍차
- 녹차(green tea)

3) 기내식(機內食)

(1) 기내식의 구성

① 일등석 : 코스(course)별로 제공

② 비즈니스석 : 세미-코스(semi-course) 방식으로 제공

③ 일반석 : 표준화된(pre-set tray) 방식으로 제공

(2) 기내식의 서비스 횟수와 시간대

〈표 12-2〉 기내식 서비스 횟수

비행 시간	서비스 횟수
6시간 미만	1회
6시간 ~ 13시간	2회
13시간 이상	3회

〈표 12-3〉 기내식 제공 시간대

시간대	서비스 횟수
05 : 00 ~ 09 : 00	조식(breakfast)
09 : 00 ~ 11 : 00	이른 점심(brunch)
11 : 00 ~ 14 : 00	점심(lunch)
18 : 00 ~ 22 : 00	석식(dinner)
22 : 00 ~ 01 : 00	야식(supper)
기타시간	

(3) 기내 판매의 특성

① 시간적 제약

② 공간적 제약

③ 법률적 제약

(4) 기내 판매의 품목

① 항공사가 관세당국으로부터 판매허가를 취득한 주류(酒類), 담배, 향수, 화장품, 액세서리, 아동용품, 선물류(類) 등으로 구성. 노선에 따라서는 기내의 탑재공간을 고려하여 품목을 제한하기도 함.

② 기내 판매품의 판촉과 승객의 편의를 위하여 전화, 팩스, 인터넷, 귀국전 사전예약 주문제도 등을 다양하게 운영

4 위락(Entertainment) · 통신 서비스

(1) 객실관리시스템(Cabin Management System ; CMS)이란?

① 객실에 구비된 설비를 종합적으로 관리 · 통제하는 객실설비 관리시스템

② 승객을 위한 위락시설물을 포함한 객실설비의 개선에 따라 다양한 서비스를 제공하고, 기내설비를 객실승무원이 효과적으로 통제할 수 있도록 함.

(2) CMS의 구성

① 비행 중 승객의 취침, 독서, 음악, 영화, 통신 등을 돕기 위해 기내에 구비된 편의시설 일체로 구성. 모든 편의시설의 이용은 기능이 통합된 조절장치에 의해 가능하도록 자동화되어 있으며, CMS장착기에 의해 대부분의 서비스를 제공

② 안전서비스 상영(safety demonstration), 일반영화 상영, 기내판매 상영 그리고 개인용 비디오(individual video system ; IVS) 등

5 비상업무

(1) 객실승무원의 비상업무(irregularity service)란?

비행 중 긴급환자의 발생, 기내 출산, 승객의 사망, 비상착륙, 비행경로의 변경 등 정상적인 비행으로부터 벗어난 불규칙한 상황에 대비한 승무원의 업무

(2) 긴급환자의 발생

① 해당 항공사의 지점이 있는 경우(on-line station)

② 해당 항공사의 지점이 없는 경우(off-line station)

(3) 기내 출산

① 해당 항공사의 지점이 있는 경우(on-line station)

② 해당 항공사의 지점이 없는 경우(off-line station)

(4) 승객 사망

① 해당 항공사의 지점이 있는 경우(on-line station)

② 해당 항공사의 지점이 없는 경우(off-line station)

(5) 비상시의 지상서비스

〈표 12-4〉 비상시의 기내서비스 기준

소요시간	서비스 품목
1시간~3시간	Refreshments 또는 스낵
3시간~6시간	Refreshments, 스낵, 식사, 관광, 통신 서비스, 국제전화
6시간 이상	Refreshments, 스낵, 식사, 관광 또는 Hotel day-use, Hotel layover, 통신 서비스, 국제전화

(6) 경로의 변경(diversion)

기상악화, 공항의 폐쇄 등으로 인해 목적지 공항이 아닌 대체공항으로 도착지를 변경하는 경우의 업무

① 착륙 전 조치사항

② 착륙 후 조치사항

(7) 국내선에 대한 서비스 절차－비정상적 상황

① 항공기 탑승대기

② 경로변경(diversion) 시의 기내 안내

③ 지연(delay) 시의 기내 안내

〈표 12-5〉 국내선 비정상 운항 시의 서비스 기준

지연시간	서비스 항목
1시간~3시간	음료 또는 스낵
3시간~6시간	음료 및 식사, 지상 교통편, 시외전화
6시간 이상	숙식, 지상 교통편, 시외전화

제 13 장

기내식 사업

1 기내식 사업의 기본적 이해

1) 정의

항공사의 Catering사업은 일반적인 의미의 물자조달의 개념이 아닌 탑승객의 안락한 여행을 위하여 객실승무원이 항공기 탑승시부터 하기시까지 비행하는 동안 기내라는 제한된 공간 내에서 양질의 기내식과 기내서비스용품, 기내오락 및 기내판매품 등의 서비스를 제공할 수 있도록 승객의 성향과 로선 및 클래스, 운항시간대 등의 특성, 정시운항과 안전운항 등을 고려하여 기내서비스 계획 및 기용품 조달, 기내식생산, 조업관리 등을 관장하고 자사 및 외항사에 판매하는 부대사업의 성격을 가지고 있는 독립채산제로서의 항공사 고유의 서비스시스템이다.

2) 조직

조직이란 경영목적을 달성하기 위하여 만든 구성원의 관리기구로 조직구성상의 주요 원칙은 직능화의 원칙, 명령일원화의 원칙, 권한위양의 원칙, 예외의 원칙, 전문화의 원칙, 계층단축화의 원칙, 조정의 원칙 등이 있다. 경영조직은 회사규모가 확대됨에 따라 끊임없이 수평적, 수직적으로 분화되는 과정을 겪는데 이는 권한과 책임의 분화도 동시에 이루어져서 Line and Staff Organization의 형태를 갖추는 것이 일반적이다.

기내식 사업부 조직은 독립채산제의 개념으로 운영되고 있으며 이는 공기업의 자주화운동 과정에서 채택된 방법으로 탄생되어 재정과 경영의 분리를 지향하는 제도이다. 즉, 이는 자주성과 책임성, 자극성, 수익성을 중심으로 하는 분권관리제도로서 수지적합의 원칙과 자본의 자주적 조달의 원칙, 자주경영의 원칙, 기업회계제도 확립의 원칙, 이익금 자주적 처분의 원칙 등이 적용된다. Catering사업부는 일반적으로 기내식과 기내판매, 기용품, 기물, 운영, 통관부문 등으로 나누어지는데 각 부문은 기획과 생산, 판매, 창고 및 조업관리 등의 업무로 이루어지고 있다.

3) Catering Center

항공사의 관점에서 기내식 사업은 자사의 기내식을 공급하는 것뿐만 아니라 SQ, JL, BA, UA 등 출항하는 외항사에 기내식 및 기용품을 판매, 관리함으로서 상당한 부대수입을 올리고 있다. 세계 주요공항에는 주로 각 항공사가 투자한 IICC, Swire, Dobbs, LSG Sky Cheps 등의 기내식공장이 있다. 대한항공은 인천, 서울 및 부산에 Catering Center를 직접 운영하여 연간 수천억 원의 매출실적을 올리고 있으며 아시아나항공은 LSG Sky Cheps으로부터 기내식을 공급받고 있다. 대한항공의 인천Catering Center의 경우 830억 원 이상을 투자하여 첨단자동화시설을 갖추고 HACCP인증을 식품의약품안정청으로부터 받아 국제적인 신뢰성을 확보한 기내식 공장으로 하루 5만식 이상의 기내식을 생산할 수 있다. 더욱이 국제선 매출실적은 수출실적으로 계상되기 때문에 그 의의가 있다할 것이다. 기내식 공장의 시설구조는 위생안전과 작업동선을 고려하는데 작업과정은 첫째 식자재입고 및 검수, 메인창고 및 냉장·냉동고 입고, 전처리 후 냉장실 보관 및 해동, Hot & Cold Kitchen, Bakery 등의 조리 후 냉장실 보관, 세팅작업 후 Holding Room보관, Food Service Truck 탑재과정과 둘째 하기 후 기물세척과 린넨세탁과정, 기물창고 보관과 음식물쓰레기처리 등의 과정이 있다. 이러한 부대사업은 기내식 사업뿐만 아니라 기내판매업, 급유업, 화물창고업, 지상조업 등으로 항공사는 막대한 부대수입을 창출하고 있으며 심지어 영업부문의 적자를 부대사업에서 보전하는 경우도 있었다.

4) Catering Service Mind

서비스사업으로 이해되는 Catering은 자사 및 외항사 등 고객사가 품격있는 Food & Beverage를 고객에게 제공할 수 있도록 고객사의 욕구를 충족시키도록 최선을 다하여야 할 뿐 아니라 가장 기본적인 항공기의 안전운항과 정시운항에도 이상이 없도록 만전을 기하여야 한다. 특히 항공기의 지연운항이나 결항, 임시편 운항 등의 비정상운항시 고객사에 대한 협조도 고객관계를 유지하는데 중요한 요소이다. 기내서비스 중 포크가 없다던지 샐러드나 메인디쉬에 소스가 빠졌다던지 하는 경우 치명적인 불량서비스를 초래하게 되므로 조그만 실수도 용납되지 않는 것이 특징이라고 할 수 있다. 이런 점을 감안하여 Manual이나 Checklist, Recipe, 전산화, 교육 등이 발달되어 있다. Catering사업의 주요 외부고객은 계약을 체결하는 항공사이나 세분화하면 기내에서 인적서비스를 담당하는 객실승무원이 있으며 최종고객은 탑승객일 것이다. 상기 고객의 욕구는 무엇인지 항시 모니터링하여야 하고 서비스 연구개발에 힘써야 하는 것이다. SAS의 얀 칼슨회장의 저서 「Moments of Truth」에서 제대로된 기내서비스 제공도 중요한 서비스개선 프로젝트 중의 하나이듯 항공사서비스는 순간순간 현장에서의 고객중심의 경영철학이 강조되고 있다.

2 기내식

1) 기내식 종류 및 메뉴 선정

기내식은 비행시간 및 운항노선, 식사시간대, Class 등의 특성별로 아래와 같이 다양하게 분류될 수 있으며 각 항공사는 항공편의 여건에 맞추어 메뉴를 선정하는 작업을 한다. 메뉴선정은 일반적으로 항공사가 메뉴타입 및 선정하고 싶은 메뉴, 사용기물 등을 제시하면 Caterer의 추천을 받아 Meal Presentation을 거쳐 보통 각 클래스별로 3Cycle Menu와 가격을 협의하여 확정하게 된다. 메뉴선정시 고려되는 요인은 승객의 기호와 타 항공사의 서비스수준이 크게 작용하며 일반적인 승객의 높은 기호는 소고기로 만든 Hot Meal의 서양식을 Full Course로 고급스럽게 서비스받는 경우라고 할 수 있으며 근래 전주비빔밥 등 한식에 대한 선호도가 매우 높아 복편분에도 서비스되어지는 등 확대되고 있는 추세이다. 또한 장거리노선에서는 보통 두끼 이상 제공하고 일반석에도 선택메뉴를 서비스하는 경우가 많으며 메뉴변경은 보통 1~2년 간격으로 실시하고 3 Type Menu를 선정하여 2개월 간격을 두고 순환서비스하는 사이클 메뉴 시스템을 시행하는 경우가 많다.

① 서빙타임에 의한 분류 : BRF, LCH, DNR, Brunch, SNX 등

② 비행시간에 의한 분류 : Hot Meal, Cold Meal, Beverage 등

③ 노선에 따른 분류 : 서양식, 동양식, 국제선 및 국내선 등

④ 좌석등급에 따른 분류 : First Class Meal, Business Class Meal, Economy Class Meal 등

⑤ 식재료구분에 따른 분류 : Beef, Pork, CHIX, Seafood, VG, Poultry 등

⑥ Special Meal

⑦ Crew Meal : 장거리노선은 일반 Economy Class에 서비스되는 Meal과 거의 동일하나 국내선과 단거리노선, 장거리노선 2nd SVC Meal은 도시락으로 제공하기도 하며 특히 Cockpit Crew Meal은 별도로 제공하여 식중독사고 등의 만약의 사태에 대비한다.

2) Special Meal(특별식)

특별식은 정규 Menu 외에 종교나 건강상의 이유 등으로 탑승객의 사전 요청에 의하여 서비스되어지는 기내식을 말한다. 승객이 요청한 특별식은 종교나 건강상의 이유 등으로 주문되기 때문에 탑재되지 않는 경우 Hot Complaint를 받게되므로 각별하게 유념하여 핸들링되어져야 한다. 장거리노선에서 승객이 굶고 여행을 한다면 큰 문제를 야기하는 경우가 발생될 수 있기 때문이다. 우선 승객은 예약시 특별식을 미리 주문하는 것이 사전 준비를 위하여 바람직하다. Meal Ordering담당은 CRT를 통하여 항공기 출발 1~2일 전에 사전 체크하여 주방에서 준비를 하도록 하고 Counter Close시 다시 한 번 재확인한다.

(1) 종교에 따른 특별식

① KSML(Kosher Meal)

② MOML(Moslim Meal)

③ HNML(Hindu Meal)

④ VGML(Vegitarian Meal)

(2) 건강상의 이유

① NSML(No Salt, No Sugar)

② DBTC ML(Diabetic Meal)

③ Low Fat or Fat Free Meal
④ Low Cholesterol Meal
⑤ Low Calorie Meal
⑥ Soft Bland Diet Meal
⑦ Gluten Free Meal
⑧ No Dairy Product Meal
⑨ Fruit Only, Fish Only 등

(3) 연령 및 기타

① CHD ML
② BBML (Baby Meal)
③ Honeymoon Cake
④ Bon Voyage Cake
⑤ Birthday Cake 등

3) Meal Service Type

일반적으로 미주노선과 같은 장거리노선의 경우 DNR/LCH와 BRF/SNX 등과 같은 2번 정도 식사를 제공하고 동남아노선과 같은 중거리노선의 경우에는 DNR OR LCH 같은 Large Tray Meal SVC를 하며 한・일노선과 같은 단거리노선의 경우에는 Block Time에 따라 Hot Meal을 서비스하거나 Cold Plate 또는 S/W같은 SNX류나 심지어 BEV SVC만 서비스하기도 한다.

(1) F/C LCH, DNR, HVY SNX

- Welcome SVC
- Apertif SVC : Ginseng SVC도 가능함.
- Basic Tray SVC
- Roll SVC : Various Kinds
- Caviar SVC

- Hors D'oeuvre SVC wz Wine
- Soup SVC : 2 Kinds
- Salad SVC : Mixing Salad or Bowl Salad
- Entree SVC : 2-4 Choice
- Cheese SVC : Various Kinds
- Fruits SVC : Mango, Melon, Orange, Papaya etc
- Dessert SVC : Cake or Icecream, Chocolate etc
- Hot Bev & Liqueur SVC : Coffee, Tea, Ginseng Tea, Petit Fours etc

(2) F/C 2nd SVC BRF

- Bev SVC : HOT Bev, Fresh O/J etc
- Basic Tray SVC
- BRF Roll SVC
- Appetizer SVC
- Cereal WZ Fresh Milk or U-Dong SVC
- BRF Entree SVC : Omelet or Poached Egg, Scrambled Egg SVC

(3) Short PTN

- Aperitif SVC : Cocktail Nuts etc
- Basic Tray SVC wz Salad/Appetizer/Roll
- Entree SVC : 2-3 Choice Menu wa IND Casserole
- Dessert & Fruits SVC

(4) B/C Long PTN

- Welcome Drink SVC : On the Ground
- Aperitif SVC
- Basic Tray SVC

- Wine SVC
- Entree SVC
- Coffee & Tea SVC
- 2nd SVC : Bev, Tray-Meal

(5) E/Y Class & Crew

- Bev SVC
- Meal SVC
- Coffee & Tea SVC

4) 기내식 품질 및 위생관리

기내식은 기내서비스 품질을 좌우하고 고객의 관심이 지대하여 항공사는 기내식 개발 등에 상당한 심혈을 기울이고 있으며 특히 F/C 및 B/C Meal은 특급호텔 이상의 고가의 식재료를 사용한 음식이 많아 항공기에 탑재되는 기내식의 품질이 항공사와 Caterer가 체결한 내용과 부합하고 위생에 안전한 음식인지를 매번 체크하도록 되어있다. 기내식 품질에 관한 주요 점검사항은 기내식과 사용기물의 외양, 기내식의 신선도, 식재료의 품질과 음식의 양, 미탑재품 여부, 조리시설과 조리과정 등으로 Menu Book과 사진 등을 참조하며 현장에서의 정기적인 검식과 샘플링 본사 송부 등의 방법을 겸한다.

기내식 위생관리는 Catering계약 전부터 확인하고 있어야 할 기본적인 점검사항으로 정기적인 Caterer점검이 이루어진다. 만약 항공여행 중에 식중독사고라도 발생한다면 그 여파는 엄청나기 때문에 위생규정은 철저하게 지켜져야 한다. 현재 대한항공 인천 기내식공장은 식품의약품안전청의 HACCP(Hazard Analysis & Critical Control Point,식품위해요소 중점관리기준)인증을 받아 위생안전이 훌륭하여 대외적인 홍보효과가 상당하다고 볼 수 있다. 기내식위생관리의 주요 체크사항은 주방시설에 있어서 식자재반입 및 관리의 적정여부, Hot Kitchen, Cold Kitchen, Bakery, Butcher, 냉장냉동창고시설, 전처리시설, Holding Area, 창고시설, 세척장시설, 쓰레기처리시설 등의 관리상태와 기물에 관련하여 청결상태와 보관상태, 적정량 보유여부 및 현장조업과 관련하여 Food Service Truck 탑재상태 및 냉장여부, Meal Cart/Container의 Dry Ice 탑재량 준수여부, 음식의 훼손 및 이물질 혼입여부, 조업원의 복장상태, 냉동식자재의 해동과정, 기내 탑재후 음식 신선도체크 등으로 Meal Quality점검사항과 함께 행하여야 할 중요한 사항이다. 또한 Caterer는 자체 위생시험실을 구비하고 있으므로 정기적인 시험결과를 항공사에 제출하도록 하고 있다. 우리나라의 경우 식품위생법 규정을 준수하여야 하므로 그 규정에 의거하여 체크하여도 큰 효과를 볼 수 있다. 그리고 항공기가 장시간 출발지연이 되는 경우 기내에 탑재하였던 음식의 폐기여부도 일반적인 규정을 가지고 있다.

아시아나, 기내식 오스카상인 '머큐리 賞' 수상

아시아나항공이 국제 항공 케이터링 협회(ITCA)가 수여하는 '머큐리상(Mercury Award)' 식음료 부분 최우수상인 금상을 수상했다. '머큐리상'은 매년 전세계 항공사들로부터 각 항공사의 특화된 서비스를 출품 받아 ITCA가 수여하는 상으로 항공서비스의 우수성을 가늠할 수 있는 세계적으로 권위 있는 상이다. 2006년 11월부터 세계 유수의 항공사들이 참가한 2006년 '머큐리상'은 5개 분야로 나뉘어 2개월 간 엄정한 심사를 거쳐 2007년 3월 9일 독일 쾰른에서 최종 결과가 발표되었다. 본선 출품작 중 창의적이고 혁신적인 서비스와 서비스품질 그리고 내·외부 고객만족도를 종합 평가하여 수상작을 선정하였으며, 여기서 아시아나는 「카테고리 넘버2」인 식음료 부분에서 최고의 영예인 금상을 수상하게 된 것이다. 불고기와 9가지 신선한 야채, 호두·잣·땅콩·호박씨·해바라기씨 등 견과류를 갈아 넣어 된장의 짠 맛을 줄이고 감칠맛을 더한 쌈장이 함께 제공되고 있는 「영양 쌈밥」은 지난 2005년 미주 노선을 시작으로 현재 유럽노선에까지 서비스가 되고 있으며 승객의 70% 이상이 찾을 정도로 찬사를 받고 있다. 아시아나는 「비빔밥」, 「궁중 칠첩반상」, 「영양 쌈밥」 등 한식 기내식을 지속적으로 개발하여 한식의 우수성을 세계적으로 알릴 예정이다. 한편, 아시아나는 지난 2003년 「플라잉 매직서비스」, 2005년 「세계 고유의상 패션쇼」를 통해 '머큐리상'을 수상한 바 있다.

* 머큐리상은 1983년 ITCA에서 시상을 시작한 이래 24년간 세계 항공서비스에 대해 최고의 권위를 자랑하고 있는 상으로 인정받고 있다. 머큐리상은 세계유수의 항공사와 항공관련 회사들이 각자의 창의적인 서비스를 출품하여 이를 5개의 분야로 심사, 2개월 간의 엄정한 경선을 거쳐 각 분야의 금상, 은상, 동상을 수상하는 것이다.
* ITCA(International Travel Catering Association) : 유럽 중심의 항공사 및 케이터링 업체를 주축으로 결성되었고, 기내 서비스 및 기내식 개발과 보급확대를 목적으로 결성된 기내서비스 관련 국제 민간단체.

※ 5개 분야
- 카테고리 1: 기내서비스부분
- 카테고리 2: FOOD OR BEVERAGE 부분
- 카테고리 3: EQUIPMENT 부분
- 카테고리 4: SKILLS DEVELOPMENT 부분
- 카테고리 5: SYSTEMS & PROCESS DEVELOPMENT 부분

출처 : 아시아나항공

PHOTO SPECIFICATION(TRAY)

Customer	CHINA EASTERN AIRLINES
Flight	MU 5042,5052
Sector	SEL-SHA
Class	B/C
Eff-Date	04.03.01 -
Cycle	2
Meal Code	MU004
Meal Type	HOT LUNCH
Meal LEG	1

	APPETIZER	
APMX235(APMX411)	KING PRAWN W/APPLE SALAD	1P
	RED LETTUCE LINER MUSTARD LEAF LINER KING PRAWN WITH ITALIAN DRESSING LEMON WEDGE CHERRY TOMATO HALF CUT WATERCRESS GARNISH ON TOP GINGER PICKLE APPLE SALAD WALNUT GARNISH ON TOP	1 x 1 PC 1 x 1 PC 1 x 2 PC 1 x 1 PC 1 x 1 PC 1 x 1 PC 1 x 5 G 1 x 25 G 1 x 1 PC
	DESSERT	
DECA214(DECA225)	MANDARIN CAKE	1P
	MANDARIN CAKE ORANGE SAUCE WHIPPING CREAM ROSETTE MINT LEAF GARNISH	1 x 1 PT 1 x 20 G 1 x 1 PC 1 x 1 PC
	SUNDRY	
SUOT041(SUND073)	HOT PEPPER PASTE(CUP TYPE)	1P
	HOT PEPPER PASTE	1 x 1 PC
	SPREAD	
SUOT031(OTHR016)	ROSETTE BUTTER(20G)	1P
	ROSETTE BUTTER	1 x 20 GR

LSG Sky Chefs	ASIANA AIRLINES INT'L	Effective Date 2004.09.01 - 2005.02.28
Meal Code WEF033	Revision No : 1 Revision Date: 2005-01-31	Page Number

Class	E/Y
Meal Type	HOT DINNER
Flight No	OZ 301
Sector	ICN-HKG
Cycle :	3
Meal LEG :	1

	ENTREE 1	
ENBE421(ENBE504)	DDEUK KAL BI W/ PAK CHOI	50%+
	DDEUK KAL BI 60G x 2PC BUL GO GI SAUCE COOKED PAK CHOI WITH ORIENTAL SAUCE SAUTEED RED/GREEN PIMENTO,ONION JULIENNE STEAMED RICE	1 x 120 G 1 x 30 G 1 x 30 G 1 x 10 G 1 x 100 G
ECX013 OZ0002	E/Y CASSEROLE ALUMINUM FOIL ENTREE 2	1PC 1
ENFI222(ENFI319)	BRAISED MONKFISH WITH HOT SPICY SAUCE	50%-
	BRAISED MONK FISH HOT SPICY GLUTINOUS SAUCE COOKED BEANSPROUT, MINARI,GREEN ONION SLICED RED / GREEN PEPPER STEAMED RICE	1 x 80 G 1 x 40 G 1 x 30 G 1 x 5 G 1 x 100 G
ECX013 OZ0002	E/Y CASSEROLE ALUMINUM FOIL	1PC 1

LSG Sky Chefs	ASIANA AIRLINES INT'L	Effective Date 2004.09.01 – 2005.02.28
Meal Code WEF033	Revision No : 1 Revision Date: 2005-01-31	Page Number

Class	E/Y
Meal Type	HOT DINNER
Flight No	OZ 301
Sector	ICN-HKG
Cycle :	3
Meal LEG :	1

	APPETIZER	
APMX327(APMX512)	PRAWN & VEGETABLE W/ NUT DRESSING	1P
	BOILED MEDIUM PRAWN (31-40/ FC 017) BLANCHED CARROT STICK CUT BLANCHED CUCUMBER STICK CUT COOKED BAMBOO SHOOT SLICE CHERRY TOMATO NUT DRESSING	1 x 2 PC 1 x 5 G 1 x 10 G 1 x 10 G 1 x 1 PC 1 x 20 G
CDJ008 EDX004	BOWL LID (KOR) R-BOWL	1EA 1PC
DECA246(DECA254)	DESSERT : APPLE PIE	1P
	APPLE PIE LEAF SHAPE CHOCOLATE GARNISH ON TOP	1 x 1 PC 1 x 1 PC
CDJ008 EDX004	BOWL LID (KOR) R-BOWL	1EA 1PC
BRMX059(SUND437)	BREAD : SOFT ROLL NEW 샤니	1P
	SUNDRY	
SUOT209(SUND277)	POLO CANDY	1P
SUOT286(SUND338)	HOT PEPPER PASTE 15G(TUBE TYPE)-NEW	1P

3 기물(Equipment)

1) 정의

기내식을 서빙하기 위해서는 Fork나 Knife 등의 Cutlery와 Meal Tray, Dish, Meal Trolley 등이 필요한데 이러한 Rotable Item을 기물이라 통칭한다. 기물은 소모품과 달리 반영구적으로 세척하여 재사용하고 해외 Station에 일정량을 배치하며 항공기에 장착된 Galley 구조에 적합하게 만들어진다는 특성을 가지고 있다.

2) 종류

(1) Carrying Equipment

Meal Tray 및 Didh 등 각종 집기류를 세팅하고 운반하는 Cart류와 Container, Oven Rack 등 반영구적인 재질로 만들어진 기물을 지칭한다.

① Cart : Meal과 Beverage를 세팅하며 크기에 따라 Full-Size와 Half-Size로 구분하고 보통 28Runner로 Tray Size에 따라 Cart의 규격이 달라진다. 용도에 따라 Dish-Warmer Cart와 Trash Cart 등도 있다.

② Container : Carrier Box라고도 칭하며 Meal과 Beverage, Wet Ice, Dry Item 등을 세팅한다. Size에 따라 Standard 및 Atlas Type 등이 있다.

③ Oven Rack : Entree를 Heating하기 위하여 Oven에 장착할 수 있도록 만들어진 기물로 Hand Towel을 Heating하는데 쓰이기도 한다.

④ Liquid Container(Hot Jug) : 원두커피나 뜨거운 물을 담는 용기

(2) Tableware

Meal Table과 Meal Tray에 Setting되는 기물을 통칭하는 것으로 Chinaware, Glassware, Cutlery 등이 있다.

① Chinaware

F/C와 B/C에 사용되는 고급식기류로 제한된 기내공간의 특성 때문에 그 SIZE가 제

한되며 파손 및 분실이 많아 세심한 관리가 요구되는 품목이다. 행남자기와 한국도자기, 밀양도자기, 노리다께사의 Bone-Chinaware가 많이 사용되고 있다.

- 8“Plate (Large Plate) : Main Dish용
- 6“Plate (Medium Plate) : Appetizer, Bread, Dessert등 사용빈도가 가장 많음.
- 3“Plate (Small Plate) : Butter서비스용
- Soup Bowl : Soup, Salad, Dessert 등 서비스용
- Coffee Cup
- Cup Saucer : Coffee Cup과 Soup Bowl 받침용
- Large Casserole : Main Meal Heating용
- IND. Casserole : 단거리로선 Entree Heating용

② Melamineware

Economy Class SVC용 식기류로 상대적으로 가볍고 잘 파손되지 않고 값이 저렴하여 경제적이다.

- MEL. Casserole : E/Y Class Entree Heating용
- Cold Plate : Cold Meal의 Main Dish
- Dessert Bowl
- Roll Plate : Appetizer, Salad, Roll 등 SVC용
- Coffee Cup

③ Glassware

F/C 및 B/C에는 고급스러운 크리스탈글라스를 제한된 공간이지만 최대한 용도에 맞춰 서비스하고 E/Y Class에는 보통 프라스틱이나 종이재질의 컵을 대용한다. 크리스탈글라스는 청결하게 유지하는데 많은 주의가 필요하고 파손 우려가 많아 Glassrack에 보관하여야 한다.

- On The Rocks, Tumbler Glass : 음료수나 맥주, 칵테일 등의 용도
- Wine Glass : W/W과 R/W, Champagne용도
- Brandy(Cognac) Glass

④ Cutlery

F/C 및 B/C에는 Silver Cutlery를, E/Y Class에는 S/S Cutlery와 Disposable Cutlery를 많이 사용한다. Silver Cutlery는 고급스러우나 부식이 잘되어 관리하는데 많은 주의가 필요하다.

- Fork류
- Knife류
- Soup Spoon
- Tea Spoon
- 수저
- 젓가락

⑤ Tray

일반적으로 Plastic재질을 사용하나 F/C에 Silver Tray를 사용하기도 한다. Size에 따라 Mel, Large Tray, 2/3Size, Small Tray등으로 분류되어진다.

⑥ Linenware

F/C 및 B/C에는 Linen을 사용하고 E/Y Class에는 종이재질을 많이 사용한다. 용도에 따라 Table Cloth, Dinner Napkin, Trolley Mat, Towel 등으로 분류되어지는데 특히 크리닝이 중요하여 자체세탁소를 운영하는 항공사가 많다.

⑦ Serving Tool

각 메뉴별로 서빙하기 위하여 필요한 주방기물을 말하는데 F/C 및 B/C에는 Silver 제품을 사용하고 E/Y에는 보통 S/S제품을 사용한다.

- Serving Trolley, Hors D'oeuvre Tray
- Champagne Basket, Wine Opener
- Ice Bucket wz Tong, Ice Scoop
- Bread Basket wz Tong
- Soup Tureen, Soup Ladle

- Punch(Mixing) Bowl wz Fork N Spoon, Pepper Mill, Salt Shaker, Dressing Server wz Ladle
- Carving Board wz Knife N Spoon, Sauce Holder wz Ladle, Serving Fork N Spoon, Gravy Boat wz Ladle, Casserole Holder, Condiment Set Holder
- Cheese Board wz Knife, Fruit Basket
- Cake Knife wz Server
- Coffee Pot, Tea Pot, Milk Pitcher, Sugar Tong, Lemon Squeezer, Lemon Tong
- Towel Basket wz Tong
- U-Dong Bowl wz Chopstick
- Coathanger wz Tag, Blanket, Pillow wz Cover ETC

3) 기물관리

기물은 대부분 고가가 많아 재사용이 가능하나 파손이나 분실이 많고 취항하는 해외Station에 일정량을 배치하여야 하므로 적정량을 보유하여야 하는 등 그 관리에 많은 관심을 가져야 할 중요한 품목이다. 특히 Blanket 등의 분실률이 높아 모든 항공사가 중점관리하고 있으며 F/C 및 B/C에 쓰이는 Chinaware, Glassware 및 Silver제품은 훼손 가능성이 많아 조심스럽게 취급하여야 한다. Meal Trolley 등 기내식에 사용되는 기물은 Station상호간 Relay가 되어야 하므로 Full Passenger에 맞추어 Deadhead Equipment를 탑재, 하기하는 Standard Loading Q'TY를 운용하고 있으며 특히 항공기가 Charter나 Off-Line Operation시 문제가 발생하는 경우도 있다. 또한 Coffee Container 등 일부 기물은 항공사 대부분 규격이 같아 혼재하는 경우도 있다. 일반적으로 항공사가 해외Caterer와 계약시 체결하는 Equipment Handling Instruction의 내용은 Balancing / Deadheading, Allocation / Inventory, Dispatching, Shipping, Storage, Repair, Loading / Unloading, Laundry, Sanitarizing 등이 기술되어진다.

4) 항공기 도입시 기물담당의 업무

항공기 내부는 조종석, 승객 좌석과 통로, 화장실, Coatroom 그리고 객실승무원이 작업할 수 있는 공간 즉, Galley 등으로 이루어진다. Galley는 기내식과 기내서비스용품, 기내판매품 등을 탑재하는데 보통 Wet Galley와 Dry Galley로 분류되고 있다. 항공기 도입시에는 사전에 항공기종 및 운항노선, 서비스패턴 등에 따라 Galley Spec를 검토하고 Vendor를 선정하여야 하며 필요한 기물을 구입하여 배치하여 항공기 도입 후 운항에 지장이 없도록 Catering Operation Manual을 제작하여 교육하여야 한다. 이러한 Galley Insert는 잘못 구매하는 경우 엄청난 손실을 초래하므로 신중을 기하여야 한다.

4 기내판매

1) 중요성

기내판매는 술과 화장품, 향수, 쥬얼리 등 세계적으로 유명한 제품을 시내 Duty Free Shop보다 저렴하게 판매하여 고객의 선호도가 높은 편으로 하나의 서비스개념으로 이해하는 것이 바람직하며 항공사는 막대한 수익을 창출하는 부대사업의 일종인 관계로 대부분의 항공사가 기내판매를 운영하고 있다. 특히 우리나라 국민의 기내판매에 대한 관심은 폭발적이라고 할 수 있어 자국기의 연간 수입액 및 수익률은 월등하고 그 증가세가 두드려져 기내판매수입의 제고에 혈안이 된 적도 있었다.

2) 판매품목의 선정

판매품목은 판매량 및 판매금액 등을 조사하여 부가가치가 높고 고객의 선호도가 높은 품목위주로 타 항공사의 판매품목을 참조하여 선정하는데 일반적으로 주류와 화장품, 향수, 주얼리, 초콜릿 등 기타 선물용품 및 지역특산품 등으로 구성된다. 판매가격은 시내 Duty Free Shop과 타항공사의 판매가격, 수익률을 기준으로 결정된다.

3) 기내판매품 관리절차

기내판매의 업무는 관세법의 규정을 준수하여야 하므로 우선 자체 목표와 계획을 수립하여 보세창고 설영특허를 받아 구매를 하고 통관절차를 거쳐 보세창고에 입고, 창고관리를 하여야 한다. 창고관리자는 항공기탑재를 위하여 세관에 사전 기적허가신고를 하고 기내 기내판매품 적재공간에 탑재 후 기판담당 승무원과 인수인계를 하고 확인을 받아야 한다. 승무원은 기내판매 후 판매일보를 작성하여 서명하고 물품멸실보고서를 작성하며 항공기가 도착하면 지상담당자에게 기판품 잔량을 인수인계하고 부족시에는 기판품 SHORTAGE 발생보고서를 작성하며 세관승기직원에게 서류확인을 받아야 한다. 지상담당자는 하기된 기판품을 창고에 입고시키고 사무담당자는 승무원으로부터 판매대금을 인수받아 은행에 입금시키고 마지막으로 세관에 관련신고와 결산절차를 거치면 일련의 과정이 종결된다.

4) 기내판매 형태

기내에서의 기판품 판매는 일반적으로 2가지 형태를 갖고 있다. 첫째 Cart Presentation방식은 기판카트나 트롤리에 탑재하여 승객에게 실물을 보여주면서 판매하는 형태로 승객의 구매유발효과가 매우 높고 인당 판매시간이 짧은 장점을 가지고 있어 매출실적을 높이고자 하는 항공사에서 많이 사용되고 있으나 일부 승객은 원하는 상품을 구입할 수가 없거나 상품판매시간 이외에는 구입할 수가 없는 경우가 발생하는 단점이 있다. 둘째 Order Base판매방식은 승객에게서 주문을 받아 승무원이 상품을 갖다주는 소극적인 판매방식으로서 판매시간이 길며 구매유발효과가 많이 뒤떨어지는 단점이 있으나 대신 상품구입기회가 균등하고 상품판매시간 이외에도 구입할 수 있으며 항공사가 기내판매에 매달리지 않는다는 인식을 심어줄 수 있는 장점을 가지고 있다. 첫째 방식은 아시아 유럽계항공사가, 둘째방식은 미주항공사가 많이 채택하고 있다. 또한 항공사는 매출증대와 고객편의를 위하여 기내면세품 사전예약주문제도를 운영하고 있는데 전화, 팩스, 인터넷과 귀국편 사전주문서 등이 있다. 이는 사전에 주문량을 일부분 파악함으로써 기판품의 탑재량을 조정하여 항공기의 공간제약을 활용하고 인터넷주문과 같은 경우 신용카드로 선결제함으로써 기내에서 승무원의 워크로드를 줄이는 등의 이점을 가지고 있다. 기판품의 결제수단은 달러나 원화, 엔화, 홍콩달러 등의 현금과 트레블러즈 체크나 신용카드 등이 사용되는데 고객편의를 위하여 점차 확대되고 있으며 환율 적용은 항공사에서 매일 공지한다.

5) 기내판매 제약에 따른 문제점

기내판매는 시간적인 제약과 공간적인 제약 그리고 법률적인 제약으로 나누어 볼 수 있다. 첫째, 시간적 제약은 항공기 운항중에 기내서비스 시간을 일부 할애하여 기내판매를 함으로써 발생된다. 장거리노선의 경우 보통 1시간 이상이 할애되어 큰 불편함이 없고 대형 항공기가 운항하여 탑재량도 많아 한 편당 수만불의 판매실적을 올리기도 한다. 그러나 단거리노선의 경우는 정반대로 중소형 항공기가 운항하여 탑재량이 많지 못하고 특히 일본이나 중국노선은 운항시간이 짧아 기내판매에 할애할 시간이 아주 적어 많은 제약을 받는다. 둘째, 공간적 제약은 항공기의 특성상 항공영업과 기내서비스가 우선하기 때문에 기내판매품의 적재공간은 충분하지 못하는 실정으로서 판매품이 조기 품절되어 고객불만을 야기하는 경우가 발생되기도 한다. 셋째, 법률적 제약은 기판품의 종류와 판매가격, 탑재량 등에 대한 관세법의 적용을 받기 때문에 발생하는 사항이 있으며 각국은 주류와 담배, 향수 등의 품목 등에 Duty Free Allowance를 두어 승객의 과다한 반입을 제한하고 있다.

항공사들의 부대사업이 짭짤한 수익원 역할을 하고 있다. 지난해에 이어 올 들어서도 부대사업 수익이 크게 늘고 있어 항공사들의 수익원 다각화에도 크게 기여하고 있다.

3일 관련업계의 따르면 대한항공과 아시아나항공은 항공운송을 제외한 항공기정비, 기내식, 면세품, 호텔 등 부대사업을 통해 올 1/4분기에만 총 3,218억 원의 수익을 올린 것으로 나타났다.

전체 영업 수익에서 차지하는 비중도 10%를 넘어섰다.

대한항공은 올 1/4분기 면세품, 기내식 등 부대사업에서 2,276억 원의 매출을 올렸다. 이는 전체 매출의 11.2%에 해당하는 규모이다.

특히 기내 판매사업이 효자노릇을 톡톡히 하고 있다. 올 1/4분기 기내 판매로 벌어들인 수익은 전체 매출의 7.5%에 달하는 1,526억 원 규모이다. 지난 1,421억 원보다 100억 원 가량 늘어난 것이다.

회사측은 “최근에는 ‘기내 면세품 사전예약 주문제도’를 통해 판매효율성 제고에 노력하고 있다”면서 “고객의 니즈(욕구)에 맞는 다양한 상품을 제공하고 엄격한 품질관리를 통해 고객의 만족도를 높여 나갈 것”이라고 말했다.

대한항공은 이외에도 항공기 제조판매 및 정비부문에서도 542억 원(2.7%)의 매출을 올렸으며 기내식 제조·판매 132억 원(0.6%), 호텔리무진사업 76억 원(0.4%)에서도 안정된 수익을 올렸다.

아시아나항공도 올 1/4분기 부대사업 매출비중이 10.9%에 이르는 실적을 냈다. 가장 많은 돈을 벌어들인 분야는 건축물임대수입, 장비대여수입 등 기타 부대사업이다.

아시아나항공은 이 부문에서 714억 원의 매출을 올렸다. 전체 매출의 8.3%에 해당하는 규모로 지난해 같은 기간 526억 원(6.6%)보다 200억 원 가량 늘어난 것이다.

기내 면세판매 부문에서도 전체 매출의 2.3%에 달하는 201억 원의 실적을 올렸으며 초과수하물 운송에서는 27억 원의 매출을 올렸다.

5 객실소모품과 엔터테인먼트

객실소모품은 항공여행 중 기내에서 고객서비스를 위하여 필요한 주류와 음료, 독서물, 화장실용품, 기내식에 사용되는 소스류, Disposable Item 등의 소모되는 품목을 말하는데 맥주나 생수, 신문잡지 등은 현지인의 기호에 맞추어 해외에서 Standard Loading된다. 또한 기내식에 사용되는 Meal Tray Mat 및 Cutlery bag, Salt & Pepper, Sugar, Creamer, Pre-Scented Towel, Paper Binder Napkin, Cocktail Napkin 등은 해외주방에 송부한다.

기내소모품은 워낙 종류가 다양하고 품목수가 많아 500종이 넘고 운항노선과 클래스 등에 따라서 탑재량이 달라 관리가 힘들며, Guava Juice나 Macadamia Nut 등의 수입물품과 Paper Napkin이나 Vinyl Bag, 성냥같은 국내물품이 섞여 있어 관세법상 내외주 소모품창고로 구분하고 메인창고와 일일불출창고로 구분하여 관리한다. 기내소모품은 서비스계획이 세워지면 구매후 창고관리에 유의하여야 한다. 창고관리는 최적구매량을 통한 적정재고를 가지고 운용하여야 하는데 Coffee Creamer 등은 선입선

출원칙을 지켜야 하며 ABC기법을 통한 재고관리가 요구된다. 또한 갑작스런 재고부족시에는 서비스에 지장을 초래하므로 해외공항에서의 긴급탑재 등 현지구매 및 Cabin Load등을 통한 대책을 세우기도 한다.

1) 항공사 Wine과 Spirits

(1) 와인 선정기준

와인은 포도즙을 발효시켜서 제조하는 대표적인 과실주로서 기내서비스의 수준을 가름하는 중요한 요소 중의 하나인 관계로 세계 최고서비스를 지향하는 항공사는 모두 경쟁적으로 최상급와인을 탑재, 서비스하고 있다. F/C 와 B/C의 와인 선정기준은 운항노선 및 탑승클라스의 고객특성을 고려한다. 우선 세계적으로 품질과 명성에서 인정받고 있는 프랑스산은 1차 선정하는데, 특히 Bordeaux산 R/W과 Burgundy산 W/W은 빠지지 않으며 Wine 소비와 선호도를 반영하여 Dry Wine을 선정되는 편이 많다. 또한 근래 California 및 Chile산 등의 선호도도 높아지는 추세이며 내국인의 취향을 위하여 마주앙 등 국산와인을 탑재하고 있다. 한편 각 와인회사는 자사와인의 홍보효과를 위하여 항공사와인으로 선정되기 위한 노력도 상당하다.

(2) 와인에 대한 이해

포도의 원산지는 중앙아시아로 와인의 역사는 유사 이전부터 시작되었다고 알려지고 있으며 와인에 관한 페르시아 전설도 있다. 와인을 즐기기 위해서는 Wine과 Food와의 관계, Wine Tasting, Vintage, Label Reading, 제조과정, Table Manner, Wine Glass종류 등에 관련하여 기본적인 상식을 갖추어야 한다.

(3) Champagne

샴페인은 파리 북동쪽 샹파뉴지방에서 탄생한 발포성와인으로 중세기 Dom Perignon이라는 수도승이 처음 만들었다. 샴페인 자체가 수정같이 맑고 윤기가 있으며 글라스에 따를 때 거품이 크기가 작고 글라스에 올라오는 시간이 오래 지속되어야 좋은 샴페인으로 평가받을 수 있다. 주요 포도품종은 Pinot Noir, Chardonnay 및 Pinot

Menuiner 등이 있으며 주요 생산회사는 Dom Perignon을 만드는 Moet & Chandon, Rene Lalau를 만드는 G.H. Mumm, Comtes De Champagne을 만드는 Tattinger 등이 유명하다. 샴페인을 서비스하는데 필요한 기물은 Champagne Basket과 Bucket, Opener, Linen, Champagne Glass 등으로 Silverware와 Crystal Glass가 품위가 있다. 기내에서 샴페인은 가장 먼저 서비스되어지는 Welcome Drink로 많이 이용되며 주로 중장거리 노선의 F/C와 B/C에서 서비스되어진다.

(4) France Wine

세계 제일의 와인 생산지인 프랑스는 Bordeaux, Bourgogne, Loire, Champagne, Rhone, Alsace지방의 와인이 많이 알려져 있다. 프랑스와인은 품질검사 규정에 의하여 A.O.C. Wine과 V.D.Q.S. Wine, Vins De Pays, Vins De Table 4등급으로 나뉘고 있다.

첫째, 보르도지역은 로마시대부터 포도밭이 조성되어 애용되었고 1152년부터 영국에 수출되었으며 특히 R/W은 전세계적으로 가장 유명하다. 주요 포도품종은 R/W용 Cabernet Sauvignon, Merlot, Cabernet Franc과 W/W용 Sauvignon Blanc, Semillon이 있다. 보르도의 Medoc, Pomerol, Saint-Emililion, Graves, Sauterne지역이 유명생산지이다. Grand Cru 제1급와인은 Chateau Lafite-Rothschild, Chateau Latour, Chateau Margaux, Chateau Haut-Brion, Chateau Mouton Rothschild가 있다.

둘째, 부르고뉴지역은 보르도지방과 함께 프랑스를 대표하는 와인생산지로 특히 W/W이 유명하며 영어로 Burgundy라고 부르기도 한다. 상표에 포도품종이나 회사명칭보다 포도밭 명칭이나 그 지명이 많이 표기되고 있기도 하다. 주요 와인생산지역은 Chablis, Cote-D'or, Beaujolais, Maconnais지역이고 W/W의 포도품종은 Chadornnay, R/W은 Pinot Noir, Pinot Meunier, Gamay Noir가 주류를 이룬다. Chablis Wine은 생선요리와 달팽이요리와 잘 어울리는데 특히 Oyster와 잘 어울린다. Chambertin Wine은 나폴레옹이 마시던 와인이며 알렉산드 듀마는 "그 어느 것도 한 잔의 샹베르뗑을 통해 보이는 장밋빛 미래를 만들 수 없다."라고 극찬하였으며 그 외에 Montrachet, Meursault, Pouilly Fusse 등이 유명하다. 2개월이 지나면 출하되는 Beaujolais Nouveau는 이 지역와인이다.

셋째, 알사스지역은 독일 접경지역으로 Sweet W/W인 Riesling이 유명하고 생선류와 잘 어울리며 마주앙 리슬링도 있다. 그리고 남쪽지역에서는 Rose Wine도 많이 생산되고 있다.

(5) 프랑스 외 와인 생산지역

독일의 와인산지는 Rhein Wine과 Mosel Wine으로 크게 나뉘고 이태리도 포도의 나라로 불리우며 Vermouth가 유명하다. 스페인은 Sherry주가, 포르투갈은 Port Wine과 Madeira Wine이 유명하며 스위스, 헝가리 등지의 와인도 많다. 미국 캘리포니아 나파밸리의 와인과 칠레, 호주산의 와인도 근래 많이 애용되고 있다.

> **프랑스와인의 병모양은 세계가 인정한 '天上의 와인'**
> (::와인경연대회서 대한항공 4種 '1~3위' 입상::)
>
> 대한항공의 기내에서 서비스되는 와인의 우수성이 다시 한 번 국제사회로부터 호평을 받았다.
> 대한항공은 13일 오후(현지시간) 영국 런던에서 개최된 세계 최고 권위의 항공사 와인 경연대회인 '천상의 와인 2006'시상식에서 비즈니스 클래스 화이트 와인 부문 1위를 포함해 총 6개 부문에서 3위권 내에 입상하는 높은 성과를 거뒀다고 24일 밝혔다.
> 대한항공이 비즈니스클래스에서 서비스 중인 '피에르 스파 게부르츠트라미너 2002'가 화이트와인 부문 1위에 선정된 것을 비롯해 다른 3종의 와인이 퍼스트클래스 레드와인 부문 2위와 비즈니스 클래스 샴페인와인 부문 및 디저트와인 부문에서 각각 3위에 오르는 등 출품한 8종의 와인 중 4종이 3위권 내에 진입했다. 또 이런 결과를 바탕으로 와인 서비스 종합 부문과 비즈니스클래스 와인 종합 부문에서 각각 2위에 선정되는 등 와인 서비스의 우수성을 인정받았다.
> 이 경연대회는 세계적인 여행 전문지인 비즈니스트래블러와 와인 전문지인 와인앤드스피릿이 공동으로 주최하는 세계 최고의 항공사 와인 경연대회로 1989년 처음 제정됐다.
> 대한항공은 현재 퍼스트 클래스에만 11종을 포함, 전체 클래스에 36종의 와인을 서비스하고 있으며, 노선별로 특화된 총 9개국의 와인을 소비량에 따라 탄력적으로 구매하는 등 품질 유지와 개 선에 힘을 쏟고 있다. 이번에 수상리스트에 오른 와인은 와인애호가들에게서 이미 높은 평가를 받아왔다.
>
> 권은중 기자 jungkk@munhwa.com

1~3위에 입상한 대한항공 기내 와인 4종

- 피에르 스파 게부르츠트라미너(Pierre Sparr Gewurztraminer) 2002 = 2003년 이 대회에서 동일 제품의 1999년산이 비즈니스 클래스 화이트 와인 부문 1위를 차지했을 정도로 뛰어난 품질을 인정 받은 제품. 알프스의 푸르름과 신선한 자연의 숨결을 느낄 수 있는 신선한 과일향이 물씬 풍기는 와인이다.
- 샤토 라스콤브(Chateau Lascombes) 1999 = 퍼스트클래스 레드 와인 부문 2위에 오른 이 와인은 프랑스 보르도지방 마고마을에서 생산되는 최고급 와인 중 하나다. 1955년 이 지역 와인의 품질을 분류할 때 최고등급인 그랑크뤼(Grand Cru)와인으로 선정됐다. 이 와인은 수령이 평균 25년 이상 포도나무에서 수확한 세 종류의 포도를 사용하여 제조했다. 또 오크통에서 18개월 동안 숙성시켜 바닐라와 농익은 붉은 과일의 풍부한 향취를 머금은 짙은 붉은 색이 특징이다. 또 입 속에서 느껴지는 질감이 비단을 씹는 듯이 부드러우며 마시고 난 뒤 느낌이 길게 남는 조화가 잘 이루어진 와인이다.
- 곤잘레스비아스 티오페페 세리(Gonzalez Byass Tio Pepe Sherry) = 비즈니스 클래스 디저트 와인 부문 3위에 오른 이 와인은 스페인 남부 헤레스지역에서 생산되는 대표적인 와인이다. 알코올 함량은 15% 정도로 일반 화이트와인보다 약간 높은 편이다. 숙성 중에 발생되는 특수한 효모로 인해 세리 특유의 아로마를 가지고 있으며 신선감이 느껴지면서 드라이한 맛으로 인해 식전주로 많이 애음되고 있다. 곤잘레스비아스사는 1835년에 설립되었으며, 현재 5대 세리생산회사 중 하나다.
- 파이퍼 에이드직(Piper Heidsieck Brut NV) = 비즈니스 클래스 샴페인 부문 3위를 차지한 이 와인은 프랑스 샹파뉴지방에서 생산된다. 적포도인 피노 누아르(Pinot Noir)와 피노 뫼니에 (Pinot Meunier) 2종류를 사용하여 블랜딩(Blending)한 뒤 지하저장실에서 오랫동안 숙성하여 가벼운 과일향이 풍겨나며 입 안에서 신선하며 우아한 맛을 느낄 수 있다.

[기사제공] 문화일보

(6) Whisky

게일어(Gaelic)에서 유래된 "생명의 물"이란 뜻을 지닌 위스키는 지역적인 특성을 가지고 있어 Scotch, Bourbon, Canadian, Irish Whisky 등으로 나뉘고 있다. 보리와 옥수수, 호밀, 귀리 등의 알곡(Grain)을 갈아서 발효, 증류의 과정을 거쳐 Oak통에서 숙성시켜 출고시키는데 숙성되는 동안 향미(Flavour)와 향취(Aroma), 품격(Character)이 형성된다.

① Scotch Whisky

크게 Highland와 Lowland지방으로 구분되는데 Highland의 Straight Malt Whisky는 Blending하지 않고 단일 맥아주로 맛과 향이 짙으며 Glenfiddich와 Dalmore, Balblair Whisky 등이 있다. 그리고 Lowland Malt Whisky는 비교적 부드럽고 향이 강하지 않으며 J/W, Chivas Regal, Ballentines, Black & White, Whitehorse, Dewar's, Grants 등의 많은 위스키가 있다.

② Bourbon Whiskey

미국의 Bourbon County지방의 Hard Liquor로서 호밀과 옥수수를 섞어 만든 증류주이며 항공기에 Jack Daniel이 탑재되고 있으며 저가인 Jim Beam도 있다.

③ Irish Whiskey

아일랜드지역에서 Malt뿐만 아니라 호밀과 귀리 등의 곡물로 만들어지며 Full Bodied한 위스키로 유명하다.

④ Canadian Whisky

캐나다지역에서 호밀과 옥수수를 주재료로 만들며 맛이 부드러우며 Canadian Club, Seagram's V.O. Crown Royal 등이 유명하다.

(7) Gin

네덜란드의 약학교수가 Grain을 증류해서 만든 Spirits에 Juniper Berry를 담가 재증류해서 의약용으로 처음 만들었다. 쥬니퍼베리외 수종의 향료식물이 사용되어 향긋하고 상쾌한 향이 특징으로 숙성을 길게 하지 않는데 Holland Gin은 London Dry Gin과 달리 엿기름냄새가 난다. Beefeater's Gin과 Gordon's Gin, Gilbey's Gin 등이 유명하다.

(8) Vodka

러시아국민주로서 주로 감자로 만들어지며 증류 후 자작나무 숯으로 여과되어 무색, 무취, 무미한 게 특징으로 다른 술과 혼합이 잘되어 칵테일에 많이 이용된다. Smirnoff, Stolichnaya, Moskovskaya, Zubrowka 등이 유명하다.

(9) Rum

사탕수수로 만들어지며 Oak통에서 6개월 정도 숙성시키면 Light한 럼주가 되는데 무색으로 톡쏘는 산뜻한 맛과 향미가 아주 상쾌한 술이다. 쿠바와 하이티, 푸에르토리코 등의 카리브해안지역에서 많이 생산되며 Bacardi Rum이 유명하다.

(10) Cognac

프랑스 꼬냑지방에서 와인을 2번 증류하여 만든 부피를 줄인 술로서 오크통 속에서의 숙성년도에 따라 Three Star, V.S.O.P., Napoleon, X.O. 등급으로 분류되고 있으며 Hennessy, Remy Martin, Martell, Courvoisier를 4대 브랜드로 칭한다.

(11) Armagnac

프랑스 보르도 서남부 아르마냑지방에서 와인을 증류하여 제조되는 브랜디로 1번 증류하여 알콜도수가 꼬냑보다 낮으나 향기는 보다 진하다.

(12) Calvados

사과를 짓이겨 발효시킨 후 2번 증류하여 만드는 브랜디로 사과의 향과 맛이 좋다. 판매시의 알코올도수는 40~45도 정도로 최소한 2년 이상 숙성시킨다.

(13) Sherry

Apperitif로서 유명하고 Dry Sherry와 Sweet Sherry로 나뉘며 원산지는 백악질 토양인 스페인 Jerez지방으로 White에 속한다. 이 와인은 Solera System이라는 Blending과정을 거치는데 Dry Wine을 Light와 Fullbodied로 분류한 후 Old Wine에 Young Wine을 Blending한다.

(14) Port Wine

식후주로 유명한 포르투갈의 알코올 강화와인으로 매우 감미롭고 정찬을 빛내준다. 이 와인은 포도즙이 통속에서 발효하는 동안에 브랜디를 넣어 발효중지를 시켜 당분이 남게 하여 스위트하고 스트롱한 와인이 제조되는 것이다.

⒂ Vermouth

와인에 Herb, Root, Flower,나무껍질 등을 가미하거나 인공적인 처방을 한 Liqueur의 한 종류로 드라이한 French Vermouth는 식전주로 항상 차게 서빙되고 스위트한 Italian Vermouth는 W/W에 당분을 첨가하여 제조한다.

⒃ Liqueurs

일반 증류주에다 과일이나 꽃, 식물, 혹은 천연향료 등의 성분을 배합하고 다시 감미료, 착색료 등을 첨가하여 만든 술로서 가열하거나 우려내는 방법과 담궈놓거나 차갑게 하는 방법을 사용하며 당도가 있고 감미로워 식후주로 애용된다.

① Amaretto : 살구의 핵과 향초 등을 첨가한다.
② Apricot Brandy : 살구의 향기가 있는 리큐르로 매우 달다.
③ Benedictine D.O.M. : 1510년 프랑스 베네딕트수도원에서 탄생된 허브타입의 리큐르로 메이스는 꼬냑이며 호박색이다. 식후주로 유명하다.
④ Cointreau : White Curacao의 최고급품으로 고급브랜디와 섞어 만든다.
⑤ Curacao : 나미 큐라사오섬의 쓴맛의 오렌지껍질을 브랜디 등에 담궈 감미한 리큐르로 갈색, 레드, 블루, 무색 등 여러 가지 컬러가 있다.
⑥ Creme De Cacao : Creme De란 말은 브랜디에 과일, 약초 등의 맛을 내게 하고 감미한 리큐르로 칵테일에도 많이 사용된다.
⑦ Drambuie : 스카치위스키와 꿀, 허브, 스파이스 등으로 만들어진 리큐르
⑧ Grand Marnier : 꼬냑에 Hittin산 오렌지껍질을 배합, 오크통에 숙성시킨 리큐르
⑨ Cherry Brandy : 버찌와 브랜디로 만들어지는 리큐르
⑩ Kahlua : 커피빈스, 코코아빈스, 바닐라로 만드는 멕시코산 Coffee Liqueur
⑪ Tia Maria : 자마이카산 Blue Mountain Coffee로 만드는 리큐르
⑫ Bailey's Irish Cream : Irish Whiskey와 Creme De Cacao를 혼합하여 만든 리큐르
⑬ Campari : 각종 식물의 뿌리, 씨, 허브, 껍질 등 70여 가지의 재료로 만들어지며 소다워터나 오렌지주스를 타서 주로 마시는데 Aperitif로 알맞다.

2) 기내 Entertainment

싱가폴항공은 편안하고 지루하지 않은 여행을 위하여 첨단정보통신기술을 이용한 엔터테인먼트를 개발하고 클래스별로 높은 수준의 차별화된 서비스를 제공하며 노약자나 어린이를 위한 서비스를 제공하며 기내 엔터테인먼트잡지를 발행하는 등 딜럭스한 물적서비스에 막대한 투자를 하고 있다.

에미레이트 항공의 기내 엔터테인먼트

에미레이트 항공의 기내 엔터테인먼트와 함께 하시면, 비행시간 내내 흥미진진한 시간이 됩니다. 비행기가 이륙할 때, 조종사의 시야에 들어오는 장관을 여러분도 플라잉 캠(i)을 통해 감상하실 수 있습니다. 35,000피트 상공에서 펼쳐지는 색다른 아름다움을 마음껏 즐기고, Airshow(ii) 운항정보시스템(FIS)을 통해 지금까지의 비행 거리와 기타 통계 등 여행 상황에 관한 최신 정보를 얻으실 수 있습니다. 이 모든 것은 좌석에 설치된 개인용 터치 스크린 액정 TV 채널을 통하여 제공됩니다. 최대 18개의 TV 채널과 22개(iv)의 라디오 채널이 지원되며, 에미레이트 항공편이 취항하고 있는 세계 각국의 언어로 프로그램이 방송됩니다.
에미레이트 항공의 모든 좌석에는 위성 전화(v)가 장착되어 있어, 가족과 친지 또는 회사 동료에게 바로 연락을 취할 수 있고, 비행 중에 팩스를 보낼 수도 있습니다. 위성 전화요금은 세계 어느 곳이든 분당 미화 5달러입니다. 전화 요금은 주요 신용카드나 기내에서 구입한 전화 카드로 지불하시면 됩니다.

에미레이트 항공, 기내 엔터테인먼트 부문 최고 항공사 선정

에미레이트 항공은 영국 스카이트랙스(Skytrax)가 발표한 2005년 기내 엔터테인먼트 부문 최고의 항공사로 선정됐다고 밝혔다. 이번 설문조사는 스카이트랙스가 2004년 6월부터 2005년 5월에 걸쳐 실시한 연간 항공기 기내 엔터테인먼트 설문조사로, 전세계 85개국에서 100만명 이상이 설문에 참가했다. 에미레이트 항공은 이번 리서치에서 '중동 최고 항공사' 및 '중동, 아프리카의 최고 지역 항공사'로 선정되는 영예를 안았다. 에미레이트 항공은 또 최고의 이노코미 클래스부문에서 2위를 차지했으며 '올해의 브론즈 항공사 상'을 수상하기도 했다. 스카이트랙스의 기내 엔터테인먼트 설문조사는 각 항공사 기내 엔터테인먼트를 대상으로 전반적 품질, 선택 가능한 언어 및 상영 영화, 비디오/오디오 프로그램, 게임 및 인터렉티브 옵션, 헤드셋 품질 등 고객만족 측면에서 측정한 것이다. 피터 밀러 스카이트랙스 마케팅 이사는 "지난 10년간 기내 엔터테인먼트에 대한 전반적 개념 자체가 크게 변화했고 기내 엔터테인먼트가 승객들에게 점차 중요한 요소로 부각되고 있다"며 "항공기는 고객에게 최상의 여행 경험을 제공해야 하며, 에미레이트항공이 지속적으로 업계에 모범이 되길 바란다"고 말했다.

(글쓴이 : 스튜어디스 컨설턴트)

6 CATERING OPERATION

1) 중요성

모든 경영조직활동은 PDS의 과정을 거치듯이 기내서비스의 핵심인 기내식과 기물, 서비스품목, 기내판매품 등의 결정과 기내서비스 스케줄 등의 계획과정은 객실승무원의 서비스가 원활하게 진행될 수 있도록 상호 연관관계가 잘되어 있어야 고객만족으로 귀결될 수 있다. 상기 사항은 Catering Operation Manual로 집대성되어지는데 주방과 각 창고, 기내, Shipside에서 작업하는데 필요한 모든 탑재 및 하기 지침으로 객실승무원이 제대로 숙지하여야 질이 좋은 서비스를 할 수 있다. 이 매뉴얼은 수시로 수정되고 H/O와 해외지점에서 준수하여야 할 모든 Operation사항이 기록되어 있으며 Extra/Charter편의 매뉴얼은 Case by Case로 제작된다. 일본의 한 항공사의 표본을 아래 소개한다.

INTRODUCTION

1. The purpose of Catering Operation Manual is to give instructions and explanations for catering works such as meals and meal preparations, liquors, soft drinks and sub-foods, and sanitary controls.
2. The Catering Operation Manual has been compiled by Cabin Service Planning Division. The same office will be responsible for the revision of the Manual as well as for distribution thereof.
3. For the sanitary controls the sanitary instructions are scheduled to be distributed as a part of the Catering Operation Manual.
4. For the necessity of keeping the present manual always up 세 date, it is necessary to place the Manual under control by replacing the adequate page or pages by the distributed revised ones.

2) 매뉴얼의 주요내용

① Cabin Layout & A/C Seat Configuration

② Flight SKD & In Flight Service Procedure

③ Galley Assembly : 대부분의 객실용품은 각 Zone에 있는 Galley에 탑재되는데 상단은 Carrier Box, Comp't, 중간은 Oven, Water Boiler, Coffeemaker, Ice Drawer, Liquid Con't, Carrier Box, 하단은 Meal Cart, Liquor Cart, Waste Cart 등의 기물류에 세팅되어 탑재된다. 객실용품은 Galley 외에 Coatroom, Lavatory, Stowage, Sales Storage, Magazine Rack, Partition, Overhead Bin 등에도 탑재된다.

④ Loading Quantity : Class 및 Zone별로 탑재량을 산정한다.

- Equipment : Chinaware, Melamineware, Glassware, Cutlery, Linen, cart, Drawer, Tray, Oven Glove, Serving Tool 등
- Kitchen Supply Items : Lemon Slice & Wedge, Orange Slice, Fresh Milk, Serving Tray, Wet/Dry Ice, Fresh Flower 등
- Sub Food : Sauce, Pepper, Salt, Ketchup, Stuffed Olive, Cherry, Pickle, Evaporated Milk, Honey 등
- Liquor & Mixer류 : Wine, Whisky, Cognac, Gin, Vodka, Rum, Beer, Liqueur, 국산 주류, Tonic Water, Soda Water, Ginger Ale 등
- Beverage : Juice, Coke, 7-Up, Mineral Water 등
- Miscellaneous Sundry Items : Coffee & Tea, Sugar Cube, Almond, Peanut, Bisquit, Disp Headrest Cover, Doily, Coaster, Cup 등
- Reading Materials
- Lavatory Items
- Seatpocket Items : Safety Instruction Card, T/T, Menu/Sales/Wine Book, Earphone, Air Sick Bag, In-Flight Mag, C.I.Q. Form Set 등
- Baby Kit : Baby Food(Gerber 등), Milk(Similac 등), Baby Bottle, Powder, Diaper, Nipple, Brush & Apron 등

- Child Kit : Model Plane, Toys, Chess, Hat, Puzzle, Candy, Book 등
- Writing Kit : Envelope, Writing Paper, Ballpen, Postcard 등
- Give Away Kit : F/C, B/C, E/Y Give Aways (Trump, Apron, Tie, Eye Mask, Overnight(Traveller) Kit 등
- C/A Kit : Sewing Set, Opener, Match, Scissors, Customs Seal 등
- Medical Kit : Aspirin, Bandage, 소화제, 연고 등
- Banyan Kit & First Aid Kit : 긴급환자 발생시에 대비하여 수술기구 등을 항공기 앞쪽에 보관한다.

⑤ Setting & Wrapping Method : Meal 및 기물, SVC Item 등을 Drawer와 Tray에 세팅하는 방법 등을 그림으로 예시한다.

- Tray Layout : 각 노선구간 및 Class별로 Tray Meal Setting 방법
- Cutlery/Chinaware/Glassware/Linen Setting(Wrapping) 방법
- Beverage & Liquor, Dry/Wet Ice Setting 방법
- Chilling Method of beer & Beverage in Summer Season
- Lavatory/Seatpocket/Hatrack Setting 방법 등

⑥ Galley Diagram (Loading Instruction)

- Galley : Cart, Trolley, Oven, Container, Hot Jug, Drawer 등
- Coatroom : Coat Hanger wz Tag, Bulk Loaded Items.
- Lavatory : Rollpaper, Tissue, Toilet Seat Cover, Soap, Lotion, Cologne, Perfume, Spray, Kotex, Comb 등
- Overhead Bin : Pillow, Blanket, Headrest Cover, Newspaper 등
- Magazine Rack : Magazines & Newspapers
- Sales Storage : Sales Items, Shopping Bag.
- Stowage : Heavy SVC Items etc.

⑦ Meal Setting Instruction : Tray Meal & Entree 등

⑧ Meal Ordering Procedure

⑨ Special Meal

⑩ Ground Handling Items Loading Instruction

⑪ Guidance for Deadhead Equipment Relation

⑫ Laundry Charge

⑬ Sanitary

⑭ Oversea's Station Loading Instructions

⑮ Catering Daily Report by Telex & Monthly Report

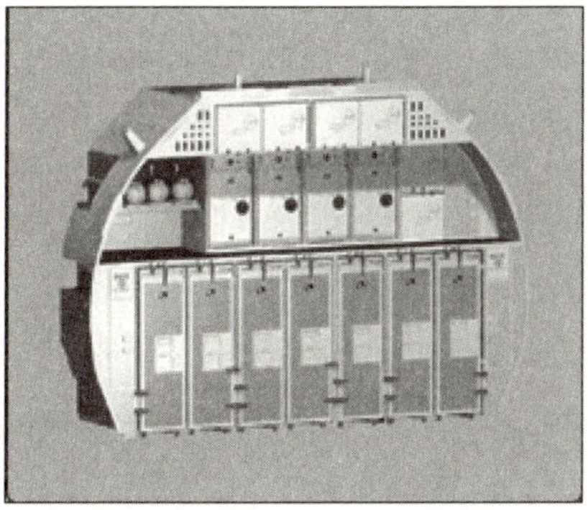

3) Meal Ordering

항공기에 기내식을 탑재하기 위해서는 해당편의 예약상황 및 기종, 운항스케줄, 특별식 등에 관한 구체적인 내용을 사전에 해당 항공사로부터 주문을 받아야 한다. 이런 과정은 항공사와의 기내식 공급계약서에 구체적으로 서술되어 있다. 기내식은 각 항공사의 운항노선구간과 기종, 클래스, 메뉴사이클, 승객의 요청 등에 따라 다양하고 기용품도 운항노선과 기종, 클래스 등에 따라 각기 상이하여 관리하기가 쉽지 않다. 이 업무는 Meal Loss를 방지하는 역할뿐만 아니라 항공기의 안전운항과 안전조업, 정시운항에도 중요한 역할을 하기 때문에 가장 중요한 현장관리책임을 가지고 있다. Catering 종합상황실로서 기내식주방과 기용품창고, 항공기 지상조업 등을 총괄지휘하는 이 업무는 결코 실수가 용납되지 않는 곳이라고 할 수 있다. 이는 아무리 좋은 계획도 실천이 따르지 않으면 아무 소용이 없는 것이기 때문이다.

Catering상황업무는 사전에 영업부문과 관련하여 정기스케줄과 부정기스케줄을 관리하고 운송부문과 관련하여 Counter Check-In과정과 Seat운영을 관리하며 전산부문과 관련하여 CRT 및 W/T 등의 시스템운용과 작동을 관리하며 승무부문과 관련하여

승무원의 탑승인원을, 지상조업부문과 관련하여 조업원 및 장비배치 상황을 파악하고 조업을 지시하고 교육하며 운항부문과 관련하여 A/C 운항현황을 파악하고 Irregular 상황발생시 상황처리에 협조하며 자체 케이터링 부문에 관련하여 Menu와 Loading Instruction, 기용품 탑재량, 해외배치 기물현황, 타 항공사와의 Catering 계약내용, 전산시스템 등 각종 업무를 숙지하고 있어야 하므로 항공사 전체 각 부문과 평소 유기적인 체계를 갖추어야 한다.

4) Meal Ordering Procedure

일반적으로 Meal Ordering Procedure는 Preliminary Meal Order(P.M.O.)와 Final Meal Order(F.M.O.), Add Meal Order의 과정을 거치는데 작은 실수도 용납될 수 없는 중요한 업무로 기내식 제조공장에서는 Meal Ordering Room이라는 상황실에서 항공사의 기내식 주문에서부터 주방 및 항공기 탑재완료 후 항공기가 출발할 때까지의 현장 전체를 통제하고 있다.

① Preliminary Meal Order

기내식 주방에서 사전에 기내식 제조에 필요한 식자재 준비 등을 위하여 보통 2~3일 전에 Flight Number와 HL Number, Estimated Time of Departure(E.T.D.), Reservation Status 등을 통보하는 것을 말한다.

② Final Meal Order

항공기 출발 최소 6시간 전까지 Special Meal 등을 포함한 Meal Order를 행하는 공식적인 절차로 예약승객의 No Show율를 감안하고 Irregular상황 발생시의 Cancel Charge를 유의하여야 한다.

CNXL Charge는 일반적으로 출발 6시간 전까지는 Free, 4~6시간 전까지는 50%, 4시간이내는 100% 등으로 계약서에 명기되는 경우가 많다. 이는 주방에서 조리사의 작업에 따른 Loss를 감안하기 때문이다.

③ Add Meal Order

F.M.O.시점부터 Counter Close시점까지 운송 탑승카운터에서 Check-In상황에 따

라 행하여지는 Meal Order로서 Special Meal이나 Service Item Order까지 정확하게 파악하여야 하며 보통 카운터 마감 후 Add Meal Car로 신속하게 탑재한다. 이 경우 Handling Charge가 발생된다. Counter Close는 각 항공사마다 규정이 달라 보통 항공기 출발 60분 전에서 40분 전을 기준으로 잡고 있다.

④ 외항사와 해외지점에서의 Meal Order

항공사 본사에서 Catering직원이 파견되거나 운송카운터 직원이 맡아 행하고 있다.

⑤ 부정기 전세기의 Meal Order

개인전세기 등이 입항하는 경우 Handling Agent가 없어 곤란을 겪는 경우가 많다. 이 경우 Catering Supervisor가 직접 항공기까지 가서 Order를 받고 현금으로 정산하기도 한다.

⑥ 항공기 지연출발시 대책

항공기가 정비 또는 기상 등의 이유로 장시간 지연되는 경우에는 항공사 Supervisor와 상의하여 결정하여야 할 사항으로서 일반적으로 1시간 이내 출발이 가능한 경우에는 기내에서 Beverage를 추가 탑재하여 서비스하고, 2~3시간 지연이 예상되는 경우에는 승객의 편의를 고려하여 Depature Lounge에서 S/W와 Beverage Service를 많이 하고 있으며, 6시간 이상 지연되는 경우에는 음식의 변질여부를 체크하여 탑재된 음식을 폐기하고 조정된 항공기 출발시간에 맞추어 새로 음식을 제조하여 탑재하는게 일반적이다. 상기와 같이 장시간 지연되는 경우에는 폐기처리할 탑재된 음식을 미리 기내에서 서비스하는 사례도 있다.

⑦ Transit Lounge Service Meal

국제선 승객이 입국하지 않고 비행기를 갈아타고 출국하는 경우 T/S Lounge에서 수시간씩 대기하는 경우가 많다. 이러한 승객을 위하여 항공사는 기내식사업부에서 T/S Lounge에 Snack Corner를 운영하고 있으며 Sandwich, 우동, Beverage 등의 서비스를 하고 있다.

5) Meal Loss 방지의 중요성

Meal Loss는 탑승객 수와 탑재된 Meal의 차이를 말하는데 Meal Loss를 Zero로 만드는 것은 현실적으로 불가능하다. 보통 Meal Loss율이 2% 이내이면 상당히 양호하다고 평가받는다. 상대적으로 해외공항에서의 Meal Loss는 더 많은 편이다. 이 발생원인은 예약자와 탑승객의 차이 즉, Passenger No Show율이 많을수록 그 빈도가 많은데 특히 Group No Show가 발생하는 경우는 그 영향이 크다. 이를 해결하기 위하여 평소에 노선의 특성을 연구하여 예약의 흐름 및 No Show율에 관한 통계를 내고 단체예약고객에 대한 Reconfirm을 하며 Special Meal Order승객의 탑승여부 등을 체크하는 등 관련부서 간 Communication을 원활하게 하는 등 다각도로 노력을 기울여야 한다.

6) 해외공항에서의 Catering업무

항공사는 국제선운항을 위하여 해외 Station에서 영업 및 운송, 객실, 운항, 정비 등의 항공사 본연의 업무를 수행하도록 본사직원을 주재시키고 현지 Local 직원을 고용하는 것이 일반적이다. 객실부문도 Catering 업무관리와 객실승무원을 관리할 수 있도록 주요 해외Station에 본사직원을 파견하고 있다. 해외공항에서의 Catering 담당직원은 본사교육을 받고 Meal Ordering 및 Supervising, 자사기물과 기용품관리, Flight 마감, 본사에의 정기적인 업무보고, 본사 지시사항의 이행 등의 업무를 수행하여야 한다.

7) 지상조업과 Weight Balance

항공사의 지상조업은 Cargo 및 Baggage Handling이 가장 많고 화물창고 조업 및 급유조업, 항공기 청소조업 등 공항 각 부문에서 행하여지고 있다. Catering Center에서의 지상조업은 객실용품창고 및 식자재창고, 기내식 탑재 및 하기조업, 차량운전, 세척장 및 세탁소 등에서 다양하게 행하여진다. 따라서 인력의 효율적인 관리와 안전사고예방을 위한 안전교육과 안전시설장비의 보강이 중요하다. 그리고 항공기의 안전운항을 위한 객실용품 Weight Balance작업도 운항관리부와 협조하여야 한다. 보통 미주노선의 경우 객실용품의 탑재량이 5톤 이상이 되기도 한다.

8) 객실용품 통관과 검역

통관(Customs Clearance)이란 물품을 외국으로 수출하거나 외국에서 수입함에 있어서 거쳐야 할 세관절차로서 우리나라의 경우 국제수지의 균형과 국민경제의 발전을 위하여 관세법・대외무역법・외국환거래법 및 각종 수출입관련특별법 등을 통하여 수출입을 규제하고 있는데, 이러한 각종 법령상의 규제사항을 세관에서 확인・집행하는 제도를 통관제도라고 하며 관세법의 목적은 관세의 부과・징수 및 수출입물품의 통관을 적정하게 하여 국민경제의 발전에 기여하고 관세수입의 확보를 기하고자 하는 것이다.

우리나라에 입출항하는 모든 항공기와 국제선 항공기에 탑재하는 모든 객실용품과 기내판매품은 특허보세구역으로, 기내식은 기내식 보세공장으로 관할세관의 관리 하에 업무를 처리하여야 한다. 이는 인허가등록과 기용품 통관, 기적 및 하기신고, 보세운송관련 규정 등으로 대별할 수 있다.

그 외 기내식에 사용되는 육류와 채소, 과일 등을 수입하는 경우에는 검역절차를 거쳐야 한다.

(1) 인허가등록관련

보세운송업자 등록과 보세창고, 기내식 보세공장, 기용품운송통로 지정 등의 등록을 필하여야 영업을 할 수 있다.

(2) 보세운송업자의 등록

외국무역기에 출입하면서 하역을 하거나 보세운송 등 보세화물을 취급하는 자와 외국무역기 등에 물품 또는 용역을 공급하는 자등은 관세청장 또는 세관장에게 등록하도록 되어있다.

(3) 식자재 및 객실용품 통관, 기내식제조 관련

기용품반입신고와 반출신고, 수출통관 및 반송통관, 내국면세물품 반입반출신고, 식자재사용신고 등을 하여야 한다.

(4) 기적 및 하기신고

외국무역기가 개항에 입출항시에는 기장은 기용품목록, 여객명부, 승무원명부, 승무원휴대품목록 및 적하목록을 첨부하여 세관장에게 입출항보고를 하여야 한다. 그 외 기내판매품의 파손품처리규정과 기내판매신고 등의 사후관리에 관한 규정도 관련법에 의거하여 처리하여야 한다. 상기와 같은 업무의 편의성 및 감시를 위하여 보세구역 내에 세관에서 특파공무원을 파견하기도 한다.

Korea–U.S.A

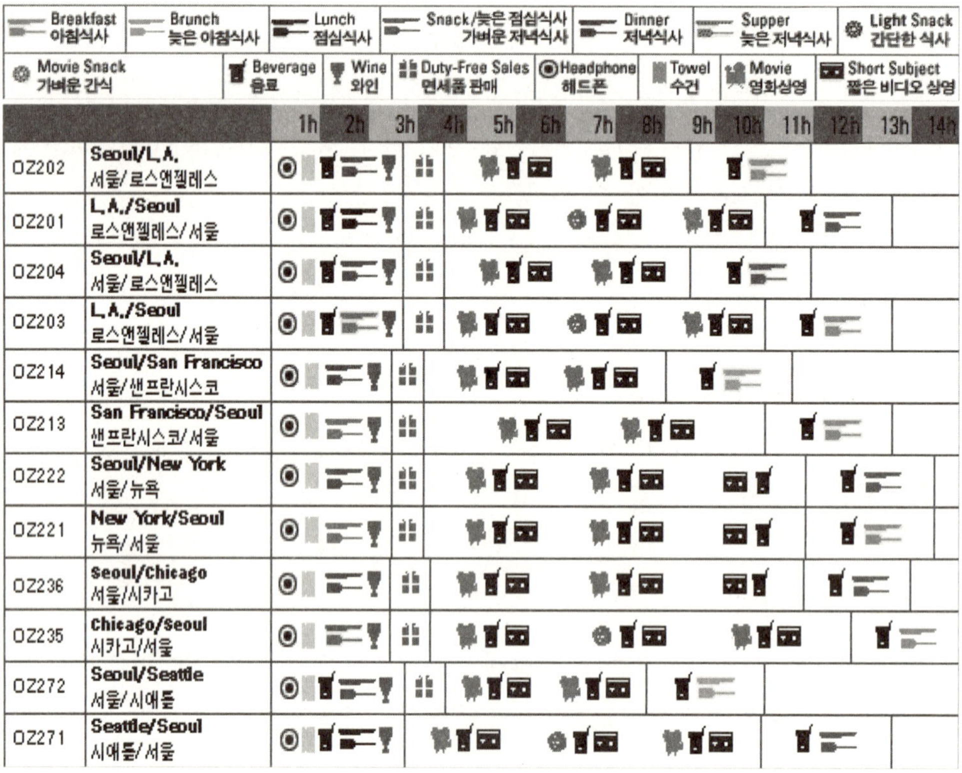

제 **14** 장

항공운송협약과 국제항공기구

1 국제운송협약

2 국내항공운송의 책임과 운송약관

3 국제항공기구

1 국제운송협약

1) 민간항공의 규제 체제

① 양자 간 규제(bilateral regulation) : 두 주권국가 정부 간의 협상과정을 통해 운송서비스의 상업적 권리를 교환하고 공급, 운임 등 문제를 해결함으로써 상업적인 운송활동에 대해 상호 규제체제를 형성

- 1946년 버뮤다협정(Bermuda Agreement)이 기본모델

② 다자 간 규제(multilateral regulation) : 국제기구, 다자 간 조약 또는 별도의 특별한 활동범위 내에서 3개 이상의 주권국가에 의해 수행되는 규제

- 1919년 체결된 파리협약이 최초의 다자 간 규제를 확립. 1944년 시카고회의에서 체결된 국제민간항공협약 등이 대표적

(1) 다자 간 협정이란?

① 조약(treaty)의 형식으로 그 내용이 명시됨

② 조약이란 문서의 형태로 국제법의 규율을 받는 국가 간에 체결된 국제합의

③ 종종 결의(act), 합의서(agreement), 헌장(charter), 협약(convention), 계약(covenant), 선언(declaration), 의정서(protocol) 등으로 명명됨

④ 통상 국제항공에서 국제협약이란 3개국 이상의 주권국가가 서명한 조약을 의미

(2) 국제항공협약

① 국제항공의 최초 항공협약 : 1944년 시카고협약(Chicago Agreement)

② 항공운송인의 책임과 손해배상 등의 문제는 항상 국제협약 : 1929년 바르샤바협약(Warsaw Convention)

2) 항공운송인의 책임과 국제협약

(1) 바르샤바체제

협약	내용
바르샤바협약(1925)	• 항공운송인의 책임제도를 처음으로 확립
헤이그 의정서 (Hague Protocol, 1955)	• 바르샤바협약의 책임한도액을 수정
과달라하라협약 (Guadalajara Convention, 1961)	• 계약운송인과 실제운송인에 대한 운송책임을 명문화 함
과테말라 의정서 (Guatemala City Protocol, 1955)	• 운송인의 절대책임 • 현행의 바르샤바체제를 근본적으로 개정, 현재까지 미발효 중
몬트리올협정 (Montreal Agreement, 1966)	• 항공사 간의 책임에 관한 계약

(2) 복합운송에 관한 유엔협약

① 복합운송협약의 배경

- 국제화물운송이 발달에 따른 복합운송의 급증
- 유엔교역 및 개발위원회(UNCTAD)의 주도적인 참여

② 국제복합운송(international multimodal transport)이란?

- 계약에 근거하여 두 가지 이상의 타 운송수단에 의해 다른 국가를 목적지로 하여 화물을 운송하는 것

③ 복합운송협약의 적용 : 운송 중 사고가 발생하는 경우 적용할 수 있는 국제협약이나 이에 준하는 국내법규가 복합운송협약의 배상한도보다 높은 상한을 규정하고 있는 경우에는 이러한 법의 높은 상한을 적용함(협약 제19조).

(3) 국제협약의 새로운 동향

① 일본의 책임한도제 폐지(1992)

② 유럽민간항공위원회(ECAC)의 책임한도액 인상(1992)

③ 워싱톤협약(Washington Agreement, 1995) → 몬트리올협정(1966)을 대체, 무한책임제도 채택

(4) 몬트리올협약(Montreal Convention, 1999)의 의의

① 항공운송책임에 대한 새로운 제도 채택

② 바르샤바체제의 개혁과 통일된 국제사법의 탄생이라는 점에 큰 의의

(5) 손해배상한도 : 무한책임

① 여객의 사망이나 부상에 대한 배상

첫째, 항공사의 과실에 관계없이 100,000 SDR까지 항공사의 절대책임을 규정

둘째, 100,000 SDR 초과시 항공사의 과실추정주의에 근거하며 무한책임을 적용

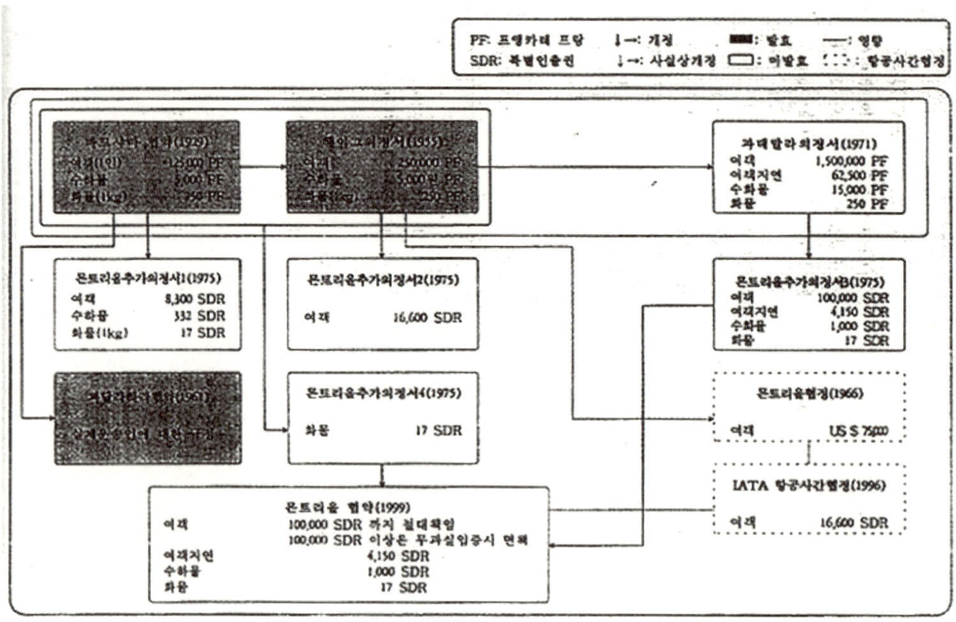

[그림 14-1] 바르샤바체제의 변천과정

3) 항공기 및 항공보안에 관한 국제협약

(1) 항공기 협약

① 제네바협약(Geneva Convention, 1948)

② 로마협약(Rome Convention, 1952)

(2) 항공보안 협약

① 도쿄협약(Tokyo Convention, 1963)

② 헤이그협약(Hague Convention, 1970)

③ 몬트리올협약(Montreal Convention, 1971)

④ 몬트리올협약 추가의정서(Protocol Supplementary to the Montreal Convention, 1988)

⑤ 탐지 목적의 플라스틱 폭발물 표시에 관한 협약(Convention for the Marking of Plastic Explosives for the Purpose of Detection, 1991)

2 국내항공운송의 책임과 운송약관

① 항공운송사고 : 원칙적으로 자국의 국내법을 적용
예 독일, 프랑스, 영국 등 : 국내 항공운송법을 제정하여 적용

② 관련법 및 운송약관(general conditions of carriage)의 적용
예 우리나라 등 다수 국가 : 관련법을 준용하거나 항공사의 운송약관을 적용

1) 항공운송인의 책임

(1) 책임의 법적 근거

① 상법 제148조 및 제150조 등의 관련법 규정을 준용, 사안별로 육상운송이나 해상운송에 관한 규정을 유추하여 적용

② 동시에 항공사의 여객운송약관을 적용

③ 항공운송인의 책임 범위와 배상기준에 대해서도 약관으로 명시

(2) 책임의 특징

① 과실추정주의

② 책임의 제한

③ 피해자의 과실

④ 수하물의 책임

⑤ 운송약관의 공시의무

(3) 운송약관이란?

① 고객이 항공권을 구입할 때마다 항공사와 고객 간에 성립되는 일종의 운송계약

② 여객이 항공권을 구입하거나 화주가 항공화물운송장을 발급받음으로써 항공사와 고객 간에는 운송약관의 조항에 따라 계약이 자동적으로 성립

(4) 책임의 특징

① 정기운송약관과 부정기운송약관

② 국내운송약관과 국제운송약관

③ 여객운송약관과 화물운송약관

2) 국내여객운송약관(例)

(1) 용어의 정의(Definitions)

운송약관에서 사용하는 기본용어의 정의는 다음과 같다.

① 국내 여객운송 : 유상 또는 무상 운송 여부에 관계없이 여객과의 운송계약상 그 출발지와 목적지 및 도중착륙지가 대한민국 영토 내에 위치하는 항공운송

② 항공권(ticket) : 항공사가 국내항공운항 노선상의 여객운송을 위하여 발행한 증표

③ 여객용 쿠폰(passenger coupon) : 여객 항공권의 일부로서 항공사와의 운송계약을 증명하기 위하여 여객에게 교부한 증표

④ 탑승용 쿠폰(flight coupon) : 여객 항공권의 일부로서 여객의 운송을 위하여 특정구간이 명기된 증표

⑤ 통상운임(normal fare) : 국내선 구간의 항공운송을 위하여 항공사가 정한 비할인 여객운임

⑥ 왕복여행(round trip) : 일정지점으로부터 여행을 개시하여 그 출발지점에 되돌아 오는 여행으로서 왕복 양편에 동일운임이 적용되며, 왕복편을 동일한 경로로 하는 여행

⑦ 수하물(baggage) : 여객이 휴대하거나 탁송을 의뢰한 소지품 및 물품

⑧ 위탁 수하물(checked baggage) : 여객이 항공사에 탁송을 의뢰하여 수하물표 또는 초과수하물표를 발행한 수하물

⑨ 휴대 수하물(unchecked baggage) : 위탁 수하물 이외의 수하물

⑩ 초과 수하물(excess baggage) : 항공사가 정한 무료 수하물 허용량을 초과한 수하물

⑪ 수하물표(baggage tag) : 위탁 수하물의 운송을 위하여 항공사가 발행하는 증표

⑫ 단체 여객(group passengers) : 동시에 2구간 이상의 동일구간을 여행하는 10명 이상의 여객으로 사전에 동일단체로 예약이 신청된 여객

⑬ 특별 운임(special fare) : 통상운임 이외의 운임

⑭ 소아(child) : 만 2세 이상 만 13세 미만의 여객

⑮ 유아(infant) : 만 2세 미만의 여객

(2) 항공권(Ticket)

■ 항공권의 유효성

① 항공권은 항공권에 기재된 사항대로 사용하여야 하며, 항공사 직원 또는 별도로 정한 자 이외의 타인이 기재사항을 말소 또는 변경하거나, 전부 또는 일부를 손상한 항공권은 항공사가 그 유효성을 인정하지 아니하는 한 무효로 한다.

② 항공권은 여객 성명 및 기타 소정 사항을 명기하고 유효인(stamp)을 날인한 경우에 한하여 유효하다.

③ 항공권은 타인에게 양도할 수 없다.

④ 여객이 항공권을 부정 사용하거나 운송증권상의 기재사항에 대해 여객이 허위 또는 부실 기재를 한 경우에는 이로 인해 여객자신 또는 제3자에게 발생하는 일체의 손해에 대하여 항공사는 책임을 부담하지 아니한다.

⑤ 특정기간의 운송을 위하여 발행한 항공권은 당해 항공권 발행 당시의 운임이 적용되는 구간 및 기간 내의 운송에 한하여 유효하다.

▪ 유효기간

항공권은 별도로 명시한 경우를 제외하고는, 여객의 여행개시일로부터 1년간 유효하며, 미사용 항공권의 경우는 그의 발행일로부터 1년 간 유효하다. 단, 유효기간 계산 시 여행개시일 또는 항공권 발행일은 포함하지 아니한다.

▪ 유효기간의 연장

다음 각 호의 1에 해당하는 사유로 인하여 항공권 유효기간 만료 전에 그 연장을 요청하는 경우에는 당해 항공권 유효기간을 연장할 수 있다.

① 좌석이 미확약된 항공권 소지 여객이 예약신청 시 좌석부족으로 인하여 탑승이 불가한 경우 좌석예약이 가능한 시점까지
② 항공사 사정에 의한 항공편의 취소, 여객의 확약된 좌석의 제공 불능, 출발 또는 도착지로 예정된 지점에서의 기항 불가, 운항시간표에 따른 정상적 운항이 불가한 경우 정상적인 운항이 가능한 시점까지
③ 여객이 질병이나 기타 신체상의 장애로 인하여 여행이 불가하여 동 사실을 확인할 수 있는 의사의 진단서를 제출한 경우 진단서에 기재되어 있는 여행을 시작할 수 있을 정도로 회복되는 시점까지

▪ 항공권의 분실

① 여객이 항공권을 분실하였을 경우 항공사는 이를 무효로 한다.
② 항공권을 분실한 경우에는 여객이 여행당일에 유효한 운임을 지불하고 신 항공권을 구입하지 아니하는 한 당해 구간에 대한 운송을 행하지 아니한다.
③ 제1항의 경우, 여객이 후일 당해 분실항공권을 발견하여 항공사에 제시하거나, 당해 분실항공권이 타인에 의하여 사용 또는 환불되지 않았다는 사실이 확인되고, 항공권이 부정행위에 의해 환불되거나 분실된 항공권 전체 또는 일부분이 환불되거나 사용되는 경우 해당 금액을 항공사에 배상한다는 내용을 항공사에서 정한 양식에 따라 제출하는 경우에 한하여 다음 각 호에 의하여 환불한다.

- 새로운 항공권을 구입하지 않았을 경우, 미사용 분실항공권은 여객이 최초 지불한 운임 전액을, 일부 사용한 항공권에 대하여는 탑승한 구간의 운임을 공제한 차액을 환불한다.
- 분실항공권을 대신하여 동일구간의 신 항공권을 구입한 경우, 신 항공권 구입을 위하여 여객이 지불한 운임을 환불한다.

(3) 운임 및 요금(Fares and Charges)

■ 적용운임 및 요금

① 적용운임 및 요금은 여객이 여행하는 당일에 유효한 운임 및 요금으로 한다.

② 지불된 운임 또는 요금이 적용운임 또는 요금과 상이한 경우에는 그 차액을 환불 또는 추징한다.

■ 유아 및 소아운임

① 성인에 의하여 동반되고 좌석을 점유하지 않는 유아는 성인 1인당 1인에 한하여 무임으로 한다.

② 소아, 별도로 좌석을 점유하는 유아 또는 성인 1인이 동반하는 유아 중 1인을 초과하는 유아에 대하여는 해당 구간 성인 통상운임의 일정률(例 75%)을 징수한다.

■ 부가가치세

부가가치세는 항공사가 정하는 운임 및 요금에 부가하여 징수한다.

(4) 예약 및 경로 변경(Reservations and Rerouting)

■ 예약

① 여객의 좌석 예약은 항공편 출발 예정 354일 전부터 접수하며, 항공권 상에 확약으로 명시되어 있을 경우에만 당해 예약이 유효하다.

② 항공권 구입기한

예약시점	구입기한
탑승예정일 300일 이전	예약일 포함 180일 이내
탑승예정일 299~200일 이전	예약일 포함 130일 이내
탑승예정일 199~100일 이전	예약일 포함 30일 이내
탑승예정일 99~10일 이전	예약일 포함 4일 이내
탑승예정일 9~5일 이전	예약일 포함 3일 이내
탑승예정일 4~2일 이전	예약일 포함 2일 이내
탑승예정일 전일 및 당일	탑승예정시간 60분 전까지

단, 국제선 연결 여객의 경우는 제외한다.

③ 예약의 자동 취소는 해당 항공사의 CRS 상에 발권기록이 없는 것을 대상으로 한다.

■ 경로변경

① 여객이 항공권에 기재된 일자, 항공편, 구간 또는 목적지를 변경하고자 할 경우에는 탑승 예정편 출발 이전에 항공사의 지점 또는 영업소에 변경을 요청하여야 하며, 좌석의 여유가 있는 경우에 한하여 본 약관 및 이에 정하여진 규정에 의거 변경한다.

② 여객 측 사정 이외의 사유에 의한 항공편의 취소, 여객의 확약된 좌석의 제공불능, 항공편의 연기 또는 지연, 예정기항지의 착륙불가의 경우 항공사는 다음의 조치를 취한다.

㉠ 여객 및 수하물을 좌석 제공 가능한 타 항공편 또는 타 운송수단으로 운임의 추징없이 목적지까지 운송

㉡ 여객 요청에 따라 여행일자, 항공편 또는 경로를 변경

(5) 여객의 운송(Passenger Transportation)

■ 여객의 공항 도착

① 여객은 좌석이 확약된 항공편의 출발예정 시각 이전에 충분한 여유를 두고 관련 기관 및 항공사 소정의 탑승수속을 마쳐야 하며, 항공사는 항공편 출발 예정시각 20분전까지 탑승수속(좌석배정 및 수하물위탁)을 마치지 못한 여객에 대하여는 탑승을 거절할 수 있다.

② 항공사는 공항에 늦게 도착한 승객의 소정 수속완료를 기다리기 위하여 소정 출발시간을 지연시킬 수 없으며, 이러한 여객에 대하여는 본 약관 제24조제2항에 의한 환불 이외의 어떠한 책임도 지지 아니한다.

■ 운송의 거절 및 취소

항공사는 다음 각 호 1에 해당된다고 인정할 경우에는 당해 여객의 운송을 거부하거나 중간지점에서 내리게 할 수 있다.

① 운항의 안전을 위하여 필요한 경우

② 운항상의 중요한 변경이 있을 경우

③ 항공사의 판단에 따라 여객의 신분, 연령, 신체 또는 정신상태 등에 비추어

㉠ 제3자의 보조 없이는 단독여행이 어렵다고 인정되는 경우

㉡ 타 여객의 여행에 지장을 초래할 우려가 인정되는 경우

㉢ 비행 중 타 여객 또는 기물 등에 유해하거나 위험을 초래할 가능성이 있다고 인정되는 경우

④ 기타 여객의 신원에 관한 항공사의 확인요구에 대하여 여객은 이에 응하여야 하며 정당한 사유 없이 거부하는 경우, 항공사는 탑승을 거절할 수 있다.

■ 부정탑승

항공사는 다음의 경우, 부정탑승행위로 규정하고 탑승구간에 적용되는 통상 운임의 2배 상당액을 여객으로부터 징수한다.

① 무효항공권, 위조항공권, 타인명의항공권 또는 타인이 분실한 항공권을 소지하고 탑승한 경우

② 국내선 여객운임의 할인대상자로 부정신고하여 운임의 특별할인을 받고 탑승한 경우

(6) 환불, 환불수수료 및 취소수수료 (Refunds, Refund Charges and Cancellation Charges)

■ 환불 및 환불수수료

① 미사용 유효 항공권은 다음에 의하여 환불한다.

㉠ 항공권에 대한 환불신청은 동 항공권의 유효기간 만료일 이전에 하여야 한다.

㉡ 환불을 신청하는 자는 미사용 유효 항공권의 탑승용 항공권 및 여객용 항공권을 항공사의 지점 또는 영업소에 제출하여야 한다.

㉢ 환불은 항공권에 표시된 명의인 또는 권한이 있다고 항공사가 별도로 인정하는 자에게 행한다.

② 여객 사정에 의한 환불 일체 : 사용하지 아니한 항공권은 지불운임 전액을 환불하며, 일부를 사용한 항공권은 실제 지불한 운임 중에서 기사용한 구간에 적용되는 운임을 공제하고 환불한다.

③ 여객 사정 이외의 사유로 인한 환불 : 항공사 사정에 의한 항공편의 취소, 여객의 확약된 좌석의 제공불능, 접속 불가능, 항공편의 연기 또는 지연, 예정 기항지의 생략 또는 약관에서 정한 사유가 발생하는 경우에는 다음과 같이 환불을 행한다.

㉠ 일부도 사용하지 아니한 항공권에 대하여는 지불한 운임 및 요금전액을 환불한다.

㉡ 목적지로 운송도중 어느 지점에서 운송이 중단되는 경우는 그 중단지점으로부터 목적지까지의 운송중단 당일에 유효한 운임 및 요금을 환불한다.

④ 특송기간의 환불수수료 : 설날, 추석 등 특송연휴기간에 확약된 항공편으로 발권된 항공권의 환불시에는 아래와 같이 환불수수료를 징수한다.

환불시점	환불수수료	비고
출발 3일 이전	없음	부가가치세 불포함액
출발 2~1일 이전	적용운임의 10%	
출발 당일 및 그 이후	적용운임의 20%	

단, 국제선 항공권에 포함된 국내선 구간에는 적용하지 않는다.

■ 취소수수료

① 개인 여객의 확약 취소

㉠ 본인 사정으로 인하여 확약된 항공편을 탑승하지 아니하는 여객은 당해 항공편 출발예정 2일 전까지 항공사의 지점 또는 영업소에 확약취소를 통고하여야 한다.

㉡ 당해 항공편 출발 예정 1일 전부터 당해 항공편 출발 예정시간까지의 사이에 확약을 취소하는 경우에는 해당구간 여객 지불운임(부가가치세 불포함액)의 10% 상당액을 취소수수료로 징수한다.

㉢ 당해 항공편 출발 예정시각까지 제1호 내지 제2호로서 취소를 통고하지 아니하고 확약된 항공편을 탑승하지 아니하는 여객에 대해서는 제2호에 정하는 금액의 2배액을 취소수수료로 징수한다.

② 단체 여객의 확약 취소 : 단체 사정에 의하여 단체의 전부 또는 일부가 좌석이 확약되어 있는 항공편을 취소하는 경우에는 다음과 같이 취소수수료를 징수한다.

㉠ 탑승 예정일 5일 전부터 탑승 예정일 3일 전까지 취소하는 경우에는 여객 1인당 해당 구간 여객 지불운임(부가가치세 불포함액)의 10% 상당액을 취소수수료를 징수한다.

㉡ ㉠호에 정한 시간을 초과하여 확약을 취소하는 경우에는 여객 1인당 제1호에 정하는 금액의 2배액을 취소수수료로 징수한다.

(7) 수하물(Baggage)

■ 수하물의 운송

위탁 수하물은 여객과 동일한 항공편으로 운송함을 원칙으로 한다. 다만, 항공기 탑재량 관계 또는 기타 항공사의 부득이한 사정이 발생할 경우에는 여객의 동의 하에 당해 수하물의 탑재가 가능한 타 항공편으로 운송한다.

■ 수하물의 내용조사

항공사는 항공 보안상 또는 기타 사유에 의하여 필요하다고 인정하는 경우 모든 수하물의 내용을 여객 또는 여객이 지정하는 제3자의 입회 하에 검사할 수 있다.

■ 여객의 무료수하물 허용량

① 일반석 위탁수하물은 23킬로그램(50파운드)까지이며, 비즈니스클래스의 위탁수하물은 30킬로그램(66파운드)까지를 무료로 한다.

② 휴대수하물은 기내 선반이나 좌석 밑에 보관할 수 있는 크기에 한하여 3면의 합이 115cm 이내이고 중량 10킬로그램 이하인 1개에 한하여 무료휴대가 가능하며, 상기의 규격, 중량 및 개수를 초과하는 경우 위탁수하물로 취급 운송한다.

③ 해당 구간 성인 적용운임 75%를 지불한 유아 또는 소아에 대하여도 이상의 규정을 동일하게 적용한다.

■ 초과수하물 요금

① 무료수하물 허용량을 초과한 수하물에 대하여는 별도로 정하는 초과 수하물 요금을 징수하고 수하물표를 발행한다.

② 초과수하물 총중량 산정시 1킬로그램 미만 0.5킬로그램 이상의 중량은 1킬로그램으로 절상하고, 0.5킬로그램 미만의 중량은 절사한다.

■ 특정 동물의 운송

① 시각장애자 인도견 또는 청각장애자 보조견은 여객의 무료수하물 허용량에 관계없이 다음 조건의하여 무료로 운송한다.

㉠ 여객이 동반하되, 별도의 좌석을 차지하지 아니하여야 한다.

㉡ 타 여객에게 불쾌감을 주거나 안전여행에 지장을 초래하지 아니하여야 한다.

㉢ 운송 도중 당해 동물의 질병, 부상 또는 사망 등의 경우, 당해 손해가 항공사의 고의 또는 과실에 기인하지 아니하는 한, 항공사는 일체 책임을 지지 아니한다.

㉣ 당해 동물의 운송으로 인하여 타 여객 또는 기타 재산에 손해를 초래한 경우에는 여객이 전적으로 보상하여야 한다.

② 여객이 동반하는 애완용 동물은 다음 조건에 의하여 수하물로서 운송이 가능하다.

㉠ 애완용 동물은 개, 고양이 또는 애완용 조류에 한한다.

㉡ 애완용 동물은 반드시 별도의 운반용 용기에 수용되어 항공기에 탑재되어야 한다.

㉢ 본 항에 의하여 운송이 인수되는 애완용 동물에 대하여는 여객의 무료 수하물 허용량에 관계없이 당해 동물 및 용기의 총중량에 대하여 초과수하물 요금을 별도로 징수한다.

■ 위탁 수하물의 인도

① 위탁 수하물은 그 운송을 위하여 항공사가 발행한 수하물표가 항공사에 반환된 경우에 한하여 당해 수하물표 소지자에게 인도한다.

② 수하물은 수하물표에 기재되어 있는 목적지에서 인도한다. 다만, 특별히 여객의 요구가 있을 경우에는 상황이 허용하는 경우에 한하여 출발지에서도 인도할 수 있다.

③ 항공사에서는 수하물표의 소지자가 당해 수하물의 정당한 권리자인지의 여부를 확인할 의무를 지지 아니하며, 이를 확인하지 아니함으로써 여객에게 발생한 여하한 손해에 대하여 책임을 지지 아니한다.

④ 항공사가 본 조항에 의하여 수하물을 인도하는 경우, 수하물 인수자가 소정절차에 따라 서면으로 이의 제기하지 아니하는 한, 당해 수하물은 양호한 상태로 운송계약에 의하여 인도된 것으로 간주한다.

■ 수하물표 분실

수하물표를 분실한 여객에 대하여 항공사는 그가 정당한 권리자로 인정되고, 당해 수하물을 인도함으로써 항공사가 입을지도 모를 손해에 대하여 배상하겠다는 보증이 있는 경우에 한하여 당해 수하물을 인도할 수 있다.

- 미인도 수하물의 처분

수하물 도착 후 1주일 경과 후에도 여객으로부터 인도의 요구가 없는 수하물은 항공사가 임의로 처분할 수 있다. 다만, 어류 및 기타 부패되기 쉬운 물품은 도착 후 48시간이 경과하면 임의로 처분할 수 있다.

(8) 배상책임(Liability for Compensation)

- 항공사의 책임

① 항공사는 여객의 사망 또는 신체상해에 대하여 그 사고가 항공기 내 또는 항공기 승강 중에 발생한 경우에 한하여 배상책임을 진다.

② 항공사는 위탁 수하물 및 휴대 수하물의 파손, 분실 등의 손해에 대하여 그 손해의 원인이 된 사고가 당해 수하물이 항공사의 관리하에 있는 기간 중에 발생된 경우에 한하여 배상책임을 진다.

③ 항공사는 제1항 내지 제2항의 손해에 대하여 항공사의 직원이 손해를 방지하기 위하여 필요한 조치를 취했거나, 또는 동조치를 도저히 취할 수 없었다는 사실이 입증될 경우에는 배상책임을 지지 아니한다.

④ 항공사는 여객의 휴대수하물 또는 기타 소지품의 파손, 분실 등의 손해에 대하여 당해 손해가 항공사의 고의 또는 과실에 기인하지 아니하는 한, 여하한 경우에도 배상책임을 지지 아니한다.

⑤ 항공사는 운송업자로서의 주의·관리의무를 태만하지 않았던 사실을 증명하지 않는 한 여객의 위탁수하물의 내용품에 의해 타 위탁수하물에 발생된 손해에 대하여 책임을 진다. 여객 자신의 물품에 의하여 타 여객의 수하물 또는 항공사의 재산에 손해가 초래된 경우, 당해 여객은 타 여객 또는 항공사에 대하여 일체의 손해를 배상한다.

⑥ 항공사는 여객의 고의 또는 과실로 인하여, 또는 여객이 법률, 정부기관의 명령, 지시나 본 약관 및 이에 의하여 정하여진 규정을 준수하지 아니함으로써 발생된 손해에 대해 배상책임을 지지 아니한다.

■ 수하물표 분실

수하물표를 분실한 여객에 대하여 항공사는 그가 정당한 권리자로 인정되고, 당해 수하물을 인도함으로써 항공사가 입을지도 모를 손해에 대하여 배상하겠다는 보증이 있는 경우에 한하여 당해 수하물을 인도할 수 있다.

■ 미인도 수하물의 처분

수하물 도착 후 1주일 경과 후에도 여객으로부터 인도의 요구가 없는 수하물은 항공사가 임의로 처분할 수 있다. 다만, 어류 및 기타 부패되기 쉬운 물품은 도착 후 48시간이 경과하면 임의로 처분할 수 있다.

■ 수하물 손해배상 청구기한

① 여객의 위탁 수하물 또는 기타 물품에 대한 손해배상 청구기한은 다음과 같다.
   ㉠ 위탁수하물 또는 기타 물품의 손상을 발견한 경우에는 항공사에 의하여 확인된 경우에 한하여, 수령한 날로부터 7일 이내
   ㉡ 위탁수하물 또는 기타 물품의 분실 또는 인도 지연의 경우에는 당해 물품이 여객에게 인도되었어야 할 날로부터 21일 이내

② 여객의 위탁수하물 또는 기타 물품에 대한 손해배상청구는 제1항의 기한 내에 서면으로 제출하여야 한다.

■ 배상의 범위

① 여객의 사망, 부상 또는 기타 신체상해와 관련된 손해배상청구에 대하여 항공사는 그 책임한도를 주장하지 아니하며, 100,000 SDR 이하의 부분에 대해서는 약관에 규정된 항공사 과실 없음을 주장하지 아니한다. 이 때 SDR은 국제통화기금(IMF)이 정하는 특별인출권(Special Drawing Rights)을 말한다. SDR로 표시된 금액을 원화로 환산시, 소송의 경우에는 법원의 최종 판결일에 유효한 환율을 적용하고, 소송 이외의 경우에는 지불해야 할 손해배상금액이 합의된 날에 유효한 환율을 적용한다.

② 여객의 수하물에 발생한 파손, 분실 등의 손해에 대하여 항공사가 책임을 지는 경우, 항공사는 위탁수하물은 kg당 미화 20불 상당액을, 휴대수하물 또는 기타

소유물의 경우 1인당 미화 400불을 초과하지 않는 범위 내에서 입증된 손해액을 배상할 책임이 있다. 다만, 여객이 사전에 보다 높은 가격을 신고하고 전 제34조에 의하여 종가운임을 지불한 경우, 항공사의 책임 한도액은 당해 신고된 가격으로 하되 여하한 경우에도 항공사의 책임 한도액은 당해 수하물의 실제 가격을 초과하지 아니한다.

■ 여객의 배상책임

여객이 고의 또는 과실에 의하여 또는 운송약관 및 이에 의하여 정하여진 규정을 준수하지 아니함으로써 항공사가 손해를 입은 경우에는, 여객은 당해 손해에 대하여 항공사에 배상하여야 한다.

■ 제소(提訴)기한

운송인의 책임과 관련한 소는 그 청구원인 여하를 불문하고 목적지 공항에 도착한 날, 항공기가 도착되어야 할 날 또는 운송이 중지된 날로부터 2년 이내에 제기하여야 한다.

3 국제항공기구

1) 국제민간항공기구(International Civil Aviation Organization; ICAO)

(1) 설립배경 및 목적

① 1944년 12월 시카고회의에서 체결된 국제민간항공조약을 근거로 설립

② 2001년 현재 187개국이 회원으로 가입

③ 국제항공운송의 건전한 발전을 목적으로 함

■ 설립목적

① 국제민간항공의 안전 및 건전한 발전의 확보

② 평화적 목적을 위한 항공기의 설계 및 운항기술의 개선

③ 국제민간항공을 위한 노선, 공항 및 항공보안시설의 개선

④ 안전, 정확, 능률, 경제적인 항공운송활동에 대한 회원국들의 요구 수용

⑤ 불합리한 경쟁으로 인한 경제적 낭비의 방지

⑥ 회원국 권리의 반영 및 국제항공에 대한 공정한 기회 부여와 보장

⑦ 회원국 간 차별대우의 지양

⑧ 국제항공의 운항안전의 증진

⑨ 국제민간항공의 모든 부문에서의 협력과 발전의 촉진

(2) 조직체계

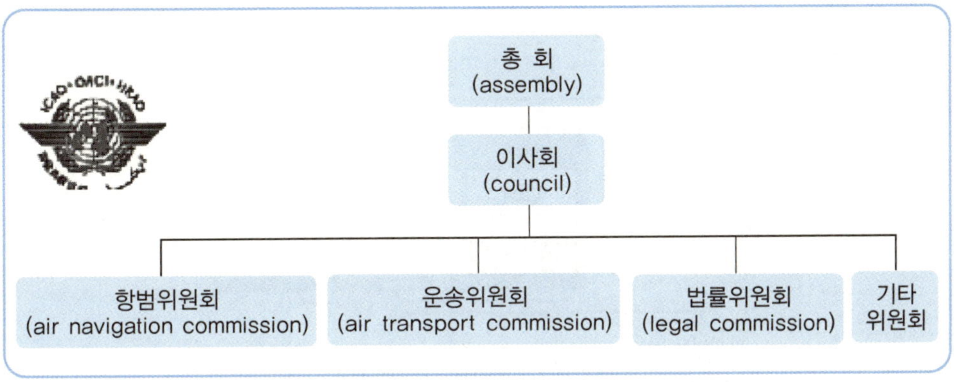

(3) 주요사업

① 항공기에 관한 기술적인 기준의 확립

② 국제민간항공법규 등의 표준화 및 법제화

③ 국제민간항공의 경제문제, 규제문제 등에 대한 기준설정

2) 국제항공운송협회(International Air Transport Association; IATA)

(1) 설립배경 및 목적

1945년 4월 쿠바의 하바나에서 32개국의 61개 항공사가 설립. 순수민간의 국제협력기구로서 운임의 결정, 운송규칙의 제정 등이 주된 역할. 현재 250여 회원항공사는 ICAO회원국의 국적을 가진 항공사로 제한

■ 설립목적

① 국제항공운송의 발전 및 관련 문제들의 해결

② 민간항공사 간 협력을 위한 교류의 촉진

③ ICAO 등 국제기관과의 협력 도모

(2) 조직체계

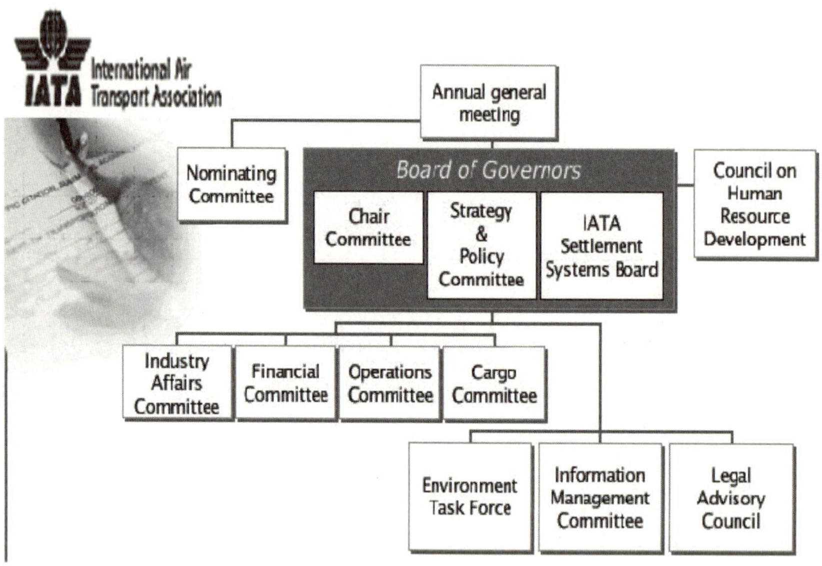

(3) 운임회의(Tariff conference)

① 영업제도에 관한 협의를 담당

② 결정사항에 대해서는 회원항공사에 대하여 구속력을 행사

■ 협정내용

첫째, 운임 및 서비스의 조건

둘째, 운송절차의 규칙

셋째, 대리점에 대한 규칙

(4) 운임결정

① IATA의 가장 중요한 기능으로 여객운임, 화물요율, 기내서비스의 내용 등을 결정

② 운송회의에서 회원사 간의 협의에 의해 결정되며, 3개 지역별로 나누어 운영

- 제1지구(Area 1) : 북미, 중미, 남미
- 제2지구(Area 2) : 유럽, 중동, 아프리카
- 제3지구(Area 3) : 동남아, 극동, 오스트레일리아 및 남태평양 지역

(5) 운송절차 규정

① 예약, 여객항공권과 화물운송장의 발행 등 통일된 기준으로 설정된 항공운임을 지불할 수 있도록 국제적인 항공운송의 절차를 규정

② 현재 미국을 비롯한 각국은 표준화된 결제방식인 은행집중결제방식(BSP)을 채택

(6) BSP(Bank Settlement Plan)란?

은행이 표준항공권을 항공사를 대신하여 여행사 등 판매대리점에 배달하고 대리점이 발행한 항공권대금을 은행이 수금하며, 은행은 이를 다시 해당 항공사에 송금하는 제도이다. 우리나라는 1990년부터 실시

3) 지역별 항공협력기구

(1) 정부 간의 지역협력기구

① 유럽민간항공회의(European Civil Aviation Conference ; ECAC, 1954)

② 라틴아메리카 민간항공위원회(Latin American Civil Aviation Commission ; LACAC, 1973)

③ 아프리카 민간항공위원회(African Civil Aviation Commission ; AFCAC, 1969)

④ 아랍민간항공이사회(Arab Civil Aviation Council ; ACAC, 1965)

⑤ 유럽항공안전기구(European Organization for the Safety of Air Navigation ; EUROCONTROL, 1963)

(2) 지역별 항공사협력기구

① 동양항공사협회(Orient Airlines Association ; OAA, 1966)

② 유럽항공사협회(Association of European Airlines ; AEA, 1952)

③ 아랍항공사기구(Arab Air Carrier's Organization ; AACO, 1968)

④ 아프리카항공사협회(Association of African Airlines ; AAFRA, 1968)

⑤ 미국항공운송협회(Air Transport Association of America ; ATA, 1936)

⑥ 국제항공사협회((International Air Carrier Association ; IACA, 1972)

⑦ 미국항공사협회(National Air Carrier Association ; NACA)

부 록

1 공항 및 도시 코드

2 음성알파벳(PHONETIC ALPHABET)

3 항공사 코드

4 항공약어

5 MEAL

6 주요 항공 용어 및 약어

1 공항 및 도시 코드

(1) 미국지역

도시명	도시 코드 (공항 코드)	국가	도시명	도시 코드 (공항코드)	국가
ANCHORAGE	ANC	U.S.A	ATLANTA	ATL	U.S.A
BOSTON	BOS	U.S.A	BUENOS AIRES	BUE	ARGENTINA
DENVER	DEN	U.S.A	DETROIT	DTT	U.S.A
DALLAS	DAL	U.S.A	NEW YORK	NYC (JFK, EWR, LGA)	U.S.A
RIO DE JANEIRO	RIO	BRAZIL	SAO PAULO (GRU)	SAO	BRAZIL
HONOLULU	HNL	U.S.A	WASINGTON D.C	WAS(IAD, DCA)	U.S.A
LAS VEGAS	LAS	U.S.A	LOS ANGENLES	LAX	U.S.A
MIAMI	MIA	U.S.A	MEXICO	MEX	MEXICO
MINNEAPOLIS	MSP	U.S.A	CHICAGO	CHI(ORD)	U.S.A
ORLANDO	ORL	U.S.A	PHILADELPHIA	PHL	U.S.A
SEATTLE	SEA	U.S.A	SATIAGO	SCL	CHILE
SAN FRANCISCO	SFO	U.S.A	VANCOUVER	YVR	CANADA
TRONTO	YYZ	CANADA			

(2) 일본지역

도시명	도시 코드 (공항 코드)	국가	도시명	도시 코드 (공항코드)	국가
AOMORI	AOJ	JAPAN	AKITA	AXT	JAPAN
SAPPORO	SPK(CTS)	JAPAN	FUKUOKA	FUK	JAPAN
HIROSHIMA	HIJ	JAPAN	TOKYO	TYO (NRT, HND)	JAPAN

OSAKA	OSA (ITM, KIX)	JAPAN	NIIGATA	KIJ	JAPAN
KITA KYUSHU	KKJ	JAPAN	KAGOSHIMA	KOJ	JAPAN
NAGOYA	NGO	JAPAN	NAGOYA	NGO	JAPAN
NAKASAKI	NGS	JAPAN	OITA	OIT	JAPAN
OKAYAMA	OKJ	JAPAN	OKINAWA	OKA	JAPAN
SENDAI	SDJ	JAPAN	TOKUSHIMA	TKS	JAPAN
TOYAMA	TOY	JAPAN			

(3) 대양주지역

도시명	도시 코드	국가	도시명	도시 코드	국가
AUCKLAND	AKL	NEW ZEALAND	BRISBANE	BNE	AUSTRALIA
CHRISTCHURCH	CHC	NEW ZEALAND	MELBOURNE	MEL	MELBOURNE
NANDI	NAN	FIJI	SYDNEY	SYD	AUDTRALIA

(4) 유럽지역

도시명	도시 코드 (공항 코드)	국가	도시명	도시 코드 (공항코드)	국가
ALMATY	ALA	KAZAKHSTAN	BRUSSELS	BRU	BELGIUM
BASEL	BSL	SWITZERLAND	PARIS	PAR (CDG, ORY)	FRANCE
COPENHAGEN	CRH	DENMARK	DUBLIN	DUB	IRELAND
ROME	ROM (FCO)	ITALY	FRANKFURT	FRA	GERMANY
ISTANBUL	IST	TURKEY	LONDON	LON (LHR, LGW)	U.K

LISBON	LIS	PORTUGAL	LUXEMBOURG	LUX	LUXEM-BOURG
MADRID	MAD	SPAIN	OSLO	OSL	NORWAY
AMSTERDAM	AMS	NETHERLANDS	STOCKHOLM	STO	SWEDEN
MOSCOW	MOW	RUSSIAN FED	TASHKENT	TAS	UZBEKISTAN
BERLIN	BER	GERMANY	VIENNA	VIE	AUSTRIA
VLADIVOSTOK	VVO	RUSSIAN FED	ZURICH	ZRH	SWISS

(5) 중동/아시아지역

도시명	도시 코드	국가	도시명	도시 코드	국가
ABU DABI	AUH	U.A.E	BAHRAIN	BAH	BAHRAIN
KOTA KINABALU	BKI	MALAYSIA	BANGGOK	BKK	THAILAND
MUMBAI	BOM	INDIA	CAIRO	CAI	EGYPT
JAKARTA	JKT	INDONESIA	DELHI	DEL	INDIA
DHAHRAN	DHA	SAUDI ARABIA	DENPASA	DPS	INDONESIA
DUBAI	DXB	U.A.E	GUAM	GUM	U.S.A
HANNOI	HAN	VIETNAM	PHUKET	HKT	THAILAND
JEDDAH	JED	SAUDI ARABIA	KUALALUMPUR	KUL	MALAYSIA
MACAU	MFM	MACAU	MANILA	MNL	PHILIPPINE
PENANG	PEN	MALAYSIA	BAGHDAD	SDA	IRAQ
HOCHIMIN	SGN	VIETNAM	SINGAPORE	SIN	SINGAPORE
SAIPAN	SPN	U.S.A	SUBIC	SFS	PHILIPPINE
TRIPOLI	KYE	LIBYA	TEL AVIV	TLV	ISRAEL
TAIPEI	TPE	TAIWAN	ULAAN BAATAR	ULN	MONGOLIA
KARACHI	KHI	PAKISTAN			

(6) 중국지역

도시명	도시 코드	국가	도시명	도시 코드	국가
HONGKONG	HKG	P.R CHINA	HARBIN	HRB	P.R CHINA
KUHAN	KMG	P.R CHINA	BEIJING	BJS	P.R CHINA
SHAGHAI	SHA	P.R CHINA	SHENYANG	SHE	P.R CHINA
SANYA	SYX	P.R CHINA	QINGDAO	TAO	P.R CHINA
JINAN	TNA	P.R CHINA	TIANJIN	TSN	P.R CHINA
YANTAI	YNT	P.R CHINA	XIAMEN	XMN	P.R CHINA
GUANGZHOU	CAN	P.R CHINA	CHANGCHUN	CGQ	P.R CHINA
WUHAN	WUH	P.R CHINA	HANGZHOU	HGH	P.R CHINA
WEIHAI	WEH	P.R CHINA			

(7) 국내공항

도시명	도시 코드	도시명	도시 코드
JEJU INT'L	CJU	CHEONG JU INT'L	CJJ
GIMPO	GMP	SACHEON	HIN
INCHEON INT'L	ICN	POHANG	KPO
KUNSAN	KUV	GWANG JU	KWJ
MOK PO	MPK	GIMHAE INT'L	PUS
YEO SU	RSU	TAE GU	TAE
UL SAN	USN	WON JU	WJU
YANG YANG INT'L	YNY		

2 음성알파벳(PHONETIC ALPHABET)

LETTER	PHONETIC ALPHABET	LETTER	PHONETIC ALPHABET
A	ALPHA	B	BROVO
C	CHARLEY	D	DELTA
E	ECHO	F	FOX
G	GOLF	H	HOTEL
I	INDIA	J	JULIET
K	KILO	L	LIMA
M	MIKE	N	NOVENBER
O	OSCAR	P	PAPA
Q	QUEEN	R	ROMEO
S	SMILE	T	TANGO
U	UNIFORM	V	VICTORY
W	WHISKY	X	X-RAY
Y	YANKEE	Z	ZULU

3 항공사 코드

항공사	항공사코드	국가	항공사	항공사 코드	국가
AEROFLOT SOVIET AIRLINES	SU(555)	RUSSIAN	AIR ASTANA	KC	KAZAKSTAN
AIR CANADA	AC(014)	CANADA	AIR CHINA	CA	CHINA
AIR EUROPE	PE	ITALY	AIR FRANCE	AF(057)	FRANCE
AIR INDIA	AI(098)	INDIA	AIR MACAU	NX	CHINA
AIR NEW ZEALAND	NZ	NEW ZEALAND	ALITALIA	AZ(055)	ITALY
KYRGYZSTAN AIR	QH	KAZAKSTAN	ALL NIPPON AIRWAY	NH(205)	JAPAN
AMERICAN AIRLINES	AA(001)	U.S.A	ASIANA AIRLINES	OZ(988)	KOREA
ASIAN SPIRIT	6K	PHILIPPINE	BRITISH AIRWAYS	BA(125)	U.K
CATHAY PACIFIC	CX(160)	CHINA	CEBU PACIFIC AIR	5J	PHILIPPINE
CHINA AIRLINES	CI(297)	CHINA	CHINA EASTERN AIRLINES	MU	CHINA
CHIANA HAINAN AIRLINES	HU	CHINA	CHINA NORTHERN AIRLINES	CJ	CHINA
CHINA SOUTHERN	CZ	CHINA	CONTINENTAL AIRLINES	CO(005)	U.S.A
FAR EAST AIRWAYS	H8	RUSSIAN	DELTA AIRLINES	DL(006)	U.S.A
EMIRATES AIRLINES	EK	U.A.E	EVA AIRLINES	BR	TAIPEI
FAR EASTERN AIR TRANSPORT	EF	TAIPEI	FEDEX	FX	U.S.A

항공사	항공사코드	국가	항공사	항공사 코드	국가
GARUDA INDONESIA	GA(126)	INDONESIA	IRAN AIR	IR	IRAN
JAPAN AIR SYSTEM	JD(234)	JAPAN	JAPAN AIRLINES	JL(131)	JAPAN
KAZAKHSTAN AIRLINES	KL	KAZAKSTAN	KLM ROYAL DUTCH AIRLINES	K4	KAZAKSTA N
KOREA AIRLINES	KE(180)	KOREA	KYRGHYZSTAN	K2	KAZAKSTA N
LION AIR	JT	INDONESIA	LUFTHANSA GERMAN AIRLINES	LH(220)	GERMAN
MALAYSIA AIRLINES	MH(232)	MALAYSIA	MITA-MONGOL IAN AIRLINES	OM	MONGOLIA
NIPPON CARGO AIRLINES	KZ	JAPAN	NORTHWEST AIRLINES	NW(012)	U.S.A
ORIETAL THAI AIRLINES	OX	THAI	PHLIPPINE AIRLINES	PR(079)	PHILIPPINE
PHUKET AIRLINES	9R	THAILAND	POLAR AIR CARGO	PO	U.S.A
QANTAS AIRWAYS	QF(081)	AUSTRALIA	QATAR AIRWAYS	QR	QATAR
ROYAL KHMER AIRLINES	RK	CAMBODIA	S7 AIRLINES	S7	RUSSIAN
SAKHALINSKIE AVIATION	HZ	RUSSIAN	SANDONG AIRLINES	SC	CHINA
SAUDI ARABIA AIRLINESS	SV	SAUDI ARABIA	SCANDINAVIAN AIRLINES SYS	SK(117)	SWEDEN
SHANGHAI AIRLINES	FM	CHINA	SHENZHEN AIRLINES	ZH	CHINA

항공사	항공사코드	국가	항공사	항공사 코드	국가
SICHUAN AIRLINES CO.LTD	3U	CHIANA	SINGAPORE AIRLINES	SQ(618)	SINGAPORE
SWISS AIR	SR	SWISS	THAI AIRWAYS INTER-NATIONAL	TG(217)	THAILAND
THAI SKY AIRLINES	9I	THAILAND	TRANS AIR	P6	U.S.A
TURKISH AIRLINES	TK	TURKISH	UNI AIRWAYS CORP	B7	TAIPAI
UNITED PARCEL SERVICE	UX	U.S.A	UNITED AIRLINES	UA(016)	U.S.A
UZBEKISTAN AIRWAYS	HY	UZBEKISTAN	VASP	VP	BRAZILE
VIETNAM AIRLINES	VN	VIETNAM	VIRGIN ATLANTIC	VS	U.K
VLADIVISTOK AIR	XF	RUSSIAN	XIAMEN AIRLINES	MF	CHINA

4 항공약어

(SITA : AIRLINES WORLDWIDE TELECOMMUNICATIONS AND INFORMATION SERVICE에서 제정)

① 경비 절감

② 업무의 신속한 처리

③ 항공사 간 통일된 의미 전달

CODE	EXPLANATION	CODE	EXPLANATION
ABT	ABOUT	ABV	ABOVE
ACK	ACKNOWLEDGE	ATD	ACTUAL TIME OF DEPARTURE
ADRS	ADDRESS	AMT	AMOUNT
APO	AIRPORT OFFICE	ARNK	ARRIVAL UNKNOWN
ATTN	ATTENTION	AVAL	AVAILABLE
AHL	ADVISE IF HOLD	AGT	AGENT
A/C	AIRCRAFT	ATB	AUTOMATED TICKET & BOARDING PASS
BAL	BALANCE	BEC	BECAUSE
BSCT	BASSINET	BLW	BELOW
BAG	BAGGAGE	C/C	CREDIT CARD, CASE CLOSE
CFM	CONFIRM	CTL	CONTROL(CROL)
CBBG	CABIN BAGGAGE	CG	CENTER OF GRAVITY
CFG	CONFIGURATION	CHD	CHILD
CTC	CONTACT	CUS	CUSTOMS
CGO	CARGO	CHK	CHECK
CNXL	CANCEL	C.I.Q	CUSTOMS, IMMIGRATION AND QUARANTINE
CHN	CHANGE	DBC	DENIED BOARDING COMPENSATION
DOM	DOMESTIC	DGR	DANGEROUS GOOD REGULATIONS
DLY	DELAY	DEPO	DEPOSIT
DE	DEPORTEE	DEP	DEPART

CODE	EXPLANATION	CODE	EXPLANATION
DISC	DISCOUNT	DOC	DOCUMENTS
DUPE	DUPLICATE	DMG	DEMAGE
DIV	DIVIDE	DLV	DELIVER
EXST	EXTRA SEAT	ETD	ESTIMATED TIME OF DEPARTURE
EA	EACH(EC)	FM	FROM(FR)
FLT	FLIGHT	FRE	FREIGHT
FOC	FREE OF CHARGE	FRAV	FIRST AVAILABLE
FREQ	FREQUENCY	GEN	GENERAL
GV	GIVE	GSA	GENERAL SALES AGENT
GOSH	GOSHOW	GRP	GROUP
HEV	HEAVY	HI	HIGH
INTL	INTERNATIONAL	ITNRY	ITINERARY
INCL	INCLUDE	IATA	INTERNATIONAL AIR TRANSPORT ASSOCIATION
INDV	INDIVIDUAL	INAD	INADMISSIBLE PSGR
INF	INFANT	ISPM	INTERNATIONAL PASSENGER SVC MANUAL
INFO	INFORM(IFM)	IRRG	IRREGULAR
INV	INVOICE	LTR	LETTER
L/F	LOAD FACTOR	L/B	LEFT BEHIND
LL	LOST AND FOUND	MAX	MAXIMUM
MGR	MANAGER	MAAS	MEET AND ASSIST
MFST	MANIFEST	MCO	MISCELLANEOUS CHARGE ORDER
MED	MEDICAL	MSG	MESSAGE
MOML	MOSLEM MEAL	NEC	NECESSARY
NN	NEED	NEG	NEGATIVE
CODE	EXPLANATION	CODE	EXPLANATION
NBR	NUMBER	NIL	NONE

CODE	EXPLANATION	CODE	EXPLANATION
NRC	NO RECORD	NOSH	NO SHOW
NTL	NATIONAL	NTBA	NAME TO BE ADVISED
NML	NORMAL	NOSUB	NO SUBJECT TO LOAD
OFC	OFFICE	OFLD	OFFLOAD
OBD	ON BOARD	OW	ONE-WAY
PLT	PALLET	OSI	OTHER SERVICE INFORMATION
PTY	PARTY	PNL	PASSENGER NAME LIST
P/P	PASSPORT	PNR	PASSENGER NAME RECORD
PLS	PLEASE	PWCT	PASSENGER WILL CONTACT
RCV	RECEIVE	PTA	PREPAID TICKET ADVICE
RCFM	RECONFIRM	RPT	REPEAT
RSVN	RESERVATION	RPA	RESTRICTED PASSENGER ADVICE
REV	REVENUE	RPRT	REPORT
RMRK	REMARK	SKD	SCHEDULE
SVC	SERVICE	SRY	SORRY
STN	STATION	SPCL	SPECIAL
STVR	STOPOVER	STPC	LAYOVER AT CARRIER'S COST
SYS	SYSTEM	TCP	THE COMPLETE PARTY
THRU	THROUGH	TKT	TICKET
TRVL	TRAVEL	TWOV	TRANSIT WITHOUT VISA
TUR	TOUR	TKS	THANKS
U/G	UP-GRADE	ULD	UNIT LOAD DEVICES
WT	WEIGHT	UM	UNACCOMPANIED MINOR
WL	WILL	W/B	WEIGHT AND BALANCE
YR	YEAR	U	YOU

5 MEAL

CODE	EXPLANATION	KOREAN
AVML	ASIAN VEGETARIAN MEAL	동양채식
AVLML	ASIAN LACTO VEGETARIAN MEAL	동양채식 +유제품
AVSML	STRICT ASIAN VEGETARIAN MEAL	동양채식 - 유제품
IVML	INDIAN VEGETARIAN MEAL	인디안 채식
IVLML	INDIAN LACTO-VEGETARIAN MEAL	인디안채식 +유제품
IVSML	STRICT INDIAN VEGETAERIAN MEAL	인디안채식 - 유제품
BBML	BABY/INFANT MEAL	유아식(2세미만)
BLML	BLAND DIET/SOFT MEAL	소화식
CHML	CHILD MEAL	소아음식
CHHAML	CHILD HAMBURGER	소아음식 햄버거
CHHOML	CHILD HOT DOG	소아음식 핫도그
CHSPML	CHILD SPAGHETTI	소아음식 스파게티
DBML	DIABETIC MEAL	당뇨식
DYML	DAIRY MEAL	유제품식
FPML	FRUIT PLATE	과일식
FSML	FISH MEAL	생선식
GFML	GLUTEN FREE MEAL	글루텐 제한식
CODE	EXPLANATION	KOREAN
HFML	HIGH FIDER MEAL	잡곡, 야채, 해조류식
HNML	HINDU MEAL	힌두교도식
KSML	KOSHER MEAL	유대인식
KSCML	KOSHER MEAL/CHX	유대인식 치킨
KSBML	KOSHER MEAL/BEEF	유대인식 비프

CODE	EXPLANATION	KOREAN
SKML	STRICTLY KOSHER MEAL	유대인식 메하드린 타입
MMML	MEALMART BRAND MEAL	유대인식 글래트코셔
LCML	LOW CALORIE MEAL	저 열량식
LFML	LOW FAT/CHOLESTEROL	저 열량식/심장질환자
LPML	LOW PROTEIN MEAL	저 단백식
LSML	LOW SALT/SODIUM MEAL	저 염식
MOML	MOSLEM MEAL	회교도식
NLML	NO DIARY/NO MILK MEAL	비유제품식
OVML	ORIENTAL VEGETARIAN MEAL	동양조리채식
OVLML	ORIENTAL LACTO VEGETARIAN MEAL	동양조리채식 +유제품
ORML	ORIENTAL MEAL	동양식
PRML	LOW PURINE/ACID MEAL	저 요산식
PWML	POST WEANLING MEAL	이유식
RVML	RAW VEGETARIAN MEAL	생채식
SFML	SEA FOOD MEAL	해산물식
VGML	PURE VEGETARIAN/NO DAIRY EGG	채식-유제품
WVML	WESTERN VEGETARIAN MEAL	서구채식
WVLML	WESTERN VEGETARIAN LACTO MEAL	서구채식+유제품
VLML	LACTO VEGETARIAN MEAL(DAIRY-EGG OK)	채식+유제품
MAML	ANNIVERSARY CAKE	기념케익
MBML	BIRTHDAY CAKE	생일케익
MHNL	HONEYMOON CAKE	신혼케익
MVML	VON VOYAGE CAKE	여행케익
NBML	NO BEEF MEAL	소고기 금기식
NSML	NO SALT MEAL	비염식

CODE	EXPLANATION	KOREAN
NFML	NO FRIED FOOD	기름조리 금기식
NEML	NO EGG MEAL	계란 금기식
NMML	NO RED MEAT MEAL	적육 금기식
NOML	NO OIL FOOD	기름사용 금기식
NPML	NO PORK MEAL	돈육 금기식
NGOML	NO GARLIC/ONION	마늘양파 금기식

6 주요 항공 용어 및 약어

- A/C(AIRCRAFT) : 항공기
- ACL(ALLOWABLE CABIN LOAD) : 탑재 가능한 최대 중량
- ADRESS : 6자리로 구성된 항공예약코드
- AFT(AFTER) : 항공기 중간으로부터 뒤쪽
- AGT(AGENT) : 대리점
- AISLE : 항공기 좌석 통로 쪽
- AIR VENTILATION : 기내에 신선한 공기를 공급 및 환기시키는 장치
- APIS(ADVANCE PASSENGER INFORMATION SYSTEM) : 출발지 공항 항공사에서 예약, 발권시 승객의 정보를 당대국 법무부 및 세관에 미리 통보하여 입국시 입국 소요시간을 단축시키는 제도.
- APO(AIRPORT) : 공항
- APRON : 항공기 주기장
- APU(AUXILIARY POWER UNIT) : 보조 동력장치로서 외부 동력지원이 없을 때 자체적으로 전원을 공급할 수 있는 장치
- ARMREST : 좌석 팔걸이
- ARR : ARRIVAL
- ARS(AUDIO RESPONSE SYSTEM) : 항공기의 당일 좌석현황 및 운항여부를 전화로 알아 볼 수 있는 음성응답서비스 장치
- ASAP(AS SOON AS POSSIBLE) : 가능한 최대한 빨리
- ASP(ADVANCE SEATING PRODUCT) : 항공예약 시 원하는 좌석을 미리 예약할 수 있는 사전 좌석 배정제도
- ATA(ACTUAL TIME OF ARRIVAL) : 실제 항공기 도착시간
- ATB(AUTOMATED TICKET AND BOARDING PASS) : 탑승권 겸용 항공권으로서 VOID COUPON 없이 실제 항공권만 발행한다.
- ATC HOLDING(AIR TRAFFIC CONTROL HOLDING) : 공항이 혼잡할 경우 관제탑의 지시에 따라 항공기가 지상에서 대기하거나 또는 공중에서 선회하는 것

- ATD(ACTUAL TIME OF DEPARTURE) : 실제 항공기 출발시간
- AWB(AIR WAYBILL) : 송하인과 항공사 간에 화물 운송계약 체결을 증명하는 서류
- AUTO PILOT : 항공기의 상승, 순항, 강하 등을 조종사의 조작없이 할 수 있는 조조장치
- BBML(INFANT/BABY FOOD) : 유아 음식
- BLND(BLIND PASSENGER) : 장님 승객
- BSCT(BASSINET) : 유아용 침대
- BAGGAGE CLAIM TAG : 위탁수하물의 식별을 위해 항공회사가 발행하는 수하물 증표
- BLOCK TIME : 항공기가 출발지에서 바퀴가 움직이기 시작해서 목적지에 도착해서 바퀴가 멈추는 시간까지
- BOARDING PASS : 탑승권
- BOND : 수입화물에 대해서 관세를 부과하는 것이 원칙이나 그 관세징수를 일시 유보하는 미통관 상태를 말한다.
- BOOKING CLASS : 예약 등급
- BRIDGE : 항공기와 공항 청사와의 연결 통로
- BULK LOADING : 화물을 ULD를 사용하지 않고 CGO나 BAG를 직접 LOADING
- CANCELLATION : 기상으로 인해 또는 기체 결함으로 사전계획된 운항편을 취소하는 것
- CATERING : 기내에서 서비스되는 기내식 음료 및 기내용품을 공급하는 업무
- CBBG(CABIN BAGGAGE) : 기내 휴대 수하물
- CFG(CONFIGURATION) : 항공기 공급 좌석수
- CHARTER FLIGHT : 운항구간, 운항시기, 운항스케줄 등이 부정기적인 항공운송 형태를 말한다.
- CHD(CHILD) : 만 2세~만 12세 어린이
- CIP(COMMERCIAL IMPORTANT PASSENGER) : 대기업 회장 및 사장

- CIQ : CUSTOMER(세관), IMMIGRATION(법무), QUARANTINE(검역) 뜻이며 정부기관에 의한 출입국 절차를 심사하는 곳
- CIRCUIT BREAKER : 항공기 주방 내에 있는 전원을 차단시키는 검은색 버튼
- CIS(CENTRAL INFORMATION SYSTEM) : 여행에 필요한 각종 정보 및 기타 예약 업무 시 참고사항을 CHAPTER & PAGE화 하여 수록한 종합여행 정보 시스템
- COM(CABIN OPERRATION MANUAL) : 객실승무원 업무 교범
- COMPT(COMPARTMENT) : 화물 또는 수하물을 LOADING 하는 공간
- CMPLN(COMPLAIN) : 승객 불만사항
- CM(CARGO MANIFEST) : 탑재된 화물의 내역을 나타내는 적하목록
- CPN(COUPON) : 용도별 항공 TICKET
- CRS(COMPUTER RESERVATION SYSTEM) : 항공사가 사용하는 예약 전산 시스템으로서 단순 예약기록의 관리뿐 아니라 각종 여행정보를 수록하여 정확하고 광범위한 대고객 서비스를 가능케 함.
- CRM(CREW RESOURCE MANAGEMENT) : 안전운항 관련 모든 인적요인을 이해하고 인적 과실 방지를 위한 교육과정
- CVR(COCKPIT VOICE RECORD) : 음성녹음장치
- DBC(DENIED BOARDING COMPENSATION) : 항공편의 OVER BOOKING 으로 인하여 탑승이 거절된 승객에 대한 보상제도
- DBL(DOUBLE) : 2배의
- DCS(DEPATURE CONTROL SYSTEM) : 운송에서 사용하는 장치
- DEAF(DEAF PASSENGER) : 귀머거리 승객
- DEMO(DEMONSTRATION) : 비상 탈출 요령 등을 승객에게 테이프나 승무원이 설명하는 것
- DEPO(DEPORTEE) : 강제추방자
- DEST(DESTINATION) : 도착지
- DCNG(DE-ICING) : 항공기의 눈, 얼음, 서리 등을 제거하는 작업
- DIPL(DIPLOMATIC COURIER) : 외교문서 전령

- DISPATCHER : 항공기 운항관리사로 운항 중의 모든 비행계획 수립
- DIVERSION : 목적지의 기상으로 인해 다른 공항에 착륙하는 것
- DIVT(DIVERT) : 목적지의 기상 불량 및 기타의 사유로 변경되어 타 공항에 착륙하는 것
- DITCHING : 비상 착수
- DUAL AISLE AIRCRAFT : WIDE BODY 항공기
- E/D CARD(EMBARKATION/DISEMBARKATION CARD) : 출입국 신고서
- ELT(EMERGENCY LOCATED TRANSMITTER) : 비상착륙이나 착수 후 현재 위치를 송신하는 구조 요청장치
- EMBARGO : 항공회사가 특정구간에 있어 특정 여객 및 화물에 대해 일정기간 동안 운송을 제한 또는 거절하는 것
- ENDORSEMENT : 항공권에 대한 권리를 양도하기 위한 행위
- ETA(ESTIMATED TIME OF ARRIVAL) : 도착 예정시간
- ETD(ESTIMATED TIME OF DEPARTURE) : 출발 예정시간
- E/B (EXCESS BAGGAGE CHARGE) : 초과수하물 요금
- EXTRA FLIGHT : 정규노선이 아닌 일시적으로 운항되는 항공기편
- EXST(EXTRA SEAT) : 추가 좌석
- FAA(FEDERAL AVIATION ADMINISTRATION) : 미국연방항공국
- FAK(FIRST AID KIT) : 구급처치용 의약품 함
- FAR(FEDERAL AVIATION REGULATION) : 미국연방항공법
- F/E(FLIGHT ENGINEER) : 항공 기관사
- FERRY FLIGHT : 유상탑재물을 탑재하지 않고 공비행기로 운항하는 것
- FLIGHT LOG : 항공기 운항에 관련된 각종 장비를 유지 보수를 위한 일지
- FQTV(FREQUENT FLYER MILEAGE PROGRAM) : 상용고객 우대제도
- FOC(FREE OF CHARGE) : 무료 항공권
- FORWARDER : 항공화물 운송대리점
- FREE BAGGAGE ALLOWANCE : 여행시 별도의 요금없이 무료로 운송할 수 있는 수하물 허용량

- FWD(FORWARD) : 항공기 내부의 앞쪽
- FRAG(FRAGILE BAGGAGE) : 깨지기 쉬워 취급 주의를 요하는 수하물
- FRAV(FIRST AVAILABLE) : 가능한 빠른
- FUSELAGE : 항공기 동체
- GALLEY : 항공기 내의 주방
- G/D(GENERAL DECLARATION) : 항공기 출항허가를 받기 위해 관계기관에 제출하는 서류(C/M, P/M, 승무원명단)
- GIVE AWAY : 탑승손님에게 제공되는 기념품
- G/H(GROUND HANDLING) : 지상조업, 항공화물, 수하물 탑재, 하역작업, 기내 청소
- GROUND TIME : 항공기가 RAMP-IN해서 RAMP-OUT하기까지의 지상체류 기간
- GSH(GO SHOW) : 예약을 하지 않고 탑승하는 승객
- GPU(GROUND POWER UNIT) : 지상에서 비행기에 전력을 공급하는 전원장치
- GRP(GROUP) : 10명 이상 단체
- GTR(GOVERNMENT TRANSPORTATION REQUEST) : 공무로 해외여행을 하는 공무원으로서, 여행을 마친 후 지불하는 운임제도
- GMT(GREENWICH MEAN TIME) : 영국 교외 GREENWICH를 통과하는 자오선을 기준으로 한 GREENWICH 표준시
- GUST LOCK : 항공기 DOOR를 열고 나서 움직이지 않게 고정시키는 장치
- HAND CARRIED BAGGAGE : 기내 휴대 수하물
- HANGAR : 항공기의 점검 및 정비를 위한 격납고
- HANDSET : 승무원 간의 통화 또는 안내 방송을 위한 전화기 상태의 장비
- HK(HOLD CONFIRM) : 예약 확약
- HNML(HINDU MEAL) : 힌두교 승객 음식
- HORIZONTAL STABILIZER : 수평안전판으로 수평 꼬리 날개를 말한다.
- HQ(HEADQUARTERS) : 본부 및 주 사무실
- HTL(HOTEL) : 호텔

- IATA(INTERNATIONAL AIR TRANSPORTATION ASSOCIATION) : 세계 각국의 민간항공회의 단체로 1945년 결성되어 항공운임의 결정 및 항공사 간 운임정산 등의 업무를 행한다. 본부는 케나다 몬트리올에 있다.
- ICAO(INTERNATIONAL CIVIL AVIATION ORGANIZATION) : 국제연합의 전문기구 중 하나로서 국제민간항공의 안전유지, 항공기술의향상, 항공로와 항공 시설의 발달, 촉진 등을 목적으로 1947년에 창설되었으며, 한국은 1952년에 가입, 본부는 케나다 몬트리올에 있다.
- IN BOUND : 해외에서 국내로 들어오는 수요
- OUT BOUND : 국내에서 해외로 나가는 수요
- INAD(INADMISSIBLE PASSENGER : 사증미소지, 여권 유효기간 만료, 사증 목적 외 입국 등 입국자격 결격사유로 입국이 거절된 여객
- IFS(IN FLIGHT SALES) : 기내 판매
- INF(INFANT) : 생후 2주~만 2세 미만 유아
- INFO(INFORMATION) : 정보
- INTL(INTERNATIONAL) : 국제적인
- INV(INVOICE) : 운송장
- INDV(INDIVIDUAL) : 개인의
- IT(INCLUSIVE TOUR) : 항공요금, 호텔비, 식비, 관광비 등을 포함하여 판매되고 있는 관광을 말하며 PAKAGE TOUR라고도 한다.
- IRR(IRREGULAR) : 비정상적인
- ITINERARY : 여정(여행 개시부터 종료까지를 포함한 전구간)
- JOINT OPERAATION : 영업의 효율성, 경비절감 및 경쟁력 강화를 위해 2개 이상의 항공사가 공동 운항하는 것
- JUMP SEAT : 승무원이 착석하는 좌석
- LANDING GEAR : 항공기의 바퀴(충격흡수, 제동작용, 균형유지 역할을 한다)
- LATCH : 객실에 CART나 CARRIER BOX 등을 잠그는 장치
- LAVATORY : 화장실
- L/0(LAY OVER) : 승무원이 모기지에서 하루 이상 휴식 후 비행하는 것

- LENGTH : 항공기 동체의 길이
- L/F(LOAD FACTOR) : 공급좌석에 대한 실제 탑승객의 비율(실제탑승객/공급좌석×100)
- LIQUOR CART : 술 종류 보관하는 CART
- M/A(MEET & ASSIST SERVICE) : VIP, CIP 또는 도움이 필요한 승객에 대한 공항에서의 영접 및 지원 업무
- MAIN LANDING GEAR : 항공기 가운데 바퀴로 좌우 균형을 유지한다.
- MAIN WING : 항공기 중앙 날개로 양력을 발생시켜 이륙하게 하며, 연료저장 탱크이다.
- MAINT(MAINTENANCE) : 고장 및 정비
- MCO(MISCELLANEOUS CHARGES ORDER) : 발권 후 추후 발행될 항공권의 운임, EXCESS BAGGAGE CHARGE, 항공여행 중 부대서비스 CHARGE를 징수한 경우에 발행되는 지불 증표
- MCT(MINIMUM CONNECTION TIME) : 연결편 항공기 탑승시 필요한 최소 연결 시간
- M/D(MAIN DECK) : 승객이 탑승하는 공간(UPPERDECK 과 LOWER DECK 사이)
- MED(MEDICAL) : 의료적인
- NIL(NONE) : 없다의 뜻
- NRC(NO RECORD) : 예약을 해놓고 공항에 탑승을 하려고 나갔는데 예약기록이 단말기상에 없는 경우
- NSH(NO SHOW) : 예약이 확정된 승객이 탑승하지 않는 경우
- NSSA(NO SMOKING AISLE SEAT) : 비흡연석 통로쪽
- NSST(NO SMOKING SEAT) : 비흡연 좌석
- NO SUBLO(NO SUBJECT TO LOAD) : FOC TICKET이지만 좌석 예약이 가능한 TICKET
- OAG(OFFICIAL AIRLINE GUIDE) : 전세계의 국내/국제 시간표를 중심으로 운임, 통화, 환산표 등 여행에 필요한 자료가 수록된 간행물

- OFF LINE : 자사항공편이 취항하지 않는 지점 또는 구간
- ON LINE : 자사가 운항하고 있는 지점 또는 구간
- OVEN : 음식물을 데우는 장치
- OVERBOOKING : 탑승 가능한 좌석수보다 예약자의 수가 많은 상태
- OVERHEAD BIN : 휴대 수하물을 보관하는 선반
- OVERWING EXIT DOOR : 항공기 날개 부분의 비상구
- P.A(PUBLIC ADDRESS) : 기내에서 실시하는 승객 안내방송
- PANEL : 기내에 음악, 조명, 기내 온도 등을 조절하는 조절판이다.
- PASSENGER CALL BUTTON : 승객 좌석에서의 승무원 호출시 사용하는 BUTTON
- PAX(PASSENGER) : 승객
- PAYLOAD : 유상 탑재량(탑승승객 + 화물 + 우편물)
- PNR(PASSENGER NAME RECORD) : 승객의 예약상태를 전산단말기에 기록되어 있는 예약번호
- PSU(PASSENGER SERVICE UNIT) : 기내 승객 편의장치
- PTA(PREPAID TICKET ADVICE) : 타지역에 거주하고 있는 승객에게 제3자가 항공운임을 사전에 항공사에 지불하고 타지역에 있는 승객에게 항공권을 발급하는 제도
- PTN(PORTION) : 구간
- PTY(PARTY) : 구성원 수
- P/P(PASSPORT) : 여권
- PREMIUM FIRST CLASS : FIRST CLASS 보다 상위 좌석을 설치한 CALSS
- PUSH BACK : 항공기가 주기되어 있는 곳에서 출발하기 위해 후진하는 행위(항공기는 자체의 힘으로 후진이 불가능하므로 TOWING CAR를 이용하여 후진 한다)
- RAMP : 항공기 계류장
- RAMP OUT : 항공기가 출항하기 위해 바퀴가 움직이기 시작하는 상태
- R/C(RAMP CONTROL) : 지상 관제

- RELIEF CAPTAIN : 교대 기장
- RESUSCITATOR BAG : 인공호흡 시 사용하는 보조기구로서 환자의 호흡을 유도하고, 산소를 추가적으로 공급하기 위한 기구
- RETRACTABLE MONITOR : 객실 천정에 있는 모니터
- ROW OF SEATS : 한열의 전 좌석
- RECONFIRMATION : 다음 탑승을 위해 출발 72시간 전까지 예약을 재확인 하도록 되어있는 제도
- REFUND : 사용하지 않은 항공권에 대하여 운임을 환불하는 것
- REPLACEMENT : 항공권 분실하였을 경우 항공권 관련사항을 접수 후 항공사 해당점소에서 신고사항을 근거로 발행점소에서 항공권을 재발행하는 경우
- RQST(SEAT REQUEST) : 좌석 요청
- RSVN(RESERVATION) : 예약
- R/I(RESTRICTED ITEM) : 승객의 휴대 수하물 중 기내 반입이 불가한 ITEM (우산, 골프채, 칼, 가위, 톱, 건전지 등)
- SEAT BACK : 좌석 등받이
- SEAT CONFIGURATION : 기종별 항공기 좌석수
- SEAT POCKET : 승객 좌석 앞에 있는 주머니
- SEGMENT : 항공운항시 승객의 여정에 해당하는 구간
- SFML(SEA FOOD MEAL) : 해산물
- SHR(SPECIAL HANDLING REQUEST) : 특별히 주의를 기울여 HANDLING 하여야 하는 승객
- SHOULDER HARNESS : 이착륙시 승무원 좌석에 착석하여 매는 어깨끈
- SHOW-UP : 승무원이 비행을 위해 출근하였다는 의미
- SHIP POUCH : RESTRICTED ITEM 또는 항공사 부서 간 전달 서류 등을 넣는 BAG
- SIMULATOR : 조종훈련에 사용하는 항공기 모의비행 장치로서 항공기의 조종석과 동일하게 제작되어 실제 비행훈련을 하는 것과 같은 효과를 얻을 수 있다.
- SKD : SCHEDULE의 약어

- STA(SCHEDULED TIME OF ARRIVAL) : TIME TABLE 상의 항공기 도착 예정시간
- STD(SCHEDULED TIME OF DEPARTURE) : TIME TABLE 상의 항공기 출발 예정시간
- SKY PHONE : 항공기 내의 위성전화
- SLIDE : 비상탈출 시 사용할 수 있는 미끄럼틀
- SMOKE DETECTOR : 화장실 내의 연기 감지장비
- SOLID DOOR : 접히지 않는 DOOR
- SRI(SECURITY REMOVED ITEM) : 항공기 내 휴대할 수 없는 제한 품목을 말한다.
- STERILE COCKPIT : 운항승무원의 업무에 방해하는 어떤 행위도 금지하는 규정
- STF(STAFF) : 직원
- STOWAGE : 객실내의 물건을 보관하는 장소
- STOP OVER : 항공여정 중 중간지점에서 24시간 이상 체류하는 것
- STCR PAX(STRETCHER PASSENGER) : 기내 좌석에 앉아서 여행할 수 없는 환자
- SUBLO(SUBJECT TO LOAD) : 항공좌석을 예약을 할 수 없는 TICKET이며 공석이 있는 경우에만 탑승 가능한 항공권(무임항공권)
- SUGGESTION LETTER : 승객이 항공사에 건의사항을 기록하는 양식
- TAIL WING : 항공기의 꼬리 날개
- TARIFF : 항공요금, 화물요률 및 관계규정을 수록해 놓은 요금요률 책자
- TAXING WAY : PUSH BACK을 마친 항공기가 이륙을 하기위해 활주로로 나가는 도로
- TCP(THE COMPLETE PARTY) : 총 구성원수
- TECHNICAL LANDING : 여객과 화물을 싣는 목적이 아닌 급유 및 정비 등의 이유로 기술적인 착륙
- THRU(THROUGH) : 통과
- TIM(TRAVEL INFORMATION MANUAL) : 해외여행 시 필요한 여행정보, 상

대국의 여권, 비자, CIQ 관련 등 각국에서 요구하는 규정을 수록한 책자

- TKT(TICKET) : 항공권
- TRASH RECEPTACLE : 쓰레기통
- TRAY TABLE : 승객의 좌석에 있는 식사대
- TIMATIC : TIM을 전산화 한 것
- TRANSFER : 여정상의 중간지점에서 24시간 내에 다른 비행편이나 타항공사로 비행편을 갈아타는 것
- TRANSIT : 목적지로 가기 위해 경유지에서 다른 항공기로 갈아타는 것
- TTL(TICKETING TIME LIMIT) : 항공권 구입기간
- TWOV(TRANSIT WITHOUT VISA) : 항공기를 갈아타기 위하여 짧은 시간 체제하는 경우에는 비자를 요구하지 않는 경우
- ULD(UNIT LOAD DEVICE) : PALLET, CONTAINER 등 화물 또는 수하물을 담는 그릇
- UM(UNACCOMPANIED MINOR) : 성인의 동반자 없이 항공여행을 하는 5~12세 미만의 어린이
- UP GRADE : 항공좌석을 상급 CLASS로 변화시켜 주는 것(Y ►C, C ►F)
- UPK(UNIVERSAL PRECAUTION KIT) : 환자의 체액이나 혈액을 직접 접촉하지 않도록 하기 위한 소독되어 있는 장갑, MASK, 가운 등의 ITEM으로 구성되어 있다.
- VGML(VEGETARIAN MEAL) : 야채식
- VIP(VERY IMPORTANT PERSON) : 특별 고객
- VOID : 취소표시(여정 중 이용않는 구간에 표기되며, AWB나 MANIFEST 등의 취소시 사용되는 표기)
- VWA(VISA WAIVER AGREEMENT) : 양국가 간 관광, 상용 등 단가목적으로 여행시 협정체결국가에 비자없이 입국이 가능하도록 한 협정
- VWPP(VISA WAIVER PILOT PROGRAM) : 미국 입국규정에 의거, VWPP 협정을 맺은 국가의 국민이 협정가입 항공사를 이용하여 미국 입국시 비자없이도 입국 가능토록한 단기비자 면제협정

- W/B(WEIGHT & BALANCE) : 항공기의 안전운항을 위하여 항공기가 주어진 한계중량과 무게중심의 허용범위(C.G) 내에서 운항할 수 있도록 탑재물을 조정하는 작업
- WCHC(WHEEL CHAIR-CABIN SEAT)
- WCHR(WHEEL CHAIR-RAMP)
- WCHS(WHEEL CHAIR-STEPS)
- WINGLET : 비행기의 주 날개 끝에 수직으로 세워진 작은 날개
- WX(WEATHER) : 날씨
- XBAG(EXCESS BAGGAGE) : 초과 수하물
- YRS(YEAR) : 연도

참고문헌

1. 국 내

김성혁 · 조인환, 항공실무론, 백산출판사, 2003.

윤대순, 항공실무론 백산출판사, 2002.

박혜정 · 서성희, 항공운송실무, 백산출판사, 2008.

김명신, 항공업무론, 학문사, 2005.

이용일, 항공업무론, 문원북, 1998.

정익준, 항공운송관리론, 백산출판사, 2000.

김시중 외, 관광항공예약실무, 대왕사, 2002.

최기종, CRS항공예약업무, 백산출판사, 2006.

이선희 외, 항공수송사업개론, 기문사, 1994.

박승영 외, 항공예약실무, 현학사, 2005.

김경숙, 항공서비스론, 백산출판사, 2008.

임용식, 기본항공업무론, 대왕사, 2002.

정종훈, 여행/항공용어 2000, 2001.

허희영 · 유용재, 항공관광업무론, 2007.

대한항공 직무교범.

대한항공 객실승무원 업무교범.

아시아나항공 여객운송실무.

아시아나항공 신입사원 전문교육.

아시아나항공 예약 STEP.

한국항공진흥협회

2. 국 외

Anderson R. E.(1973), Consumer Dissatisfaction : The Effect of Disconfirmed Expectancy of Perceived Product Performance, *Journal of Marketing Research*, 10.

Barsky, J. D.(1992), Customer Satisfaction in the Hotel Industry:Meaning and Measurement, *Hospitality Research Journal*, 16.

Bitner Mary Jo(1990), Evaluating Service Encounters:The Effects of Physical Surrounding and Employee Responses, *Journal of Marketing*,Vol. 54(April).

Blodgett, Jeffery G. & Donald H. Granbois(1992), Toward An Integrated Conceptual Model of Consumer Complaing Behavior,*Journal of Consumer Satisfaction, Dissatisfaction and Complaning Behavior*, 5.

Cronin, J. Joseph Jr. and Steven A. Taylor(1992). Measuring Service Quality : A Reexamination and Extension, *Journal of Marketing*, 56(July).

Day, Ralph, L.(1980), Research Perspective on Consumer Complaing Behavior, *Theoretical Developments in Marketing*,in Lamb and Eunne Eds., American Marketing Association, Chicago, IL.

Edward E. Jones & Keith E. Davis(1965), From Acts to Disposition:TheAttribution Process in Person/Perception, Advances in Experimental Social Psychology, Vol. 2. ed., L. Berkowitz, New York : Academic Press, Inc.

Gourdin, K. N., & Timothy J. Kloppenborg(1991), Indentifying Service Gaps in Commercial Air Travel, *Transportation Journal*, Fall.

Harold Kelley(1967), Attribution Theory in Social Psychology,in *Nebra Symposium on Motivation*, ed. David Levine,Lincoln NB:University of Nebraska Press.

Heider F.(1958), The Psychology of Interpersonal Relation, *NewYork : Wiley*.

Howard J. A. & Sheth J. N.(1969), The Thoery of Buyer Behavior, New-York : John Wiley & Son.

Howard J. A. & Sheth J. N.(1980), The structure of Buyer Behavior, in Consumer Behavior : *Theory and Application*, J. U. Farly, J. A. Howard and L. W. Ring eds, Boston : Allyn of Bacon, Quoted in R. L. Oliver.

Hunt H. K.(1977), CS/D-Overview and Future Research Direction, Conceptualization Measure of Consumer Satisfaction and Dissatisfaction.

Kaynak Erdner & Orsay Kucukemiroglu(1993), Successful Marketing for Surviva l : The Airline Fare Plans, *Journal of Travel Research*, Vol. 24.

Labarbera P. A. & Mazursky D.(1983), A Longitudinal assessment of Consumer Satisfaction/Dissatisfaction : The Dynamic Aspect of the Cognitive pross, *Journal of Marketing Research*, November.

Leon Festinger(1957), A Theory of Cognitive Dissonance, Stanford, California : *Stanford University Press.*

Marsha L. Richins(1983), Negative Word-of-Mouth by Dissatisfied Consumer : A Pilot Study, *Journal of Marketing*, 47(Winter).

Mary T. Curren and Valerie S. Folkes, Attributional Influences on Consumer's Desires to Communicate about Products, *Psychology and Marketing*, 4(Summer).

Newman J. W. & Werbel R. A., Multivariate Analysis of Brand Loyalty for Major Household Applications, *Journal Marketing research*. Vol. 10.(November)

Oliver, L. Richard, Measurement and Evalution of Satisfaction Process in Retail Setting, *Journal of Retailing*, Vol. 57.

Oliver L. Richard(1980), A Cognitive Model of The Antecedents and Consequences of Satisfaction Decisions, *Journal of Marketing Research*, November.

Ostrowski P. L. O'brien T. V. & Gordon G. L.(1993), Service Quality and Customer Loyalty in the Commercial Airline Industry, *Journal of Travel Research*, Fall.

Shostack, G. Lynn(1997), Breaking Free from Product Marketing. *Journal of Marketing*, 412(2).

Swan J. E. & L. J. Combs(1977), Product Performance and Consumer Satisfaction with a Retail Service,*Journal of Retailing*, Vol. 57(Fall).

TARP(1997), Consumer Complaint Handling in America:Summary of Fidings and Recommendations, Washington, DC : *U.S. Office of Consumer Affairs*.

William H. Whyte, Jr(1954), The Web of Word of Mouth, *Fortune*, November.

William Bearden & Teel J. E.(1983), Selected Determinants of Customer Satisfaction and Complaint Reports, *Journal of Marketing Research*. Vol. 20 (Feburary).

〈저자소개〉

이종남

대구대학교 대학원에서 관광경영학 전공
대한항공 대구공항 탑승수속카운터 근무
아시아나항공 대구지점 창설 멤버로 근무
아시아나항공 청주공항지점 창설 멤버로 근무
아시아나항공 청주영업소 근무
아시아나항공 대구공항 근무
일본항공 김포 화물 load master 근무

현재, 영진전문대학 국제관광계열 교수
한국호텔외식경영학회 이사
대구관광이벤트학회 상임위원
대한관광경영학회 연구회원
한국이벤트학회 연구회원
한국문화관광학회 연구회원

[논 문]

국내선항공사의 선택요인들이 고객만족과 고객반응에 미치는 영향 (이벤트 연구학회 2008년 8월)
지역축제 브랜드자산 구성요인들의 구조적 관계에 관한 연구 (한국자료분석 학회지 2010년 1월)
관광호텔의 영성종업원이 인식하는 성차별에 관한 인구통계적 차이 분석 (대한관광경영학회, 2006년 5월)
남한 거주 탈북자의 관광동기에 따른 관광만족이 주관적 삶의 질에 미치는 영향(대한관광경영학회, 2006년 8월)
호텔종사원이 지각하는 유머감각이 직무스트레스와 이직성향에 미치는 영향(한국문화관광학회, 2006년 11월)
졸업인증제 시행에 관한 연구(영진전문대학, 12월)

본 교재는 원고 집필 후 관련 산업체의
협조로 실무와의 연관성을 검토한 후 출판되었습니다.

(주)자유투어/항공서비스팀
노랑풍선/항공팀
대한항공 제주지점
아시아나항공/교육팀
아시아나항공/인재개발팀

도움을 주신 산업체에 감사드립니다.

항공실무

2012년 2월 20일 초 판 1쇄 발행
2018년 1월 26일 개정판 2쇄 발행

지은이 이종남
펴낸이 진욱상
펴낸곳 백산출판사
교 정 편집부
본문디자인 편집부
표지디자인 오정은

등 록 1974년 1월 9일 제406-1974-000001호
주 소 경기도 파주시 회동길 370(백산빌딩 3층)
전 화 02-914-1621(代)
팩 스 031-955-9911
이메일 edit@ibaeksan.kr
홈페이지 www.ibaeksan.kr

ISBN 978-89-6183-562-6
값 18,000원